GOTTESDIENST PRAXIS SERIE A

Arbeitshilfen für die Gottesdienste
zu den Sonn- und Feiertagen
des Kirchenjahres

Herausgegeben von Erhard Domay

Gütersloher Verlagshaus

GOTTESDIENST-PRAXIS

VI. Perikopenreihe

Band 3: Christi Himmelfahrt bis
12. Sonntag nach Trinitatis

Gütersloher Verlagshaus

Die Deutsche Bibliothek - CIP-Einheitsaufnahme

Gottesdienstpraxis. - Gütersloh : Gütersloher Verl.-Haus.

Ser. A, Arbeitshilfen für die Gottesdienste zu den Sonn- und Feiertagen des Kirchenjahres.
Perikopenreihe 6. hrsg. von Erhard Domay.
NE: Domay, Erhard [Hrsg.]; Arbeitshilfen für die Gottesdienste zu den Sonn- und Feiertagen des Kirchenjahres

Bd. 3. Christi Himmelfahrt bis 12. Sonntag nach Trinitatis. - 1996
ISBN 3-579-02891-X

ISBN 3-579-02891-X

Umschlagentwurf: Franz Wöllzenmüller, Oberhaching
Umschlagbild: © Benedict Werner Traut, 79194 Gundelfingen
Aufbruch 1977, Farbmonotypie 90 x 93 cm
Satz: Fotosetzerei Steggemann, Herford
Druck und Bindung: Ebner Ulm

Gedruckt auf chlorfrei gebleichtem Werkdruckpapier

Printed in Germany

Inhalt

Christi Himmelfahrt

Annäherungen an den Predigttext Epheser 1,20 b–23

Kurt Meyer

Dir mir noch unbekannte Seniorengruppe war mir empfohlen worden. Die Empfehlung war begründet: Ich erlebte eine dynamisch beteiligte, ehrliche Gruppe von etwa 30 Frauen und einem Mann im Alter von etwa 55 bis 85 Jahren.

Erste Reaktionen:

»Angsterregend!« Eine Teilnehmerin sagte: »Liebe und Güte vermisse ich. Es ist ein harter Text.« Eine andere Frau hielt dagegen: »Es ist ein strahlender Text.« Sie erklärte: Er ist wie eine alte Ikone. Gold. Und Christus ist als Herrscher sichtbar. In 20 b stecke gleich die Überschrift: Nur einer hat die Macht! Jemand sagte: Der Vers ist »beruhigend«.

Mit Nachdruck wurde auf das gegenwärtige kriegerische Morden und das Anwachsen der Gewalt allenthalben hingewiesen, die »Gewaltpolitik« überall in der Welt. Und auch hier im Text werde zuviel von Macht und Gewalt gesprochen.

Aber, so wurde darauf geantwortet, der Text sage doch, daß diese Macht und Gewalt aufgehoben, unter Christi Füße gelegt worden sind. Die böse Gewalt werde durch ihn in Grenzen gehalten. Hier werde auch von der Gemeinde gesprochen. Und die Gemeinde, das wären doch die Menschen, die Christus in seiner Güte kennen. Und diese Güte sei die Macht, die stärker sei als die Gewalt und alle Mächte. Eine Teilnehmerin wies auf den Satz im Taufbefehl hin: »Mir ist gegeben alle Gewalt!« und sagte, das sei sehr beruhigend. Am Ende werde er entscheiden. Wir sind zwar sehr verschreckt. Aber da sei der Trost.

Der Teilnehmer sagte, Christus habe gesagt: »Mein Reich ist nicht von dieser Welt!« Der eigentliche Frieden käme nach dem Jüngsten Gericht, dem wir alle unterlägen: Nach unserem Leben werde gerichtet.

Eine Teilnehmerin reagierte: Wenn Frieden nur bei Gott ist, wie solle er dann hier stattfinden. Wenn Gott auf diese Weise die Herrschaft habe, warum gäbe es dann all das Grauen von Hiroshima usw.

Der Teilnehmer antwortete, »mein Reich ist nicht von dieser Welt« dürfte

nicht mißverstanden werden: Hier auf der Erde wolle Gott auch Frieden haben!
Aber, so wurde geantwortet, es toben und drohen doch immer wieder Kriege. »Warum läßt Gott das alles zu?« Ja, fielen viele ein, das sei die Frage! »Wo ist Gott denn geblieben?«
Der Mann sagte: »Wir haben keinen Rechtsanpruch auf das Gute. Aber wir haben die Pflicht, das Gute zu tun!« Dazu gehöre auch die Bitte um Gnade für die, die diese Pflicht nicht erfüllen.
Eine Frau bekannte, sie ringe immer darum, wie sie richtig angesichts des unerklärbaren Leides leben könne. Sie bäte Gott manchmal um Verzeihung, wenn sie mit ihren kleinen Anliegen im Gebet zu ihm käme und an dem großen Elend nichts - auch nicht mit ihrem Gebet - ändern könne. Aber irgendwie wüßte sie wie ein Kind, daß er am Ende es richtig machen werde, obwohl sie es ganz und gar nicht verstehen könne, was er da alles zuließe. Sie erlebe oft eine vollkommene Ohnmacht.
Eine andere Frau wies auf V. 23 hin: Von seinem Leib werde da gesprochen, von der Gemeinde. Eine engere Gemeinschaft als diese gäbe es doch nicht. Da geschähe doch viel Gutes.
Aber, so eine andere Teilnehmerin, es gehe nichts von alleine. »Wir müssen etwas tun.« Und »ich bin schuld an dem, was geschieht!«
Als eine Frau vermutete oder die Frage stellte, ob es nicht so sei, daß Gott nicht alle Menschen annimmt - »Er sortiert« -, gab es Widersprüche: Das sei schrecklich. Da sei Gott zu menschlich gedacht. »Gott ist größer!«
Die Frau, die als erste auf den Text mit dem Ruf »angsterregend« reagiert hatte, sagte, da helfe wohl nur ein blinder Glaube weiter. Die andere Frau, die am Anfang den Text »strahlend« genannt hatte, zitierte ihr Enkelkind, das die Vorstellung von Christus als Weltenrichter entschieden zurückgewiesen habe und ebenso deutlich die Notwendigkeit der 10 Gebote für sich abgewiesen habe. Sie sprach von einem schlechten Religionsunterricht und sagte auch, sie könne die Einstellung des Kindes gut verstehen.

Zum Gottesdienst

Gerlinde Wnuck-Schad

Theologisch-homiletische Skizze

Es überrascht kaum, daß das in den »Annäherungen« skizzierte Seniorengespräch den Kasus völlig unberührt läßt. Der Predigttext selbst gibt ja auch keinen Anlaß, dem rätselhaften ›Wie?‹ der Fahrt zum Himmel nachzusinnen. Er erzählt auch nicht anschaulich nach wie Lukas. Wir haben hier vielmehr selbst schon die Antwort des Glaubens auf diese letzte wundersame Ereignis - 40 Tage nach Ostern - in Form eines strahlenden Bekenntnisses vorliegen: In glanzvollem, kosmischen Licht werden Macht und Stärke Gottes in Christus bezeugt. Eine der Gesprächsteilnehmerinnen hat ein gutes Gespür für die ikonenhafte Wirkung dieses Textes. Ja, er erinnert an alte Christus-Ikonen. Auch seine Sprache (griechischer Urtext!) ist Lautmalerei. So kommt uns Wiß- und Sehbegierigen doch noch etwas vor die Augen: das Bild des über alle Mächte und Gewalten erhabenen Christus Gottes. Und die Wirkung ist erstaunlich: Den einen macht es Angst, den anderen gibt es Kraft.

Offenbar ruft der Text Gefühle hervor, die meine Vorstellung von Gott prägen. Daß diese Gefühle durchaus ambivalent sein können, zeigt das Gesprächsprotokoll auf. Eigene Macht- und Ohnmachtserfahrungen spielen hier stark herein. Ich möchte den Text so auslegen, daß er offen wird für neue Erfahrungen in der Begegnung mit Gott. Mit der Predigt möchte ich behutsam ein Fenster zur Seele öffnen, durch das das menschenfreundliche Antlitz Jesu Christi uns anschaut und der Seele eingeprägt wird. Mit so »erleuchteten Augen des Herzen« (Eph 1,18) sehen Christinnen und Christen auch die Welt und ihr Herrschaftsgebaren in anderem Licht. Das Christusbekenntnis des Ephesertextes ist daher auch Ausdruck und Grundlage einer zeitgemäßen Herrschafts- und Gewaltkritik.

Wie vielerorts, so besteht auch bei uns in der Gemeinde an Christi Himmelfahrt die schöne Tradition, einen Familiengottesdienst im Grünen zu feiern. Oft ist der Weg dorthin durch die aufblühende Natur - durch Wald, Felder, Wiesen - schon ein Erlebnis. Und ›Zeit miteinander‹ wird an diesem Feiertag groß geschrieben. Zum gemeinsamen Mittagessen, Kaffee und Kuchen wird eingeladen. Mir scheint, als gäbe gerade das Surren und Summen in der freien Natur einen guten Resonanzboden für gottesdienstliches Handeln an diesem Tag. Ob die volkstümliche Rede der Nicht-Kirchgänger: »Wenn ich in die Natur rausgehe, bin ich auch Gott nahe« ihren feierlichen Urstand an Christi Himmelfahrt hatte ...?

Alle Gottesdienstbesucher/innen bekommen dieses Mal eingangs das Bild ›Kinderhimmel‹ in die Hand, das an Christus-Ikonen erinnert. Es ist für Kinder ideal zum Ausmalen.

»Kinderhimmel«, Beratungsstelle für Gestaltung der Liturgie (Bildsatz 1 »Seht, welch ein Mensch«, Nr. 5), © der Zeichnung: Johannes Horst, Kassel.

Vorschläge zur Liturgie

Psalm 146

Eingangsgebet
»Herr, unser Gott, wir bitten Dich:
Laß Jesus, Deinen Sohn,
Herr sein über unsere Welt,
- damit wir schwesterlich und
brüderlich miteinander umgehen,
- damit wir erkennen,
daß unsere Welt Deine Schöpfung ist,
für die wir verantwortlich sind,
- damit wir verhindern,
daß Dein winzig kleiner, Dein großer Stern Erde
aus einem Ort des Lebens
zu einem Planeten des Todes wird.
Herr, erbarme Dich! Amen.« (in: ZGP 3 / 88, Beilage)

Lesung
Apostelgeschichte 1,3-4.8-11

Lieder
Jesus Christus herrscht als König / Gott ist König, sein ist alle Macht über diese Welt / Herr, deine Güte reicht, so weit der Himmel ist / Gott wohnt in einem Lichte / Es kennt der Herr die Seinen / Nun singe Lob, du Christenheit.

Meditation über Epheser 1
Ich möchte sehr hoch emporsteigen, Herr,
Über meine Stadt,
Über die Welt,
Über die Zeit,
Ich möchte meinen Blick reinigen und mir Deine Augen leihen.
Dann würde ich das Weltall, die Menschheit, die Geschichte
sehen, wie der Vater sie sieht.
Ich würde in dieser wunderbaren Umwandlung des Stoffes,
In diesem immerwährenden Gebrodel des Lebens
Deinen großen Leib sehen, wie er geboren wird unter dem
Hauch des Geistes.
Ich würde den schönen, den ewigen Gedanken der Liebe
Deines Vaters sehen, wie er sich fortschreitend verwirklicht:
Alles in Dir als dem Haupte zusammenzufassen, was im
Himmel und auf der Erde ist.

Und ich würde sehen, daß, heute wie gestern, die kleinsten
Einzelheiten daran teilhaben,
Jeder Mensch auf seinem Platze,
Jeder Lebenskreis
Und jeder Gegenstand.
Ich würde diese Fabrik und jenes Kino sehen
Und die Schar der Jungen, die zum Ball gehen,
Das kleine Kind, das geboren wird, und den Greis, der stirbt.
Ich würde das kleinste Stoffteilchen sehen und den leisesten
Pulsschlag des Lebens,
Die Liebe und den Haß,
Die Sünde und die Gnade.
Ergriffen würde ich verstehen, daß vor mir das große
Abenteuer der Liebe abrollt, das am Morgen der Welt begonnen hat.
Die heilige Geschichte, die nach der Verheißung sich erst
in der Glorie nach der Auferstehung des Fleisches vollenden wird,
Wenn Du vor dem Vater erscheinst und sagst: Es ist vollbracht,
Ich bin das Alpha und das Omega, der Anfang und das Ende.
Ich würde begreifen, daß alles nur ein Ziel hat,
Daß alles nur eine selbe Bewegung der ganzen Menschheit
und des ganzen Weltalls zur Dreifaltigkeit hin ist,
in Dir und durch Dich, Herr.
Ich würde begreifen, daß es nichts Profanes gibt bei den Dingen,
den Menschen und den Geschehnissen,
Daß vielmehr alles im Anfang durch Gott geheiligt ist
Und daß alles ihm geweiht werden muß durch den vergöttlichten
Menschen.
Ich würde begreifen, daß mein Leben, dieser unmerkliche
Atemzug im Riesenkörper des Alls,
Ein unentbehrlicher Schatz ist im Plane des Vaters.
Dann würde ich auf den Knien, Herr, das Geheimnis dieser
Welt bewundern,
Die trotz der zahllosen und schrecklichen Versager der Sünde
Ein langer Herzschlag der Liebe ist hin zur ewigen Liebe.

Ich möchte sehr hoch emporsteigen, Herr,
Über meine Stadt,
Über die Welt,
Über die Zeit,
Ich möchte meinen Blick reinigen und mir Deine Augen leihen.

(In: Gottesdienstgestaltung. Ein ökumenisches Werkbuch, St. Benno Verlag, Leipzig, 2. Aufl. 1986)

Vorschlag zur Predigt

Möglicher Anfang

Eine liebreizende und kleine überschaubare Welt erblicken wir. Der Frühling in der erwachenden Natur scheint die Menschen verzaubert zu haben. Ausgelassen, entspannt und friedvoll, so selbstvergessen-glücklich trifft sich hier eine Familie im Grünen. Es ist Zeit zum Spielen, Zeit zum Reden, Zeit zum Miteinander-Leben: eine heile Welt! Doch von ihr träumen nicht nur die Kinder. So scheinbar naiv, so himmlisch fühlten wir uns alle schon einmal.

Heute morgen haben wir das Allertageeinerlei von uns abgestreift. Vogelstimmen, Frühlingsdüfte umströmen uns. Wir können einmal tief durchatmen, spüren, wie wir etwas von der täglichen Mühe und Schwerkraft verlieren. Und vielleicht trauen wir uns sogar ein Stück abzuheben – in die himmlische Welt kindlicher Freude.

›Kinderhimmel‹ hat der Zeichner sein Bild genannt. Er lenkt unsern Blick auf die junge schwebende Gestalt auf sonnenhellem Thron: Jesus im Himmel, die Erde zu seinen Füßen. Segnend breitet er seine Hände über uns aus. Vertrauensvoll, sanft wirkt diese Gestalt. Mit unverwandtem, aufmerksamen Blick begleitet er das leicht dahinfließende Leben. Zwischen Sonne und Mond, Tag und Nacht, strahlt ein geheimnisvolles Licht, das nie verlischt. Ja, für Kinder ist manchmal der Himmel zum Greifen nah. Sie verlangen mit ihren Bildern nach Gott.

Zum weiteren Verlauf

Menschen haben unterschiedliche Bilder von Gott. Neben diesem sanften, von aufmerksamer Güte geprägten Gottesbild behauptet sich weiterhin das Bild des starken, furchterregenden, allmächtigen Herrschergottes. Es gibt Lebenssituationen (Angst; Panik; Krisen wie Krankheit, Tod und Schuld), in denen die einen beim Gedanken an Gott wieder zu Ruhe und Gelassenheit finden, anderen dagegen schnürt sich dabei die Kehle zu. Bekannt sind die majestätischen Christus-Ikonen, wo der gestrenge Blick den Betrachter frontal trifft. Diffuse Vorstellungen vom alles sehenden Auge Gottes spuken in manchen Köpfen und Herzen. Daher möchte ich ein sanftes Gottesbild entfalten, das sich am Leben Jesu orientiert. Ich möchte erzählen davon, wie die göttliche Vollmacht in der Gestalt Jesu sich an Barmherzigkeit und Güte bindet. Die vollmächtige Sympathie zur ohnmächtigen Liebe macht Gott für uns Christinnen und Christen allererst stark. Ich möchte von Gott als einer Kraft erzählen, die um der Liebe willen selbst die Gesetze der Schwerkraft aufhebt. Das meint Christi Himmelfahrt: Gott ist durch die Macht der Liebe stark. Sie setzt den totgesagten Jesus Christus ins ewige Recht. Seither rechnen Christinnen und Christen mit der Autorität des bittenden Christus bei Gott (V. 12). Sie spüren den göttlichen Herzschlag der Liebe, der ihrem Leben Flügel verleiht.

So verstanden bleibt der sanfte, gütige Gott für die christliche Gemeinde immer die oberste Berufungsinstanz. Gerade sie hat in den Anfängen ihrer Geschichte erfahren, wie sehr ihr Insistieren auf die göttliche Berufungsinstanz, auf Christus als von Gott eingesetzten himmlischen Richter, geholfen hat. Die Zeit der Verfolgung und Bewährung der Christen der ersten Jahrhunderte rechtfertigt daher jede (noch so gestreng anmutende) Art der Majestasdarstellungen, die monumental in ältesten Kirchen als Malerei oder im Mosaik entstanden. Sie dokumentieren heute: In äußerster Gefahr hat sich »der Name über alle Namen«, Jesus Christus, bewährt.
Läßt sich der Ephesertext von daher als Herrschaftskritik entfalten? Und wären die Kirchen heute von vorneherein da ausgenommen? Was in V. 21 in abstrakter Reihung: »Reiche, Gewalt, Macht, Herrschaft« heißt, muß für die Jetztzeit benannt werden. Es gilt zu prüfen, welche Instanzen heute sich in vergottender Weise gebärden (vgl. Eph 6,12). 1994 haben die falschen Ikonen der Macht vielleicht andere Namen als 1996. Doch ein Kriterium trifft sie alle: »Man« usurpiert Gottes Thron, um Menschen wie Marionetten tanzen zu lassen. »Man« tritt das Leben mit Füßen. Dieses unpersönliche »man« wird heutzutage zunehmend gesellschaftsfähig gemacht. In erschreckender Weise wird der Gemeinsinn zugunsten eines Eigenbrötlertums mit künstlicher Intelligenz zurückgedrängt. Sind die Kinder von heute die Game Boys von morgen, beherrscht von der Freizeit- und Medienindustrie? Werden unsere Gefühle durch die Einschaltquote beim Fernsehen gesteuert? Anders gefragt, wie sind die Sympathien für eine Liebe zu gewinnen, die – »ohn-mächtig«, weil ohne Machtmißbrauch – Menschen in die Nachfolge ruft?
Im Kirchenjahreslauf profiliert das Fest »Christi Himmelfahrt« den unmißverständlichen Machtanspruch Gottes über Mensch und Welt. Diese gute, weil befreiende Botschaft bindet sich an die Person Jesus Christus. Mit seinen Füßen ist er auf Erden für den festen Standpunkt der Liebe eingetreten. Deshalb hat Gott ihm auch einen festen Standpunkt im Himmel, das heißt bei sich, gegeben: Alles hat er unter seine Füße getan (V. 22). Deshalb ist der Christus zur Rechten Gottes unverwechselbar der Nazarener, der seinen Jüngern den Staub von den Füßen wusch. Nackt und bloß sind diese Füße Jesu auf dem sonnenhellen Thron im Kinderbild. Ein Symbol für Gerechtigkeit und Güte.
In 2000 Jahren Kirchengeschichte wurde der feste Standpunkt der Liebe nicht zu Grabe getragen. Er lebt weiter im Tun und Wirken der christlichen Gemeinde, die von der Christuswirklichkeit erfüllt ist (V. 22 f.). Sie wird sich in keine vermeintlich heile Welt zurückziehen, sondern sie ist in die Welt gerufen, um dort leuchtende Kraft und Vorbild im Umgang mit Macht zu sein. An den Kleinsten, den Kindern, wird sie sich orientieren. Und daran wird sie erkennbar sein, was sie für Kinder tut. Werden Kinder bei uns gehört? Welche Rechte haben sie in der Gemeinde? ... Das heißt nachdenken darüber, wo die Gemeinde vor Ort – per pedes Christi – unterwegs ist; denn Jesus gibt den Kindern recht (vgl. Mk 10,13–16).

Möglicher Schluß

Die Mächte dieser Welt sind viel greifbarer als Gottes Macht. Das macht sie verführerisch, wenn auch vergänglich. Doch, wenn Kinder nach dem Himmel greifen, dann gehen einem Augen und Herz für Gottes Macht auf. Er macht sich für ein heiles Leben stark. Gott verlangt nach Menschen, die den Fußspuren Jesu folgen, daß auch von ihnen Kraft ausstrahle und sie einander zum Segen werden. So laßt uns wahrhaftig sein in der Liebe und wachsen in allen Stücken zu dem hin, der das Haupt ist, Christus (Eph 4,15).

Kontexte

Anstelle des Bildes ‚Kinderhimmel' kann auch alternativ eine der alten Ikonendarstellungen gewählt werden. In Mengenauflage für Gottesdienstblätter günstig zu beziehen z. B. im Beuroner Kunstverlag.

»Auf die Frage, was Heilige sind, hat einmal ein Kind in Erinnerung an die bunten Glasfenster in der Kirche geantwortet: ‚Heilige sind Menschen, durch die die Sonne scheint.' Es wäre schön, wenn Kindern in den Erwachsenen, die sie auf ihrem Weg in das Leben begleiten, möglichst oft jene Heiligen begegnen, durch die Gott hindurchscheint und erkennbar wird.«

(Johanna Linz, in: Weltmission '91, Arbeitsheft für Schule und Gemeinde ‚Gott gibt Kindern recht. Kinder haben Rechte', Hrsg. Ev. Missionswerk Hamburg, S. 12)

»Das Mädchen fragt mich: Hat Gott gute Augen? Ich sage: Was für Augen nennst Du gut? Du trägst keine Brille, sind Deine Augen gut? Das Mädchen: Ich meine Augen, die das Gute sehen. Ich sage: Augen, die mehr sehen als Du siehst. Die sehen, ob's einer gut meint, auch wenn das Gute nicht zu sehen ist.

Das Mädchen: Ich meine Augen, vor denen ich mich nicht fürchten muß. Ich sage: Augen, die Dich nicht ertappen. Keine Aufpasseraugen. Sondern Augen, die Freunde sind. Bei denen Du sagen kannst: Gut, daß ihr zuseht. Das Mädchen: Ich meine auch Augen, die Gutes tun können. Ich sage: Das hört sich an wie der Anfang eines Märchens. Von den Augen, deren sehen noch geholfen hat. Statt des bösen Blicks haben deine Augen den guten Blick und bringen Glück. Hat Gott so gute Augen?«

(aus: Peter Musall (Hg.), Den Himmel erzählen. Burckhardthaus-Laetare Verlag Offenbach, Christophorus-Verlag, Freiburg, 1984)

»Dies führt ... zum Gedanken an Gott als oberste Berufungsinstanz, die den einzelnen frei und stark machen kann, auch wenn die ganze übrige Gesellschaft gegen ihn ist. Diese – wichtigste – psychologische Funktion Gottes wird von den Psychologen nicht gesehen ... Wie kann jemand als einziger gegen alle sein und doch bestehen? Stets bedarf er einer höheren Instanz, die allen anderen überlegen ist. Diese kann immer nur Gott sein, auch wenn dafür andere Zeichen eingesetzt werden, zum Beispiel das Daimonion bei Sokrates, sein Gewissen, sein Weltgewissen. Dafür aber braucht es einen einigermassen definierten und inhaltlich strukturierten Gott, einen Gott, der sich solidarisiert mit menschlichen Anliegen und unterscheidet zwischen Gut und Böse. Eine unbestimmte Neigung zum Religiösen und Numinosen oder zum Mystischen kann nie eine solche Haltung produzieren, die eben nicht nur oder überhaupt nicht der psychischen Selbstbefriedigung dient, sondern die allgemeine Ungerechtigkeit vermindern will.«

(in: Peter Noll, Diktate über Sterben & Tod, Pendo-Verlag, Zürich 1984, S. 79)

Exaudi

Annäherungen an den Predigttext
Römer 8,26-30

Barbara Heller

Die ›Projektgruppe Bibel‹ der Evangelischen Erwachsenenbildung in Kassel nimmt sich einen Nachmittag Zeit, sich dem Text anzunähern.
Wir legen die Predigtsituation zugrunde: Der Text wird einmal laut vorgelesen. Als Reaktion auf dieses einmalige Hören notieren die Zuhörerinnen, was sie erinnern, woran sie hängengeblieben sind:
Wo bleibe ich? Der Geist hat alles im Griff!
Der Geist weht, wo er will – und berührt nur wenige.
Vorbestimmung? Auswahl? Wie christlich ist diese Aussage? Wo bleiben die anderen?
Am Anfang geht es um den Geist – dann verliere ich den Faden und höre nur: »gerecht«.
Gott hat also alles gemacht – und ich?
Denen, die Gott lieben ...? Denen, die nach seinem Ratschluß berufen sind ...
Immer dieser komplizierte Paulus!
Dieser Text ist mir so fremd wir nur irgendetwas ...

In einem zweiten Schritt werden diese ersten Fragmente, Sätze, Fragen von ihren Autorinnen weitergesponnen und kommentiert, um dann im Gespräch ausgetauscht und gemeinsam diskutiert zu werden.
Vorherrschend sind Ablehnung und Abwehr. Der »Geist« wird als entmündigend erlebt, der Mensch als Gegenüber ohnmächtig und in seinen ängstlichen wie positiven Regungen irgendwie überflüssig, als Marionette.
Besonders der zweite Teil des Textes, ab Vers 28, ist förmlich über die Zuhörerinnen hinweggegangen. »Der Text rauscht im Ohr, aber am Hirn vorbei.« Die Verben werden wohl aufgenommen: ausersehen, vorherbestimmt, berufen, gerecht gemacht, verherrlicht. An dieser Stelle regt sich der größte Widerstand. Die Argumentation wird in keiner Weise als Zuspruch verstanden, sondern vielmehr als »Ausschluß«. Wer sind die Ausersehenen, die Vorherbestimmten und Berufenen? Welche Exklusivität wird hier behauptet? Die Hörerinnen sehen sich eher auf »der anderen

Seite«: angefragt, zweifelnd, ausgegrenzt aus der Gruppe der »Heilsgewissen (vgl. Zwischenüberschrift in der Lutherübersetzung).
Zu Vers 28 erinnert eine Teilnehmerin, daß es sie schon als Jugendliche gestört hat, wenn der Pfarrer vor dem Abendmahl der versammelten Gemeinde die Sündenvergebung zusprach »als berufener Diener der Kirche«. Anmaßung, Ausgrenzung, eine Art von »Hierarchisierung« in der Gemeinschaft der Glaubenden. Paulus wird in diesem Zusammenhang als typischer männlicher Vertreter und Vordenker der Kirche gesehen. Seine Argumentation wird als »theologisch konstruiert« und »verkopft« empfunden, seine Sprache als die der »Fach-Männer«, - wenn nicht »Fachidioten«. Bei diesem Ärger bleiben wir eine Weile stehen und sind im Blick auf eine folgende Predigt ratlos. Die Textlesung hat fast ausschließlich Unwillen erregt und nicht zum weiteren Zuhören animiert. Wer nicht auf dem Ärger »sitzt«, grübelt über »Vorherbestimmung« und »Berufung«, - nicht unter dem Aspekt der Verheißung allerdings, sondern mit dem Vorwurf der Ungerechtigkeit.
An diesem Punkt lesen wir gemeinsam den Text in seinem Kontext, d. h. ab Vers 18. Das Bild ändert sich dadurch grundlegend. Nachdenklich verweilen wir bei Formulierungen wie »dieser Zeit Leiden« und »das ängstliche Harren der Kreatur« oder »daß die ganze Schöpfung bis zu diesem Augenblick mit uns seufzt und sich ängstet«. Der Eindruck der Überheblichkeit und Distanz tritt in den Hintergrund. Wenn »Leiden«, die Leiden der Gemeinde, die Leiden der Zeit, die Situation bestimmen, sind wir bereit oder überhaupt erst in der Lage, Paulus zu unterstellen, daß er Hoffnung wecken und Trost zusprechen will.
Der Widerstand schwindet, aber es bleibt das Kopfschütteln über den Duktus des Textes. Die Botschaft des Paulus kommt nicht an! Was ist da tröstlich? Was macht Hoffnung? Werden die Leiden ernst genommen? Leidet oder fühlt Paulus mit?
Wir überlegen selbst, was wir angesichts der Leiden gerne hören oder was wir sagen würden, in der Hoffnung, daß es bei den Leidenden ankommt. Wir phantasieren, was Jesus vielleicht - anders als Paulus? - gesagt hätte. Wir kommen auf Sätze wie: »Jesus leidet mit und geht mit.« »Schrecklich, daß es so viel Leiden gibt.« »Wir sind hilflos. Wir wissen nicht, was wir sagen sollen.«
Und damit sind wir plötzlich wieder beim Predigttext: »Desgleichen hilft auch der Geist unserer Schwachheit auf. Denn wir wissen nicht, was wir beten sollen, wie sich's gebührt; sondern der Geist selbst vertritt uns mit unaussprechlichem Seufzen.« (V. 26)
Diese Sätze »kommen an«, klingen nicht mehr überheblich. Die Erfahrung kann geteilt werden, manchmal nicht mehr zu wissen, was man sagen oder beten soll. Nicht zu wissen, was paßt, was möglich ist, »wie sich's gebührt«. Auch, daß dann eher gemeinsam geweint oder geseufzt werden kann als gesprochen.

Am Ende des Gesprächs kommen wir auf die Predigtsituation zurück. Die Perikopenabgrenzung erscheint uns als sehr problematisch. Damit nicht mit der von uns als so steil empfundenen Argumentation des Paulus Ärger und Widerstand hervorgerufen werden, die den Predigtanfang belasten, halten wir eine Hinführung zum Predigttext für sinnvoll. Dabei sollte der Kontext berücksichtigt werden. »Dieser Zeit Leiden«, Angst, Zweifel und Hoffnungslosigkeit als Anfragen an Paulus, als Fragen von Glaubenden heute. Die Intention des Briefschreibers wird damit nachvollziehbarer, Teile seiner Argumentation bleiben u. U. schwer vermittelbar. »Unser Skopus« wäre Vers 26.

Zum Gottesdienst

Claus Marcus

Theologisch-homiletische Skizze

Ich schreibe diesen Entwurf in einer Zeit, die nicht nur mich sprachlos werden läßt. Die Kämpfe auf dem Balkan fordern sinnlose Opfer an Menschen. Der französische Staatspräsident befiehlt neue Atomversuche auf dem Muroroa-Atoll, ebenso die chinesische Staatsführung. Weltweiter Protest signalisiert die Ohnmacht gegenüber staatlicher Allmacht! Im Inland steigen die Zahlen der Arbeitslosen; die Knappheit an Lehrstellen treibt junge Menschen nicht selten in die Verzweiflung. Die gesellschaftspolitische Gesamtsituation zwingt zum Voran- und Umdenken.
Über ein Jahr später wird sich ein Teil der gegenwärtigen Probleme nur graduell verändert haben. Der vorgegebene Predigttext ist mehr als ein Spiegel für die existentielle Situation im Leben und Glauben der christlichen Gemeinden damals und heute. Der historische Paulus nimmt den Leser in die Diskussion der römischen Gemeinde hinein; ebenso leitet uns dieser Text an (inmitten einer mehr als fragwürdigen Gegenwart), nach dem Fundament von Leben und Vertrauen um unser aller Zukunft willen zu fragen. Theologisch scheint mir der Text zwei Schwerpunkte zu haben: das Zulassen und Eingestehen der eigenen Ohnmacht, an der Gebetsnot exemplarisch dargestellt; gleichzeitig ist dieser Text »locus classicus« für die Lehre der Erwählung, der Prädestination, einer immer wieder umstrittenen Aussage. So kann ich den Widerstand der Gruppe in der »Annäherung« verstehen. Der Hinweis auf die kontextuelle Situation schärft die Konturen des Textes.
Ich erlebe den Text als Herausforderung, die ständige Ich-Bezogenheit zu überprüfen. Nicht Klage, sondern lebensnotwendige Einsicht wird hier

formliert: »Wir wissen nicht ...«. Dem Wirken des schöpferischen Geistes Gottes wird gegenüber allem Zweifel und Widerspruch Raum gewährt. Die dunklen Lebenserfahrungen werden nicht verdrängt. Gottes Geist leitet die Befreiung von Mensch und Kreatur ein. Die Erwählungslehre würde ich auf dem Hintergrund heutiger Anonymisierung der Menschen zu interpretieren versuchen: Der Mensch tritt aus sich selbst heraus - Gott lieben (V. 28) - und erlebt sich in einem neuen Lebenshorizont. Der Einzelne zählt; und er erlebt sich als Geschöpf Gottes wichtig und ernst genommen. So würde ich die klassische Reihenfolge übertragen: vorherbestimmt, berufen, gerecht gemacht, verherrlicht.
Für die Predigt wird mir wichtig: Menschen in ihrer akuten Lebenslage abholen, die eigene Ohnmacht eingestehen, der Frage nach der persönlichen Gebetsnot nachgehen, die Sehnsucht nach Lebensglück zulassen, neugierig machen auf das Pfingstereignis.
Exaudi liegt 1996 in unmittelbarer Nähe zur Ökumenischen Gebetswoche. Von daher wäre auch die Konzeption eines Ökumenischen Gottesdienstes vorstellbar; vielleicht auch unter Beteiligung der Kirchenmusik. Die Motette von Johann Sebastian Bach »Der Geist hilft unserer Schwachheit auf« (BWV 226) gäbe eine nicht uninteressante »Aktualisierung« des Textes, zumal in der gemeinsamen Erarbeitung dieser kleinen Motette eine mögliche Kraftquelle verborgen liegt.

Vorschläge zur Liturgie

Eingangsvotum

Aufwachen - in sich das Leben spüren
aufstehen - die Kräfte des Lebens im eigenen Körper wahrnehmen
schweigen - in sich hineinhorchen, das Leben auf sich zukommen lassen
sprechen - den Klang der eigenen Stimme hören
sehen - die Schönheit dieser Welt entdecken
so miteinander Gottesdienst feiern
vertrauen auf Gottes Gegenwart im Streit dieser Welt
sich verlassen auf Christi Liebe im Haß des Alltags
gewiß werden des heiligenden Geistes, der uns heilend und schützend umfängt. Amen

Lesungen

Als mögliche Lesungen nehme ich das alte Evangelium nach Johannes 15,26-16,4; ebenso die alte Epistel Epheser 3,14-21 und den Psalm 27,1-7.14.

Psalmvariationen

»Der Geist hilft unser Schwachheit auf« (Römer 8,26)
wer gibt seine Schwäche zu

voreinander verstecken bewahrt vor eigener Blamage
allein Stärke und Durchsetzungsvermögen zählen
tief bin ich der Orientierungslosigkeit verfallen
mein Lebensweg gleicht einem Knäuel verschiedener Fäden
Dunkelheit verfinstert meine Lebenssonne
zermürbt ist mein Geist von den vielen Kleinigkeiten
meine Seele dürstet nach frischem Lebenswasser
wer wird mich befreien aus meinem Kerker?
»Harre des Herrn, sei getrost und unverzagt« (Psalm 27,14)
seit meiner Kindheit hasse ich Befehle
Imperative sind mir zu einem Greuel geworden
auf der Suche nach den leisen Stimmen zum Leben
zuviel und zulange habe ich warten müssen
Eltern und andere Autoritäten wollten mir die Spontaneität abgewöhnen
wo finde ich Trost in trostlosen Stunden
wie kann ich unverzagt sein, wo sich mein Herz vor Leid verkrampft
daß ich die leisen Stimmen zum Leben höre

»Der aber die Herzen erforscht« (Römer 8,27a)
ich bin bekannt
verstecken hilft nicht mehr weiter
meine Lebenskarten liegen offen auf dem Tisch
ich bin eingeladen zu neuem Mischen
er sucht mein Vertrauen
mit meinem Engagement rechnet er
da soll nichts umsonst sein
nichts soll unversucht bleiben
er wendet sich mir zu
ohne Forderung, ohne Berechnung
in grundloser Freiheit
in unbezahlter Liebe

»Welche der Geist Gottes treibt, die sind Gottes Kinder« (Römer 8,14)
einmal sich in großer Freiheit treiben lassen
ihm die Initiative überlassen
einfach zulassen ohne zu wollen
sich der schöpferischen Ahnung überlassen
auf Überraschungen gefaßt bleiben
Gottes Geist
ein Geist des Friedens und der Liebe
ein Geist der Nachsichtigkeit und der Freiheit
ein Geist des Lebens
der uns aufstehen läßt mitten in unseren Toden

Kollektengebet

In unserer Schwachheit hast du uns berufen zu Mitarbeitern an deinem Reich des Friedens und der Liebe. Wir danken dir, daß wir neu zu uns finden können, daß wir die anderen wahrnehmen durch Jesus den Christus, der mit dir und dem Heiligenden Geist lebt und gestaltet bis in die Zeit der Zeiten.

Fürbittengebet

Gott, wie oft nennen wir deinen Namen - gedankenlos und leer. Du kommst uns in deinem Wort und in deiner Gemeinde entgegen, nimmst uns in deinen Dienst. Oft spüren wir unseren Widerstand. Wir leiden an den Widersprüchen unseres Lebens. Unsere Kraft ist klein und unser Glaube noch viel kleiner. Denoch gehst du uns nach, rechnest mit uns.
An diesem Morgen denken wir besonders an die Menschen, die durch Krieg im ehemaligen Jugoslawien so viel Dunkelheit und Schmerz erleben müssen ... (hier dann konkrete Krisenherde nennen.)
Du hast uns das Leben anvertraut. Wir bitten dich, beeinflusse du das Fühlen und Denken aller Politiker, die Entscheidungen zu fällen haben, daß sie zum Wohl der Menschen entscheiden und nicht ihren Machtinteressen folgen.
Wir denken an die Kranken und Sterbenden in unseren Krankenhäusern; begleite du diese Menschen, gib du den Angehörigen die nötige Kraft, den Zweifeln und Ängsten standzuhalten. Sei du mit den Pflegern und Ärzten, den Schwestern und all denen, die in den Krankenhäusern und Hospitälern ihren Dienst tun.
Wir denken an die Menschen, die ihre Arbeit verloren haben. Laß sie Möglichkeiten finden, damit sie ihr Selbstwertgefühl stabilisieren können.
Wir denken an die Kinder und Jugendlichen, laß sie Wege entdecken, auf denen sie Menschen erleben, die für sie Vorbilder sind.
Schließlich bitten wir für uns selbst - um die nötige Ruhe im Gewirr unseres Alltags, um die Gelassenheit in schwierigen Entscheidungen, um den Mut trotz unserer Schwachheit.
Vieles bewegt uns, und wir fassen es zusammen in dem Gebet, das wir von Jesus lernen: Vater unser ...

Liedvorschläge

EG 450 Morgenglanz der Ewigkeit; EG 128 Heilger Geist, du Tröster mein (Wochenlied); EG 209 Ich möcht, daß einer mit mir geht; EG 395 Vertraut den neuen Wegen; EG 378 Es mag sein, daß alles fällt; EG 789,7 Bleib mit deiner Gnade bei uns (Taizé); EG 178,12 Kyrie; EG 171 Bewahre uns, Gott, behüte uns, Gott

Vorschlag zur Predigt

Predigtanfang
»Jahrelang hatte er Erfolg. Kein Problem war ihm zu schwer. Im Gespräch war er gewandt. Stärke und Ruhm, Größe und Glanz waren für ihn eine Selbstverständlichkeit. Krankenhäuser kannte er nur von außen. Mit Ärzten spielte er Skat. Die fernsten Reiseziele waren für ihn gerade gut genug. Zuhören hatte er früher nicht gelernt. Schweigen fiel ihm schwer. Langsame Menschen waren ihm ein Greuel. Ein plötzlicher Schicksalsschlag in seiner Familie weckte ihn auf. Zutiefst entsetzt nahm er die Diagnose zur Kenntnis. Sein einziger Sohn, auf den er alle Hoffnung gesetzt hatte, lag in der Klinik. Plötzlich, kurz vor dem Abitur war er zusammengebrochen. Nichts ging mehr. Wie durch einen Schleier sah er seine Umwelt. Die Stimmen hörte er nur von ferne. Er verstand nichts mehr. Und auch die Ärzte standen vor einem Rätsel«.

Möglicher Verlauf
1. Wir kennen ähnliche Situationen. Predigttexte können zu einem Schlüssel des Verstehens werden. »Die Leiden dieser Zeit«. Beispiele aus dem Gemeinde-Alltag suchen oder aus der sogenannten großen Welt.
2. Nicht einmal Beten gelingt. Sprachlos, ohnmächtig erleben wir unsere Gegenwart.
3. Wo wir die Freiheit finden, uns ganz fallen zu lassen; wo wir nichts mehr wollen, da können neue Lebensmöglichkeiten aufbrechen. »Treffen, ohne zu zielen«, so formuliert es der Zen-Meister Eugen Herriegel.
4. »Lieben« hat der Holländische Katechismus einmal als »aus sich heraustreten« beschrieben. Darum mag es in christlicher Existenz heute gehen. Die Ich-Konzentration überwinden zugunsten einer neuen Lebensoffenheit für andere und mit anderen. Der Mensch auf der Schattenseite gewinnt an Bedeutung.
5. Wer erlebt sich heute nicht als ein Rädchen im Ganzen des Weltgeschehens? Das Leiden an der eigenen Anonymität. Hier wäre eine Neu-Interpretation des Erwählungsgedankens hilfreich: vorherbestimmt - es gibt Augenblicke im Leben, die uns widerfahren; berufen - im Gewissen erklingt der Ruf zum Leben; gerecht gemacht - ich kann mich nicht am eigenen Schopf aus dem Sumpf ziehen; verherrlicht - ich bekomme Anteil am Triumph Gottes mitten in meiner Ohnmacht.
Hier würde ich an Aussagen von Bonhoeffer aus Widerstand und Ergebung erinnern: Religionslosigkeit, Diesseitigkeit, Leiden Gottes in der Welt.

Möglicher Schluß
»Jener Mann, von dem ich am Anfang erzählte, hat sich gewandelt. Er ist bewußter geworden. Anderen Menschen zuzuhören, das machte ihm nun Freude. Er ging nicht mehr achtlos an anderen vorüber. Der Mensch rückte

nun ins Zentrum seiner Überlegungen und seines Fühlens. Manchmal konnte er sich selbst nicht verstehen, wie er damals nur dem Glanz und seinem Erfolg nachgelaufen war. Manche sahen in ihm so etwas wie einen guten Ratgeber, einen weisen Menschen, der durch viele Tiefen hat gehen müssen. Nicht selten hörten ihn seine Nachbarn singen, obwohl er vor großen Entscheidungen stand. Aus dem Gehetzten war langsam einer geworden, der auf seinem täglichen Weg das Ziel fand. Manchmal war ihm, wie wenn er träumte. Für ihn hatte das Leben noch einmal begonnen. Es war Pfingsten geworden.«

Kontexte

INSCHRIFT AM BUNKER

HIER SEID IHR SICHER
vor den Jahren, die ihr noch leben wollt.

HIER IST DAS ENDE DER FURCHT
und der Hoffnung.

HIER IST FRIEDE
Gruft aus Beton.

(Rudolf Otto Wiemer, Ernstfall, J.F. Steinkopf Verlag, Stuttgart 3. Aufl. 1989)

Gleichgewicht

Wir gehen
jeder für sich
den schmalen Weg
über den Köpfen der Toten
– fast ohne Angst –
im Takt unsres Herzens,
als seien wir beschützt,
solange die Liebe
nicht aussetzt.

So gehen wir
zwischen Schmetterlingen und Vögeln
in staunendem Gleichgewicht
zu einem Morgen von Baumwipfeln
– grün, gold und blau –
und zu dem Erwachen
der geliebten Augen.

(aus: Hilde Domin, Gesammelte Gedichte, © S. Fischer Verlag GmbH, Frankfurt am Main 1987)

Pfingstsonntag

Annäherungen an den Predigttext
Römer 8,1–2(3–9), 10–11

Hanne Köhler

Gedanken aus Gesprächen mit Frauen und Männern im Alter zwischen 30 und 50 Jahren, die der Kirche eher kritisch, aber interessiert gegenüberstehen.

»Wie bitte? Nochmal, ich habe nichts verstanden!« So oder ähnlich begann jede Reaktion auf die vorgelesenen Verse. Erst nach mehrmaligem Vorlesen, besser noch nach eigenem Lesen, waren Rückmeldungen auf den zunächst unverständlich wirkenden Text möglich. Erschreckend waren für mich Reaktionen wie: »Ich weiß nicht, was gemeint ist, aber Sünde und Verdammnis klingen genau nach dem, was mich am Christentum immer gestört hat.«

Besonders zu den letzten beiden Versen war der Eindruck, das sei so verschachtelt und umständlich ausgedrückt, da habe der Autor wohl selbst nicht genau gewußt, was er sagen wollte. Denn: »Wenn ich etwas fertig durchdacht habe, dann kann ich mich auch einfach und verständlich ausdrücken.«

Interessanterweise plädierte niemand dafür, den Text in einer anderen Übersetzung als der Lutherrevision vorzulesen. Im Gegenteil, in unterschiedlichen Formulierungen hieß es: »Die Gedanken sind mir so fremd, die sollen ruhig auch in einer antiquierten Sprache stehenbleiben.«

Nach der mühsamen Annäherung an den Text wurden in der ersten Runde der persönlichen Eindrücke als Stichworte genannt: »sehr moralisch«, »lustfeindlich«, »hat mir nicht gefallen«, »Dualismus macht mich wütend«, »irgendwie verschroben«, »scheinbar verheißungsvoll und doch depressiv«.

Die Diskussion drehte sich dann, verstärkt durch den Einbezug der Verse 3–9, um das Gegenüber von Geist und Fleisch, was schnell mit dem Gegenüber von Körper und Seele gleichgesetzt wurde. Dem Text wurde ein Auseinanderdividieren von Körper und Seele vorgeworfen, das die meisten für sich ablehnten. Ebenso stieß die Verbindung von Fleisch und Sünde auf starken Widerspruch. Vermutet wurde, daß aufgrund solcher Aussagen Leiblichkeit, Sexualität und Lust in der Kirchengeschichte (und leider auch noch heute) abgewertet wurden. »Gerade jetzt, nach Schwangerschaft und

Geburt, kann ich solche Reden über Leib schlecht hören.« »Das habe ich von der Kirche nicht anders erwartet! Um aus dem Text noch etwas rauszuholen, was mir etwas sagt, müßtest du dich als Predigerin schon ganz schön anstrengen.«
Als Frage an den Text wurde nur genannt: »Was meint Paulus mit Gesetz des Geistes? Gibt es so etwas?«
Während die Verse aus dem Brief an die Gemeinde in Rom bei den befragten Personen für sie selbst auf (teilsweise massive) Ablehnung stießen, konnten sie sich doch Lebenssituationen vorstellen, in die hinein solche Bibelverse tröstlich wirken könnten. »Wenn ich an meine kranke Mutter mit ihrem geschundenen Körper kurz vor ihrem Tod denke, dann wäre das für sie vielleicht ein Trost gewesen, daß dieser Leib nicht alles ist, daß danach noch ein anderes Leben kommt.« Die erinnerten Lebenssituationen gingen immer von starken Schmerzen und verfallendem Körper aus. Aber es wurden auch Zweifel laut, ob nicht gerade solche leidenden Menschen sich gegen die Abwertung des Körperlichen wehren würden.
Zuletzt lösten die Bibelverse noch eine lange Diskussion über eigene Auferstehungsvorstellungen und deren Wandel im Lauf des bisherigen Lebens aus. Der Text gab dazu nur die Stichworte: »Als Kind war es mir wichtig zu wissen, daß meine Oma im Himmel weiterlebt. Ich habe sie mir da genauso vorgestellt wie sie früher in ihrer Küche saß. Heute denke ich, es gibt ein Weiterleben nach dem Tod, aber das ist ganz anders.« In allen Beiträgen wurde nie die Auferstehung mitten in diesem Leben thematisiert, sondern es ging immer um ein Geschenk nach dem Tod.
Gottes Geist hat einiges zu tun an diesem Pfingstsonntag!

Zum Gottesdienst

Traugott J. Simon

Exegetisch-homiletische Skizze

1. Ein interessanter, schwieriger, zupackender und doch sperriger Text!
»... keine Verdammnis ...«: täglich schätzen wir ab, werden beurteilt, begeben uns in den Kreislauf von Wert durch Leistung. –
»... in Christus Jesus ...«: Freiraum zum Leben? = angenommen ohne Bewertung; sein dürfen, wie ich bin; ausgesetzt dem puren Leben, nicht tötenden Gesetzmäßigkeiten – aber ohne Ängste, ohne Druck? –
»... Gesetz des Geistes, der lebendig macht ...«: ein Gesetz, das nicht beugt? Geist, der Leben weckt, schützt, sucht? –

»... frei gemacht vom Gesetz der Sünde und des Todes ...«: nicht festgelegt auf Versagen und Lebenslast, dem Tod entrissen - offen für heute und morgen! -
»... Christus in euch ...«: mein ganzes Ich erfüllt von gutem Geist, belebt durch bleibende Liebe? -
»... der Leib ... tot ...«: Wer oder was stirbt da? Was bringt uns um, macht uns kaputt? -
»... der Geist ... Leben ...«: Neuer Wein in alten Schläuchen? Oder belebende Leidenschaft für müde Leiber? -
»... Sünde ... (gegen) ... Gerechtigkeit ...«: schuldig sein gegen berechtigt sein, zu(m) Recht kommen gegen scheitern. -
»... von den Toten auferweckt ...«: neu belebt, dem Leben neu geschenkt; Leben jetzt, Leben satt, begeisternde Fülle. -
»... sterbliche(n) Leiber lebendig machen ...«: hoffen, es bleibt, das Leben - für immer, für alle zu viel Hoffnung? Zu viel Leben?
Es geht um »das Leben jetzt«, habe ich begriffen. Um die andere Auferstehung, die am Ende der Zeit irgendwann, geht es auch in Vers 11 - und z. B. 1. Brief an die Korinther 15 -. Erst aber hier und im ganzen Text: die Auferstehung ins Leben jetzt!
Und die scheint - exegetisch - nicht einfach, folge ich den geläufigen, aber komplizierten Gedankengängen des Paulus. Für »normale Menschen« ziemlich unverständlich, siehe Annäherungen. Wer weiß dazu schon Klares zu sagen - theologisch oder »lebensmäßig« -, zum »Leben jetzt«. Wer könnte überzeugend Antwort geben? Wer wüßte schon Wegweisendes zu sagen über das »Leben jetzt«, das uns heute wie gestern und morgen wie heute mal ergreift und packt, mal beutelt und herumwirft, und mal mit seiner Schönheit, mit leidenschaftlicher Fülle beschenkt? Aber wie können wir »aus dem Geist leben«, Pfingsten feiern, die Botschaft in den Alltag übersetzen? Was hilft dazu?
Das kann es sein: »Leben aus dem Geist« - die Lebensgeister wecken und wecken lassen! Christus erschließt uns das »Leben jetzt«, weckt uns Lebensgeister und Lebensfreude. Das ist Pfingsten ...!

2. Aber eins nach dem andern: Erst noch einmal bei Paulus nachschauen und nachhaken.
Hier bei Paulus - erst Eiferer jüdischen Gesetzesglaubens, dann christlicher Lebenshoffnung - hat das den Namen »Leben im Geist«: Es bildet den vorläufigen Höhepunkt seines Briefes an diese ihm unbekannte Gemeinde in Rom, offenbar auch von ihm bewundertes Lebenszentrum damaliger Welt. Das »Leben im Geist« ist ihm die durch Christus mögliche Lebensweise, die alle anderen Lebens- und Glaubens-Entwürfe überholt: die der »Heiden«, die Gott nicht erkennen »wollen« (1,18 ff.) und die der »Gesetzesbeachter« (Kap. 2), seien es Juden oder Griechen. »Leben im Geist« ist die andere Möglichkeit außer einem Leben unter Gesetz und Sünde (Kap. 3),

geboren aus der Taufe »auf Christus Jesus« (6,3 ff.), die Frieden und Lebenskraft schenkt (Kap. 5) und nur »aus Glauben« erwächst (Kap. 4). Ohne »das Gesetz« zu verdammen - das Paulus als seine jüdische Tradition schätzt - ist es für ihn doch überholt. Ob freilich die Ambivalenzen und Turbulenzen des Lebens dadurch auch schon überholt sind, bleibt gerade nach seinem Versuch, dies in Kap. 7 glauben machen zu wollen, mehr als frag-würdig: Es bleibt offen. Beredte Zeugen finden sich an manchen Stellen des Briefes: 3 (»Unzucht«), 12 (Geistesgaben), 13 (Obrigkeit). Aber auch anderswo: in seinen sehr verletzten Reaktionen auf Kritik aus Korinth (2. Kor 10), und den eher selbstquälerischen Aussagen zum »Pfahl im Fleisch« (2. Kor 12), den teilweise harten Empfehlungen (z. B. 1. Kor 7), aber auch in den durchaus beherzten Ratschlägen für die korinthische Gemeinde wegen der Abendmahlsgemeinschaft (1. Kor 10).

Und dann hier, Kap. 8, das »Leben im Geist« (1-11), das mit Kindschaft zu tun hat (12-17), auf bleibende Hoffnung zielt (18-30) und am Ende oder alles in allem in die unübertroffene Hoffnung mündet, die alle Zweifel und Fragen, Befürchtungen und Bedrohungen überwindet (31-39): »... nichts kann uns scheiden von der Liebe Gottes, die in Christus Jesus ist ...« (Ernst Käsemann hat das in seinem Kommentar (Tübingen 1974 S. 204 f.) wie gewohnt präzise beschrieben.)

So einfach und so schwierig ist das mit dem Leben aus dem Geist - »wie im wirklichen Leben«, möchte ich sagen. Und immer noch sehe ich nur Wegmarken, aber keinen Weg.

Wie aber entgehe ich der ebenso leicht-fertigen wie schwer-wiegenden Feststellung: »... wenn ich etwas fertig durchdacht habe, dann kann ich mich auch einfach und verständlich ausdrücken ...« (s. »Annäherungen«)?? Paulus konnte es mal wieder nicht. Ich etwa??

Eine Idee kommt mir: Vielleicht ist das ja gerade das Problem: »durchdenken«. Mit dem Kopf ist »das Leben« und erst recht »das Leben im Geist« nicht zu fassen. Mit dem Herzen denken, wäre besser - statt durchdenken (argumentativ wie Paulus); eher: durch-leben; und darin: klären, erfahren, be-greifen. Das kann ein Weg sein, die Lebensgeister zu wecken.

»Leben jetzt« - mit dem Herzen durch-denken, durch-leben, dieses mitunter herzzerreißende Leben, dem Leben trauen, aus dem Geist leben, Pfingsten feiern, ansteckend vom Leben beigeistert sein, leidenschaftlich leben: Pfingsten werden lassen. Eine gute Spur ins Leben!

Gerade, wo ich hier arbeite, ein Anruf der Buchhandlung: Das vor einem halben Jahr bestellte Buch sei endlich erschienen und nun da: »Sich von Gott berühren lassen«. Daran hatte ich doch schon gar nicht mehr gedacht! Jetzt plötzlich bin ich wieder ganz interessiert und wach; meine Lebensgeister sind wieder da! Mit dem »Leben aus dem Geist« scheint es ähnlich: überraschend auf Abruf bereit, zugänglich, greifbar. - Haben wir es schon vergessen ...? Aber es gibt - Gott sei's gedankt! - Erfahrungen, »An-Rufe«, die uns »erinnern« können. Dann kann das auch zusammenpassen: Gott nach-denken, wenn wir uns »von Gott berühren lassen«. Dann wäre wohl Auferstehung in das Leben möglich, Leben aus dem Geist - für jetzt, für ganz - greifbar, erlebbar: ob das an Pfingsten die Lebensgeister weckt?

3. Was ich daraus für den Gottesdienst gewinne und wie ich (ihn) Pfingsten feiern kann als ansteckendes Fest, um ins Leben aus dem Geist aufzuerstehen:
Die *Liturgie* nimmt jeweils den inneren Weg auf, der in diesem Gottesdienst zu gehen ist: einsetzend bei dem, was uns nicht begeistert (Sündenbekenntnis), will sie mit Lied, Psalm und Gebet den Bogen schlagen, sich neu für Gott zu begeistern. Der gedankliche Weg der Predigt, Lebensgeister und neue Lebenskraft zu wecken, wird - wie ich hoffe - in Fürbitten und Abendmahl zusätzlich erfahrbar, nachvollziehbar.
Die *Predigt* ist also eingebettet und könnte so aufgebaut sein:
- Ein Beispiel für erweckte Lebensgeister; befreit aus tiefen Sorgenqualen
- Was uns hindert: tötende Gesetze und Gesetzmäßigkeiten
- In Christus frei werden zum Leben: Sohn/Tochter Gottes sein
- Was unsere Lebensgeister wecken kann: aufmerksam Gutes gewahr werden und zulassen
- Vom Leben begeistert sein - auch wenn nicht alles zum Begeistern sein wird
- Leben aus dem Geist: durch Christus zur Lebensleidenschaft erweckt werden

Vorschläge zur Liturgie

Vorweg eine Anregung, die wir in unserer neuen kurhessischen Agende gerade eingearbeitet haben: »Die Wirkungen des Heiligen Geistes können dargestellt werden mit Liedern, die zu Bewegung einladen (z.B. EG 175, 456, 594), durch Gesten, die Menschen verbinden (z.B. Hände reichen, einen Kreis bilden, Tanzschritte gehen) und im Singen von liturgischen Stücken und Liedern in verschiedenen Sprachen (z.B. EG 568, 626). Durch Ökumenische Begegnung kann die jeweilige Botschaft des Ökumenischen Rates anschaulich gemacht werden.« (Künftige Agende der EKKW, »Besonderes« zu Pfingstsonntag).

Eröffnung
Wir feiern diesen Gottesdienst ... als Fest des Lebens - im Namen Gottes, Quelle unseres Lebens - im Namen Jesu Christi, Grund unserer Hoffnung - im Namen des Heiligen Geistes, Kraft, die uns belebt und begeistert. (Heidi Rosenstock, Hanne Köhler, Du, Gott, Freundin der Menschen, Kreuz Verlag, Stuttgart 1991, S. 12).

Sündenbekenntnis

Unsere Begeisterung hält sich in Grenzen: / Wir tun, was wir müssen, / wir passen uns an, / wir dulden, was uns nicht paßt. / Viel zu oft! / Kein Wunder: / Unsere Begeisterung hält sich in Grenzen. / Und kein Wunder geschieht: / wir vergraben, was unsere Lebensgeister wecken könnte. / Wir vertrauen nicht / Gottes Geist. / – / Was hindert uns, / dies als lähmende Schuld vor Gott zu bekennen? / In aller Stille / jetzt: - - - (Stille) - - -
Gott spricht zu uns: / »Ich will euch ein neues Herz / und einen neuen Geist in euch geben / und will das steinerne Herz / aus eurem Fleisch wegnehmen / und euch ein fleischernes Herz geben. / (Hesekiel 36,26).

Psalm

Mit dem neuen EG gibt es die schöne Möglichkeit, gemeinsam und im Wechsel Psalmen zu beten (702 ff.). Dort läßt sich Gutes finden!

Gebet

Gott, / Geist des Lebens, / »Luft, die alles füllt«: / Aus dir kommt unser Leben, / aus dir unsere Kraft. / Gib uns neu aus deiner Fülle, / damit wir / frei und gestärkt / dich preisen mit unserem Leben. / Durch Jesus Christus, / der deinen Geist uns verheißt.

Lesung

Neben den vorgesehenen Lesungen schlage ich vor:

Joh 4,1-26 (i. A.)	Nikodemus und Jesus: Sehnsucht zulassen
Mk 4,34-41	Die Sturmstillung: Gelassenheit im Sturm des Alltags
1. Mose 2,4b-7	Gott schenkt den Odem des Lebens
Jesus Sirach 1,1-10	Gottes Weisheit achten (nicht: »Vorrede« 1-10!)

Fürbitten

Sprachlich nicht »ausgereift«, aber meditierend gut zu beten (mit einem Gebetswunsch der *Gemeinde:* »Gott, deinem lebendigen Atem / wollen wir uns öffnen«) ist dies Gebet:
Gott, du hast uns deinen Geist zugesagt – / und ich kann ihn spüren / bei einem guten Gespräch / und beim Hören deiner Worte! / Wenn Musik und Natur / mein Herz weitmachen / und ich lieben Menschen begegne, so meine ich, / etwas von der Nähe deines Geistes zu erfahren. / Und wenn Angst mich erfüllt / in dieser Welt – / die Schwierigkeiten im Arbeitsleben / mich oft erdrücken wollen, / die Sorge vor der Zukunft mich beunruhigt, / so möchte ich mich an deine Verheißung erinnern: / Du bist bei uns / alle Tage – / bis an der Welt Ende / *Gemeinde:* Gott ...
Ich möchte in Freiheit / ja sagen können / zu Veränderungen in meinem Leben, / von deinem Geist / mich in Bewegung setzen lassen / zu meinem Nächsten hin – / Angst und Mißtrauen abbauen / und voll Hoffnung sein / auf das Wirken deines Geistes. / Gottes Geist befreit uns zum Leben! / In

der Unrast des Alltags / kann ich das Wirken deines Geistes / so schwer erkennen! / Ich zweifle oft / und bin entmutigt! / Ich bin erschüttert / vom Unrecht / und von der Gewalt / in unserer Welt – / und wie wenig wir / deinem Geist / Raum lassen! / *Gemeinde:* Gott ...
Du, Gott, kennst all die Menschen, die an den Überforderungen in Beruf und Familie leiden und sich den Belastungen des täglichen Lebens nicht mehr gewachsen fühlen. Erbarme dich ihrer Not, / daß sie nicht unter der Last des Alltags zusammenbrechen, / sondern in deinem Geist / Änderung suchen /und neue Wege finden, / die Besserung bewirken. / Laß sie neue Kraft schöpfen, / wo Ausdauer nötig ist, / und helfende Freunde gewinnen, / wo Hilfe geleistet werden kann. / *Gemeinde:* Gott ...
Wozu sind wir Menschen / fähig und bereit, / das Gefühl der Rache auszukosten, / wenn wir Unrecht erfahren haben? / Wir können oft nicht über unsere Verletzungen / und den Schmerz sprechen, / weil uns die Worte fehlen / und wir nur selten einen Menschen finden, / der uns zuhört / und Anteil nimmt. / So bleiben wir sprachlos / in der Klage, / und wie leicht / wird Verbitterung / und wiederum Rache daraus. / Du, Gott, befähigst uns, / Schmerz und Unfreiheit zu benennen, / du kennst unsere Klage und unser Schweigen, / du sendest uns deinen Geist / als tröstende Kraft, / die uns als Schwestern und Brüder / zueinander weist, / damit wir aus unserer Sprachlosigkeit / zum Leben finden, / daß wir uns / von deinem Geist leiten lassen. *Gemeinde:* Gott ...
(Hanna Strack, Den Schatz heben. Gottesdienste nach biblischen Texten. Chr. Kaiser/Gütersloher Verlagshaus, Gütersloh 1992 S. 74 f.)

Abendmahl
Das dürfte am Pfingstsonntag allgemein üblich sein. Als *Einladung* eignet sich:
Mitten in Hunger und Krieg / feiern wir, / was verheißen ist: / Fülle und Frieden. / Mitten in Drangsal und Tyrannei / feiern wir, / was verheißen ist: / Hilfe und Freiheit. / Mitten in Zweifel und Verzweiflung / feiern wir, / was verheißen ist: / Glauben und Hoffnung. / Mitten in Furcht und Verrat / feiern wir, / was verheißen ist: / Freude und Treue. / Mitten in Haß und Tod / feiern wir, / was verheißen ist: / Liebe und Leben. / Mitten in Sünde und Hinfälligkeit / feiern wir, / was verheißen ist: / Rettung und Neubeginn. / Mitten im Tod, / der uns von allen Seiten umgibt, / feiern wir, / was verheißen ist / durch den lebendigen Christus.
(»Jesus Christus, das Leben der Welt«, 1983 Ökumenischer Rat der Kirchen, Genf, Schweiz S. 34 f.)

Als *Danksagungsgebet* schlage ich eines zum Staunen und Danken vor:
Wir haben so viel, / zum Staunen viel. / Wir haben unser Auskommen /und oft mehr. / Wir können unser Leben schön machen. / Menschen sind da, / mit denen wir / unser Leben teilen können. /Kräfte sind uns gegeben, /

zu sehen, / was nötig ist, / zu tun, / was hilft. / Tage und Stunden fallen uns zu, / an denen wir uns freuen, / über uns selbst, / über die Freude anderer, / über ein geglücktes Wagnis, / über einen Sonnenstrahl. / Wirklich, / wir haben so viel, / Gott, / es ist zum Staunen. / So viel hast du uns geschenkt. / – / Wir danken dir, / weil wir leben, / morgen und heute, / wie wir gestern und alle Tage gelebt haben / aus deiner Gnade, Gott. / Wir nehmen von dieser Erde / Brot und Saft der Trauben, / Früchte menschlicher Arbeit, / von dir Gott gemacht zu Gaben, / die uns zum Leben stärken. / Wir danken dir, weil wir leben / hier und jetzt, / mühsam und voller Freude. / – / Weil wir hoffen, / daß unser Leben / in dir verwurzelt bleibt, / erinnern wir uns / an das erste Abendmahl: In der Nacht ... (Du Gott, a.a.O. S. 157; dieses Gebet ließ Hanne Köhler, Autorin der »Annäherungen« – ohne es zu wissen – aus einem Gebet von Huub Oosterhuis und einem von mir als neues Gebet zusammenwachsen: lebendiger Geist!)

Segen
Zu Pfingsten und den neuen Lebensgeistern einen anderen Segensvorschlag:
Gott, / Ursprung des Lebens, / sei mit dir. // Gott, Vater aller Kraft, / schütze und stärke dich / mit deiner Last: // Anzunehmen, was dich schmerzt; / zu wandeln, was dich lähmt; / zu lassen, womit du dich quälst. // Gott, / Mutter der Liebe; / umhülle und wiege dich / in deiner Lust: // zu empfangen, was dir bereitet ist; / zu genießen, was Liebe dir schenkt; / dich satt dem Leben zu lassen: // Gott, / Fülle in allem, / segne deinen Weg in Frieden.

Lieder (EG)

128	Heilger Geist, du Tröster mein (als wohl älteste Pfingstsequenz)
324,1.2	Ich singe dir mit Herz und Mund (direkt nach dem Sündenbekenntnis)
557	Ein Licht geht uns auf (als neues Pfingstlied)
625	Wir strecken uns nach dir (Sehnsucht/Anbetung in geistlicher Fülle)
637	Alle Knospen springen auf (dessen Bilder leicht Bewegungen ermöglichen!)
224,3	Nun segne, Herr, uns Brot und Wein (zum Abendmahl)

Vorschlag zur Predigt

Text-Einführung z.B.: An Pfingsten feiern wir das Geschenk des Heiligen Geistes. Was feiern wir da? Wie kann Gottes Geist unsere Lebensgeister wecken? Und was steht uns dabei im Weg?

Vom Leben aus dem Geist Christi, der Lebensgeister weckt, lesen wir bei Paulus im Brief an die Gemeinde in Rom, Kapitel 8: *V. 1.2.10.11 verlesen – Beginn ändern: »Es gibt nun ...«*

Möglicher Beginn

Die bewegende Erfahrung einer Frau, die sich jahrelang heftig mit Schuldgefühlen, zermürbend-selbstzerstörerischen Sorgen und depressiven Ängsten quälte, bis sie zu neuer Lebensfreude durchbricht, berichtet Rotzetter, der als Franziskaner Spiritualität lebt und lehrt. Jahrelang geht diese Frau täglich mit ihrem Hund spazieren, von Fragen gequält:

»Die Fragen wurden drohender, und das Gefühl, dem Allmächtigen und seiner Huld ausgeliefert zu sein, wuchs, bis es eines Morgens einem neuen, unerhörten Gedanken wich: Und wenn ich mich befreite von dieser Abhängigkeit und Demütigung, welche dauernd und schwer auf mir lasteteten? Und wenn ich diese Fragen hinter mich würfe und vergäße und schlicht weiterlebte, wie ich es bis jetzt getan hätte, nicht leichtsinnig und egoistisch, jedoch in eigener Verantwortung? Mit niemandem sprach ich darüber, keinem vertraute ich mich an. Der Entschluß stand eines Tages einfach da, mitten im Wald, ohne Seufzen, ohne Hinderungen. Mir war leichter zumute, und die Welt um mich hatte neuen Glanz.« (Literaturhinweis s. u.)

Jahrelang sind die Lebensgeister dieser Frau verschüttet. Mit einem Mal dann dieser Durchbruch. Sie fühlt sich »frei« und begreift diese Erfahrung gleichzeitig als eine »neue Art von Vertrauen vor meinem Schöpfer und Erlöser« und als »Emanzipation«: »Du liebst mich – sagt sie – und Du wirst mich auf meinem neuen Weg segnen.« Künftig singt sie Lob- und Danklieder auf ihren Spaziergängen, zum Erstaunen ihrer Hündin, die sie immer begleitet. Diese Frau sagt dazu: »Für mich war es auch ein Gang zu mir.«

Fortführung

»Was ist passiert, daß ihre Lebensgeister so plötzlich geweckt werden? War das Gottes Geist? War das »nur« Selbsterfahrung? Und – mindestens genauso wichtig! –: Kann das sein, daß jemand wie diese Frau so überwältigend aus ihren Lebens-Gesetzen ausbricht, die so lange so viel Macht über sie hatten? – Wir alle kennen Gesetze, die uns einengen und einschnüren (Körpersprache!), Vorschriften, in denen nur der Geist toter Buchstaben herrscht. Wir kennen Erfahrungen, die auf grausame Weise Lebensmöglichkeiten abtöten, im Keim ersticken (eigene oder fremde Beispiele benennen): freudlos – Verbote – kraftlos – »müssen« – rechtmachen. Dann ist kein Platz und erst recht keine Energie für Schönes, für Freude, für Lust am Leben ... – Paulus meint: Von diesem »Gesetz der Sünde und des Todes« sind wir »frei«. Und er sagt: Es gibt da ein anderes »Gesetz«, das »Leben aus dem Geist«. Das läßt uns aufleben, frei atmen! Das weckt unsere Lebensgeister! Und das wollen wir heute an Pfingsten ja erleben und feiern! ›Christus ist in euch‹, sagt Paulus. Das ›wird auch eure sterblichen Leiber lebendig machen durch seinen Geist, der in euch wohnt.‹ (V. 10 f.). Das ist ein starkes, ein wunderbares Versprechen!«

Weiter
ggf. mit Rotzetters Deutung der Erfahrung dieser Frau (s. Kontexte). Zur Veranschaulichung könnten Evangelien-Szenen erinnert werden, die Jesu Geist deutlich werden lassen: Sohn/Tochter Gottes sein dürfen, immer neu Vertrauen wagen, sich Menschen zuwenden, Gott Neues zutrauen.
Und wir? Mit den guten Hinweisen von Verena Kast zur »Lebensleidenschaft« (s. Kontexte) will ich Beispiele wecken, die von Menschen erzählen, deren Lebensgeister geweckt wurden. Und dazu ermutigen, selbst eigene Schritte der Lebensleidenschaft zu gehen.
Begeistert? »Natürlich ist nicht alles rosig, schön, harmonisch. Muß es auch nicht sein. Aber wenn ich beginne, mich dem neuen Geist zu öffnen, den Jesus schenkt, kann mein Leben sich neu entfalten - wie eine Knospe aufblüht (EG 638! - evtl. daran entfalten).«

Möglicher Schluß
»Pfingsten feiern wir den ›Geist, der lebendig macht in Christus Jesus‹! Vom Geist erfüllt - manchen macht das Angst. Weil sie fürchten, dann würde das Leben mit seinen dunklen Seiten übersehen, übergangen. Vom Geist erfüllt - das kann gerade unsere Lebensgeister wecken - obwohl nicht alles zum Begeistern ist. Aus dem Geist leben fängt klein an - und ein Wunder ist es immer! Und das ist Grund genug, sich Gottes Geist neu zu öffnen, damit unsere Lebensgeister wieder erwachen, für unser Leben hier und jetzt!«

Predigt-Alternative
Von diesem Text her Pfingsten und Gottesdienst thematisieren - als Ort, wo Gottes Geist gefeiert wird. Z. B. beginnend mit dem Gedicht von Kurt Marti (Kontexte), dem sich - mit Rotzetter, s. Kontexte - ein Nachdenken, Nachsinnen über religiöse Praxis anschließen könnte. Hier könnte dann auch - als Zusammenbindung von »Leben aus dem Geist« und neuer Lebendigkeit Ulrich Schaffers Text zur Sehnsucht Raum finden und Raum geben. Robert Walsers kurzes Gedicht kann diese Predigt eröffnen oder beschließen.

Kontexte

»Das Leben will etwas anderes von uns / als Weisheiten, es will, daß wir ihm huldigen, / fröhlich mit ihm übereinstimmen, / es will, daß wir's lieben. / Im Leben ist Liebeslust, Daseinslust / die höchste Weisheit.« (Robert Walser, zitiert bei Rudolf Schulz, Dem Leben Raum geben. Wegmarkierungen, Neukirchen 1989, S. 9)

Das Gedicht »Heiliger Geist« beschreibt die unverfügbare und ermutigende Geisteskraft:
»1 / Heiliger Geist? / Kein römischer Brunnen, / wo Wasser sich / über Stufen und Schalen / hierarchisch / von oben nach unten / ergießen. //

Heiliger Geist: / Quellen, / aufstoßend, aufbrechend, / von unten / (an der Basis, ja!), / unauffällig, heimlich zunächst, / erzwingbar nie. //
Und jener weise Pfarrer, / der sagt: Meine Arbeit? / Die eines Rutengängers, / der die Gemeinde durchstreift, / nach Quellen suchend, / die ohne mein Zutun sprudeln, / über deren Fassung, Nutzung / wir allenfalls dann / miteinander beraten. //
Sogleich aber fügte / der Pfarrer hinzu / (weil er tatsächlich weise war): / »Fassen«, »nutzen« – / hilfloser, untauglicher Wortkram! / Aufsprudelt der Geist, / wo und wie er will, / und hält sich nicht / an Amt und Struktur – / dabeisein ist alles. //
2 / Dabeisein, ja, / wenn da, / wenn dort / von untenauf / Quellen springen, / Leben sich rührt. //
Dabeisein, ja / wenn die gesellige Gottheit / zu raunen, / zu reden, / zu wirken beginnt. //
Dabeisein, ja, / wenn ihr Geist / Durst nach Gerechtigkeit weckt, / Mut zum eigenen Handeln / und neue Geselligkeit stiftet / z. B. mit Flüchtlingen, Verfolgten. //
Dabeisein, ja: / nicht beiseite treten, / nicht weglaufen, / der Angst nicht nachgeben, / kein Hindernis werden, / offen bleiben – / »Den Geist dämpfet nicht!« / (1. Thess 5,19)« //
(Mit Genehmigung des Radius-Verlags entnommen aus: Kurt Marti: Die gesellige Gottheit. Ein Diskurs. Stuttgart, Radius-Verlag 1989)

Die Sehnsucht, die zum Leben erweckt – verlockend, wild, stark – erfaßt Ulrich Schaffer gut:
»Mal kommt sie still, / dann wieder stürmisch. / Sie durchzieht dich wie eine Welle, / oder sie klopft vorsichtig an. / Sie malt die Bilder, die dich anspornen, / aber fast unerreichbar sind, / und doch willst du zu ihnen gelangen. //
Sie macht dir angst in ihrer Wildheit, / und doch spürst du gerade dann / dein Lebendigsein. //
Sie weckt dich auf, / wenn du dich arrangiert hast. / Sie erinnert an deine Ziele. / Sie kann drängen und warten. / Sie gibt nicht auf. Sie kann fliegen. //
Sie ist Zeichen und Hoffnung, / tiefer Grundton und Schmerz. / Ihre Energie holt dich heraus / aus der Gewöhnung, / in der du grau in grau untergingst. //
Sie ist die Stärke deiner Suche. / Sie ist die Stimme in den Stimmen in dir. / Sie ist das Gebet hinter jedem Gebet. / Sie gibt dir Ausdauer und Mut, / sie hat den Weitblick / und weiß, was noch in dir steckt. //
... die Sehnsucht, / Partnerin in deiner Entwicklung.« //
(Ulrich Schaffer, Beten über Worte hinaus, Kreuz Verlag, Stuttgart 1988, S. 140)

Rotzetter deutet die Erfahrung dieser Frau: »Im eigentlichen Sinn ist Spiritualität, wenn denn Paulus und diese Frau recht haben, die befreiende Erfahrung, Sohn oder Tochter Gottes zu sein, frei zu sein vom Gefühl, diesem oder jenem Gesetz folgen oder diesem oder jenem Anspruch genügen zu müssen. Spiritualität ist also nicht etwa Aszese, Leistung, sondern ein Leben, das sich der Gnade Gottes verdankt. Umgekehrt: Nicht jede religiöse Praxis ist schon ohne weiteres wirkliche Spiritualität. Ich kann Gebete sprechen, Lieder singen, hervorragende Leistungen im Bereich von Caritas und Kirche vollbringen – solange das alles nicht Ausdruck eines befreiten, gelösten Daseins in Gott ist, bewegt man sich im Vorfeld der Spiritualität. ...
Das alles führt zu mir selber und unter Umständen zur Erfahrung des göttlichen Geistes in uns. ... Vielleicht dürfen wir hinzufügen, daß jede Selbsterfahrung, die nicht zur Spiritualität führt, noch nicht an ihr Ziel gelangt ist. Natürlich ist Geister-

fahrung eine durch nichts erzwingbare Erfahrung. Gerade wenn ich sie durch dieses oder jenes Mittel unbedingt herbeiführen will, erreiche ich sie nicht. Sie ereignet sich allein im Loslassen von sich selbst, in der Enteignung und Übereignung an den Gott, der sich in Jesus von Nazareth gelichtet hat.«
(Anton Rotzetter, Leidenschaftliche Hoffnung. Die Kraft des biblischen Glaubens, Benziger Verlag, Düsseldorf und Solothurn 1992)

Sehnsucht zulassen und Lebensgeister wecken, aus dem Geist leben, ist Lebensleidenschaft:
»Was hieße Lebensleidenschaft? Gestalter zu werden im Sinne einer leidenschaftlichen Liebe zu diesem bedrohten Leben, zum bedrohten Lebendigen. Aber wie? Um Lebensleidenschaft zu entwickeln, muß man den Tod erkennen, muß um ihn wissen als etwas Un-Umgängliches (nicht umgehen, nicht wirklich zu erfassen, nicht verstehbar in seinem vollen Geheimnis) - dagegen lebt Lebensleidenschaft an, dem Satz verpflichtet: »Liebe ist stark wie der Tod«. Und man muß sich als »Lebensträger« bzw. als Lebensträgerin verstehen; das fordert uns eine Achtsamkeit dem Leben gegenüber ab. ... (und das heißt, T. S.:) Leidenschaft zu dem, was offen ist, der Hoffnung und der Liebe verpflichtet. Ganz praktisch: Suchen Sie ihre Leidenschaften, finden Sie heraus, wo Sie leidenschaftlich sind, oder es gerne sein möchten. Lassen Sie die Leidenschaften zu, die Sie haben - kümmern Sie sich nicht so sehr um höhere oder niederere Ziele. Lassen Sie sich ergreifen von dem, das Sie ergreifen möchte, zunächst einfach von der Sehnsucht nach intensiverem Leben, von der Sehnsucht nach einer breit ausgefächerten Emotionalität.« Dazu gehören: »Sinnliches«, »Sinnhaftes«, »Körper«, »Natur«, »Sinne«, »Hautsinn«, »Zärtlichkeit«, »Ergriffensein von etwas, das über uns hinausgeht«, letztlich: »leidenschaftliche Liebe zum Leben, wie es ist, und wie wir es jeweils spüren und erleben, und nicht wie wir meinen, daß es sein sollte..« - »Im Gestalten der Leidenschaft zum Leben gelingt es uns vielleicht, uns und unsere Welt etwas umzugestalten, aus dieser Leidenschaft zum Leben spüren wir viel besser, wo das Leben und das Lebendige bedroht ist, und wir wehren uns dann vielleicht auch leidenschaftlich: für das Leben - nicht nur für das Überleben.«
(Verena Kast, Sich einlassen und loslassen. Neue Lebensmöglichkeiten bei Trauer und Trennung, Herder/Spektrum Band 4261. Verlag Herder Freiburg 4. Aufl. 1995, S. 155 f.)

Für die Entfaltung der Lebensleidenschaft eignet sich auch »Bewußt leben«, ein eigener Text:
Bewußt leben // nicht bewußt-los / folgen // den alten Zwängen / die täuschend echt / immer neu sich gebärden / die am bitteren Ende / ihrer vertrauten Verlockungen / den immer wiederkehrenden / schlechten Geschmack / hinterlassen - / aber da / ist / alles schon / zu spät / schon alles geschluckt ... // bewußt leben // ja sagen zum Augenblick / zu heute / zu jetzt und hier / bewußt JA // bewußt leben / und nicht dem alten / ›kann ich nicht‹ / ›darf ich nicht‹ / glauben / dem sattsam bekannten / un-ersätt-lichen / Nein // bewußt leben // ein Traum? / Phantom? / Optimisten-Hirngespinst? // Bewußt leben / das Kleine achten / und ehren / ja: lieben // der kleine /kurze Augenblick / die winzige Blüte / momenthaftes Aufblitzen / im Blick des Anderen / die kleine Freude / das helle JA / in mir // bewußt leben // BEWUSST LEBEN! // Warum? // ganz einfach / weil es so ist / wie es ist / jetzt - // und: / weil es wirklich / für mich / ist / das kleine Stückchen / Freude / das winzige Stückchen Leben / die unscheinbar / leuchtende Hoffnung - / jetzt!

Pfingstmontag

Annäherungen an den Predigttext Apostelgeschichte 2,22-23. 32-33. 36-39

Ulrike Schilling

In einer Gruppe von fünf Frauen haben wir uns zusammengesetzt und über diesen Text gesprochen. Nicht alle kannten sich vorher untereinander. Alle sind in verschiedenen Gemeinden aktiv, evangelisch und katholisch orientiert. Was ich von dieser Runde erwartet hatte, stellte sich auch sofort ein: ein direktes, unverblümtes und engagiertes Gespräch.
Wir haben den Text zunächst mit verteilten Rollen ganz gelesen (2,14-40), dann die bezeichneten Verse noch einmal.

»Das ist ja eine sehr eindringliche Predigt, die Petrus hier hält, Überzeugungsarbeit, um die Leute 'ranzukriegen. Aber was sehen die denn hier, was hören sie (33)? Wo ist denn das Pfingsterlebnis? Und wenn ich dabeigestanden hätte, mich hätte das betroffen gemacht, diese zweifache Anschuldigung (23 und 36): Habt ihr ... ans Kreuz geschlagen und umgebracht; den ihr gekreuzigt habt. Ich finde das sehr drastisch. Und zugleich auch widersprüchlich in V. 23, wenn es zugleich Gottes Plan war ... Wie wird die Wirkung gewesen sein?«

Mit diesem ersten Votum hatten wir die Themen dieses Abends.
- Mit der Auswahl der Bibelstellen war keine zufrieden. »Der Saft fehlt, das Trockene bleibt, die Richtigkeiten. Christliche Lehre als das, was man zu glauben hat.« Uns fehlte der emotionale Hintergrund, die Bewegung des Pfingstereignisses selbst, und die Joelverheißung sowie der Psalm sprachen uns viel direkter an in den Bildern von den Söhnen und Töchtern und Alten, die Visionen haben werden, von den Mägden und Knechten, und auch die Hoffnungsbilder des Psalms. Die Apg als Beginn christlicher Lehre? »Ich kenn' Kirche so als Lehre, und das macht mich ärgerlich.« Die Frage blieb: Wie läßt sich Erleben vermitteln? Erklären führt nicht zum Erleben. »Jesus selbst hat doch ganz anders gehandelt und die Leute in seinen Bann gezogen.«
Eine brachte es noch anders auf den Punkt: »Ich fand das schon früher immer so anstrengend, obwohl ich gern zur Kirche ging, diese Begriffe zu füllen, Heiliger Geist, Buße.«

– Was bedeutet das, dieser Schuldaufweis gegenüber den Juden? Muß diese Schuldüberführung sein? »Petrus will sie ja gewinnen. Sie sollen ja einsehen, was sie gemacht haben. Und daß Gott gerade den Verurteilten zum Herrn gemacht hat.« »Es sticht ihnen durchs Herz. Es beunruhigt sie so, daß sie fragen, was sollen wir tun.« »Wie ist es denn heute? Ich merke, daß mich etwas beunruhigt, was ich nicht in Ordnung finde, und dann suche ich nach Wegen, wie ich es besser machen könnte.« »Gut, getauft sind wir, und der Heilige Geist ist uns geschenkt, aber vielleicht geht es nur so, daß sich Verhalten ändert über Einsicht in Schuld.« »Wo bleibt da das Evangelium?« »Hier ist es, ganz am Schluß, auch in dem griechischen Wort und dem herausgestellten EUCH (39).«

– Und die Wirkungsgeschichte? Wir unterschieden die verschiedenen Ebenen des Textes: die Petruspredigt als Jude zu Juden mit all den Pilgern, die zum Wochenfest nach Jerusalem gekommen sind – wir stellten uns darunter im wesentlichen Männer vor und nur in der Schar der Christen die Frauen, die schon vorher mit Jesus mitgezogen sind. Dann die Lukaskomposition als Dokument, mit dem sich Christen ihrer selbst und als Kirche vergewissern mit Blick auf die Heiden. Und daß Lukas hier Abgrenzung von den Juden gerade fernliegt. »Und doch ist daraus isoliert der Vorwurf des Christusmordes wirksam geworden bis hin zu Auschwitz.« Eigentlich können wir dies an dem Text so nicht sehen, aber mit dieser Frage sind wir mittendrin in der Diskussion um die Weltgebetstagsordnung der Palästinenserinnen (es ist Januar 94). Wir nehmen wahr, daß Texte Empfindlichkeiten auslösen können – wieweit kommen hier wieder antijüdische Tendenzen und Schuldzuweisungen zum Tragen? Dürfen die Frauen so ausdrücken, was sie denken, wenn so viele Menschen das mit in den Mund nehmen sollen? Die uralte Frage, sie richtet sich plötzlich an uns selbst. Wir erkannten die Notwendigkeit, gerade darüber miteinander zu sprechen, über unsere unterschiedlichen Wahrnehmungen und über unsere eigenen wunden Punkte dabei.
»Wie lange hat es gedauert, bis wir erkannt haben, daß Jesus in diesem Volk geboren werden mußte.« »Es ist das auserwählte Volk.« »Und auch hier trifft Gott die Auswahl (39).« »Auch das gilt eigentlich immer, diese Spannung zwischen Determination und Freiheit (23, 39).«

– Was bewegt uns an diesem Text? »Mich bewegt die Gewißheit, das aufrichtige, klare Bekenntnis. Petrus sagt: Dies ist die Wahrheit. Das stärkt mich auch.« »Ich spüre auch diese Eindringlichkeit und die Betroffenheit, die diese Rede auslöst, und trotzdem eher von ferne. »Ihr Männer« – nee, da bin ich nicht. Da bleibe ich eher kühl.« »Wenn ich die ganze Rede sehe mit den ganzen Zitaten aus dem AT – das weist auf Beweisdruck hin.« »Mich bewegt doch Petrus in seiner eigenen Beteiligung als Zeuge. Und es ist ja tatsächlich was zu sehen (33), nicht nur zu hören. Es geschieht hier etwas. Der Geist wirkt schon, auch wenn er den anderen erst mit der Taufe versprochen wird.« (Eine Irritation löste V. 33 mit der Übermittlung des Geistes an Jesus aus - erst jetzt, nicht bei seiner eigenen Taufe?)

- Wie wird der Heilige Geist für uns erfahrbar oder faßbar? »Wenn man meint, die Nähe Gottes zu spüren, dann ist man glücklich. Wenn ich merke, daß ich glücklicher aus dem Gottesdienst herauskomme, als ich hineingegangen bin, dann ist etwas davon passiert. Und es gibt ja auch Gemeinden, da ist etwas los, und die Leute kommen.« »Dabei erinnere ich mich an einen Ostermontag, als wir in einem Dorf zur Kirche gingen und unser polnisches Au-pair-Mädchen mitgenommen hatten. Außer uns waren 10 Leute dort im Gottesdienst. Sie konnte das nicht begreifen, und mich selbst hat das berührt.«
»Auf dem Altarbild unserer Kirche war die Auferstehung dargestellt und oben das dreieckige Auge Gottes, das war für mich der Heilige Geist.«
»Für mich ist Heiliger Geist auch Beziehung, etwas, das fließt und Kraft gibt. So wie wir heute abend hier geredet haben und wie wir zueinander gekommen sind. Und dann auch, wenn ich manchmal abends am Bett der Kinder sitze und wir ganz in Ruhe beten und an andere denken.«

Beim Wein redeten wir noch weiter und verabredeten uns zu einem weiteren Abend nach dem Weltgebetstag, um die angerissenen Fragen mit dem Erlebten zu vertiefen …

Zum Gottesdienst

Bernd Ahrens

Exegetisch-homiletische Skizze

Die großen Predigten der Apostelgeschichte sind nicht historisch zu lesen, sondern stellen Kompositionen des Lukas dar. So entpuppt sich bei genauerem Hinsehen das Szenarium der vorliegenden Petruspredigt als durchaus idealtypisch:

- Petrus redet im Kreise der elf Apostel (Vers 14) und steht somit für die gesamte Gemeinde/Kirche.
- Vers 5, aufgenommen in Vers 14, bezeichnet als Zuhörerschaft die Diasporajuden in Jerusalem, die Verse 22 und 36 nennen darüberhinaus das ganze Volk.
- Es wird also ein innerjüdisches Geschehen geschildert; die Urkirche setzt sich mit ihrer Mutter, dem Judentum auseinander.

- Der Blick nach vorn wird nicht ausgeblendet: Vers 39 zieht die Linien weiter aus bis zur Kirche aus Juden und Heiden.

Indem Lukas die Petruspredigt nach Jerusalem (!) verlegt, verleiht er dem gesamten Handlungsrahmen eine für die ganze Kirche beispielhafte und verpflichtende Bedeutung. Was hier gesagt wird und geschieht, ist Maßstab für alles kirchliche Reden, Handeln und Erleben.

Leider serviert uns die Versauswahl der Perikope nur die Gräten des ganzen Fisches. Das Gerüst bleibt erkennbar, aber wo ist das Fleisch? Für mich ist es schon bedeutungsvoll, daß gerade die beiden Schriftbelege aus dem hebräischen Testament (Vers 17 bis 21 und Vers 25 bis 28) ausgeblendet werden. Dies verstärkt (für manche Ohren bis zur Unerträglichkeit) den sowohl antijüdischen als auch männerzentrierten Charakter (dagegen Vers 17 f.) des Textes. Es ist durchaus denkbar, dies in der Predigt durch Einbeziehung des Joel-Zitats aufzufangen, auch wenn ich selber einen anderen Weg wählen werde.

Meiner Ansicht nach sollten bei der Anlage der Predigt folgende vier Gesichtspunkte im Auge behalten werden:

1. Bereits Adolf Schlatter stellte fest: »Der Gegenstand der apostolischen Predigt war nach dem Zeugnis des Lukas überall das, was als Tat Gottes an und durch Jesus geschehen ist und geschieht.« (A. Schlatter, Die Apostelgeschichte, 2. Aufl. Calw und Stuttgart 1918, S. 20). Die ganze Petruspredigt zielt auf Gottes Tat (Vers 22, 23, 24, 32, 33, 36 und 39).
2. Gottes Handeln wird christologisch auf den Punkt gebracht. Dies geschieht allerdings nicht distanziert als Schilderung eines historischen Geschehens, sondern die Hörer werden als unmittelbar Beteiligte in das Kreuzesgeschehen mit einbezogen. So läßt sich meiner Meinung nach die Mitverantwortung der Hörer für den Kreuzestod Jesu auf heute adäquat übertragen. Zu beachten ist ferner Vers 37: Die Pfingstpredigt des Petrus zielt nicht auf den Verstand, sondern auf das Herz und somit auf die ganze Existenz.
3. »Der Heilige Geist kann nichts predigen als Christus allein. Der arme Heilige Geist weiß sonst nichts. Ein Harfenspieler macht sich zum Gespött, wenn er auf einem Instrument mit nur einer Saite spielt. So geht's dem Heiligen Geist auch. Er kann nur auf einer Saite spielen«, so Martin Luther (unbelegt, zitiert nach Klaus Reblin in Predigtstudien VI/2, 1984, S. 94 ff.). Damit sind wir beim Kern: Christologie und Pneumatologie sind in der Petruspredigt aufs engste verwoben. Da, wo das Leben Christi vergegenwärtigt und seine Erhöhung bekannt wird, ist das Wirken des Geistes präsent (Vers 33). In Buße und Taufe (Vers 38) antwortet der Mensch. Wer umkehrt und sein Leben ändert – ein Leben, das Christus ans Kreuz gebracht hat (s. o.) –, wird selber aufgenommen in die reale Wirkungsmöglichkeit des Geistes und ist Ausdruck derselben.

4. Pfingsten zielt auf die ganze Kirche. Die Umkehr des Einzelnen führt zur neuen Lebensweise der Urgemeinde (Vers 41–47). Diese, ob historisch oder nicht, wird von Lukas zum Paradigma für die ganze Kirche erhoben.

Pfingsten ist *das* Fest der Kirche. Lukas zeigt, Wo der Geist weht, da entsteht Kirche. Ich warne davor, dies kurzschlüssig auf unsere volkskirchliche Realität zu übertragen. Zu viele haben schon in ihr den Geist für sich beansprucht, um ihren eigenen Ungeist zu legitimieren. Der Blick aufs Detail zeigt mir aber auch immer wieder, daß unsere Kirche erheblich besser ist als ihr Ruf. Für mich ist es unstrittig, daß der Heilige Geist in dieser Kirche am Werke ist, man muß ihn nur erfassen. Ihn erfassen zu können, setzt aber – so Lukas – die eigene Umkehr voraus. Die Reform der Kirche fängt eben nicht in den Konsistorien an, sondern bei mir. Mag diese Erkenntnis noch so sehr als individualistisch verpönt sein, ihre Mißachtung hat immerhin nicht unerheblich zur Verkrustung unserer Strukturen beigetragen. Der Text zeigt: das Wehen des Geistes verursacht Herzstiche. Es ist erfahrbar und macht betroffen. Wo Christen betroffen und zur Umkehr bereit sind, da wächst Kirche, das ist Pfingsten. Das stellt hohe Anforderungen an die, die predigen – Anforderungen, die Kraft und Möglichkeiten leicht übersteigen. Wohl dem, der daran nicht verzweifelt, sondern dem Heiligen Geist auch noch einen Platz an seinem Schreibtisch zugesteht.
Pfingsten (eines der drei großen Feste im Kirchenjahr) hat seinen Platz nicht nur im Bewußtsein der Gesellschaft, sondern auch in dem der Gemeinde längst eingebüßt. Dies korrespondiert mit dem öffentlichen Bedeutungsverlust von Kirche schlechthin. Eine Predigt wird dies nicht auffangen können und muß es auch nicht. Die ständige Geburt der Kirche hat immer schon klein angefangen.
Ich gehe davon aus, daß die im Gottesdienst versammelte Gemeinde ohnehin schon eine Beziehung zur Kirche hat. Gerade sie in das Pfingstgeschehen einzubinden, scheint mir lohnend.
Da die Gemeinde Christi immer auch Erzählgemeinschaft ist – immerhin tat Petrus ja auch nichts anderes, als von den Taten Gottes zu erzählen –, entscheide ich mich dafür, von der zur Umkehr treibenden Kraft des Heiligen Geistes zu erzählen in der Hoffnung, Angst vor Umkehr abzubauen.

Vorschläge zur Liturgie

Introitus
Psalm 100

Kyrie
KYRIE ELEISON – Herr, erbarme dich!

Wenn ich schwach bin, so hilfst du mir.
Laß es so geschehen, Herr:
daß ich mich erheben kann aus meiner Kraftlosigkeit,
daß ich aufstehe um den Tod zu widerstehen.

CHRISTE ELEISON - Christe, erbarme dich!

Du hast mich vom Tode errettet.
Jesus Christus, der du lebst in uns und unter uns:
Laß mich leben mit den Lebendigen,
Sei du unsere Hoffnung und unsere Kraft zu lieben,
geh du ein in unsere großen Wünsche
und bewahre sie vor einem frühen, bitteren Tod.

KYRIE ELEISON - Herr, erbarm dich über uns!

(Klaus Eulenberger, in: Liturgische Texte III. 3, Beilage zur Zeitschrift für Gottesdienst und Predigt 1/88)

Gloria
Gott sagt: »Ich werde ihnen ein neues Herz und einen neuen Geist geben. Ich nehme das versteinerte Herz aus ihrer Brust und schenke ihnen ein Herz, das lebt. Dann werden sie nach meinen Weisungen leben, auf meine Gebote achten und sie befolgen. Sie werden mein Volk sein, und ich werde ihr Gott sein.«
(Ezechiel 11,19+20, Die Gute Nachricht)

Kollekte
Herr, gib uns jetzt dein Wort,
wie du uns das tägliche Brot gibst.
Gib es uns so, daß es uns verwandelt,
daß es uns nicht ärgert, wenn es uns trifft,
daß es uns nicht freut, wenn es andere trifft,
daß es uns nicht langweilt,
wenn du mit meinem Nächsten redest -
und daß ich es nicht überhöre,
wenn du mit mir selber sprichst.
Gib es uns so, daß wir es nicht mehr vergessen,
wenn das Geschwätz und der Lärm wieder kommt,
daß es nicht erstickt wird,
wenn die Sorgen und Ängste wieder kommen,
daß wir es nicht fahren lassen,
wenn es uns etwas kostet.
Laß uns deinem Zugriff stillehalten.
Denn ohne dein Wort
verdorrt alles Leben.

Darum sprich mit uns,
wir wollen auf dich hören.

(Singt und dankt, Lieder und Gebete; Beiheft 84 zum Evangelischen Kirchengesangbuch für die Evangelische Kirche im Rheinland, Nr. 914)

Lesung

Matthäus 16,13-19

Fürbitte

Laßt uns - wieder und wieder - Gott anrufen um den Heiligen Geist - den Geist der Wahrheit und der Liebe, der Hoffnung und der Besonnenheit. laßt uns gemeinsam bitten: Herr, erbarme dich.

Auf Gottes Wort hören, an seine Güte glauben, nach seinem Willen leben: Wie gut ist das, aber auch wie schwer! Wir brauchen den Heiligen Geist, der uns die Ohren auftut und das Herz bewegt, der uns den Verstand schärft und die Hände stärkt. Laßt uns bitten: Herr, erbarme dich.

Der Kirche angehören, in der Gemeinde mitarbeiten, für die Wahrheit des Glaubens eintreten: oft scheint diese Mühe vergeblich. Wir brauchen den Heiligen Geist, damit uns Mut und Gehorsam, Geduld und Hoffnung nicht ausgehen, damit unser Glaube wach bleibt. Laßt uns bitten: Herr, erbarme dich.

Die Welt sehen, wie sie ist; ihre Möglichkeiten ausschöpfen und ihre Grenzen ernst nehmen, ihre Probleme bewältigen oder auch nur ertragen: wer von uns kann das? Wir brauchen den Heiligen Geist, um nicht zu resignieren und frei zu bleiben von Illusionen. Wir bitten: Herr, erbarme dich.

Verheiratet sein, Kinder haben, als Familie leben: Viele von uns haben es so gewollt; warum dann die Klagen? Wir brauchen den Heiligen Geist, damit wir einander gerecht werden, uns gegenseitig vergeben und gemeinsam von neuem beginnen können. Wir bitten: Herr, erbarme dich.

Abschied nehmen, allein sein, geliebte Menschen begraben: keinem von uns bleibt das erspart. Wir brauchen den Heiligen Gesit, um unsere Trauer zu überwinden und doch nicht zu vergessen, was war; um auch im Alter dankbar zu bleiben und bis ans Ende zu hoffen. Wir bitten: Herr, erbarme dich.

Wir danken dir, Gott, daß du dich über uns erbarmt hast. Durch Wort und Zeichen, auf vielfältige Weise kommst du uns nach, heut wie gestern und morgen wie heute. Das glauben wir mit Jesus, deinem geliebten Sohn, in der Gemeinschaft des Heiligen Geistes.

Lieder

Eingangslied EG 129,1-4 (Freut euch, ihr Christen alle)
Hauptlied EG 125,1-3 (Komm Heiliger Geist, Herre Gott)
Predigtlied EG 130,1-3 (Heiliger Geist, kehr bei uns ein)

Segenslied EG 136,1+7 (O komm, du Geist der Wahrheit)
alternativ:
Eingangslied EG 132 (Ihr werdet die Kraft des Heiligen Geistes empfangen; Kanon.
Predigtlied: Zu Ostern in Jerusalem (aus: Singt und dankt (s. o.), Nr. 628)
Segenslied EG 171,1-3 (Bewahre uns Gott)

Vorschlag zur Predigt

Wenn ich mir vorstelle, die Frau des Petrus habe diese Predigt ihres Mannes mitgehört, dann bekommt meine Phantasie Flügel. Immerhin waren die beiden ja schon eine geraume Zeit verheiratet, und die Zeit dieser Ehe ist zumindest für sie nicht gerade einfach gewesen. Wenige Jahre lag es erst zurück, daß jener Wanderprediger aus Nazareth so ziemlich alles in ihrem Hause durcheinandergebracht hat. »Folge mir nach«, hatte er zu ihrem Mann gesagt und der hat alles stehen und liegengelassen und ist mitgegangen. Ganz unvorbereitet stand sie da; im Zimmer nebenan lag ihre kranke Mutter, und nun hatte sie auch noch den kleinen Fischereibetrieb am Hals. Ihr Mann ist zwar ab und zu noch vorbeigekommen und hat nach dem Rechten geschaut, doch viel geholfen hat ihr das nicht. Immer brachte er diesen Jesus mit, warb um Verständnis für seinen Schritt, redete viel und tat wenig. So war er nun mal: Allen wollte er es recht machen und benahm sich letztlich doch nur wie ein Elefant im Porzellanladen.
Sie konnte das Lächeln nicht unterdrücken, als sie daran dachte, welchen Namen Jesus ihm gegeben hatte: Petrus, - der Fels! Alles andere hätte besser zu ihm gepaßt als gerade dies! Nein, ein Fels ist er nie gewesen, eher ein Waschlappen. Sie brauchte nur an jene unrühmliche Nacht vor dem Tod des Nazareners zu denken. Sogar ihr war zu Ohren gekommen, welch eine erbärmliche Rolle Simon da gespielt hatte. O ja, sie kante ihn gut, - zu gut. Aber gerade deshalb auch kam sie von diesem Mann nicht los. Seine wankelmütige, aufbrausende Art, seine tolpatschige Ungeduld, wie oft hatte sie ihm das schon verziehen! Und sie konnte ihm das auch immer wieder verzeihen, wußte sie doch, daß sich dahinter nichts anderes verbarg als eine unerschöpfliche Fähigkeit zu Hingabe und Liebe.
Ganz unvermittelt traf sie ihn jetzt wieder, mitten in Jerusalem. Sie bekam einen gehörigen Schreck, als sie ihn da stehen sah und predigen hörte. War das noch ihr Mann? - Seine Worte hatten eine Kraft, die sie niemals bei ihm vermutet hätte. Er, der kleine Fischer vom See, redete geradezu vollmächtig von den Taten des Allerhöchsten. Er, dessen Bildung gerade mal ausreichte, um sich in den Heiligen Schriften mühsam und stockend die Buchstaben und Wörter zusammenzuklauben, schien plötzlich den Schlüssel zu Gottes Welt in der Hand zu halten. Und mit seinen Worten schloß er ihr und allen, die um sie herumstanden, diese Welt auf.

Zum weiteren Verlauf

Es folgte eine anschauliche, aber nicht ausufernde Zusammenfassung der Petrus-Predigt mit ihrer christologischen Zuspitzung.

So hatte sie es noch nie gesehen. In ihren Augen war es bisher immer ihr Mann gewesen, der eine der Hauptrollen beim Tode Jesu gespielt hatte. Daß sie selbst eine ebenso große Verantwortung für diese jammervolle Hinrichtung tragen sollte, begann ihr erst jetzt zu dämmern. Sie mußte ihrem Mann recht geben: Was hatte sie denn getan, um sich für jenen Jesus aus Nazareth stark zu machen? Hätte sein Anliegen ihren Einsatz nicht gelohnt? Simon, ja der ist ihm gefolgt. Der hat die Schwerpunkte neu gesetzt in seinem Leben, hat die Familie und den Beruf hintangestellt, um sich nicht nur mit Worten, sondern mit seinem ganzen Leben einzusetzen für die Sache Jesu. Und diese Sache Jesu - so behauptete zumindest ihr Mann - sei die Sache des Allmächtigen selbst. Wer's nicht glaubt, der hätte Simon mal vor einem Jahr sehen sollen! Nicht wiederzuerkennen ist er. So wie er jetzt da steht und redet, so wie er behauptet, Zeuge zu sein der Auferweckung Jesu, so kann nur einer auftreten, der weiß, wovon er spricht. Und Simon war Zeuge, dessen war sie sich sicher, denn er überzeugte. Das ging seiner Frau wie ein Stich durchs Herz.

Was seine Frau, liebe Gemeinde, an jenem Tag erlebte, läßt sich mit einem Wort zusammenfassen: Pfingsten.

weiter:

Es folgt eine Schilderung dessen, was Pfingsten ist: das Erleben, wie das Wirken Gottes Menschen zur Umkehr treibt; die Erfahrung, daß der Mensch Jesus aus Nazareth, mit dem was er gesagt und getan hat, mich im höchsten Maße angeht; die lebendige Hoffnung, daß die Konsequenzen, die ich daraus ziehe, meine Lebenshaltung von Grund auf ändern wird, und daß damit unweigerlich der Keim gelegt ist für das Wachsen einer neuen Gemeinde. Die eigene Bereitschaft zur Umkehr kann jeder ganz konkret an seinen Antworten auf folgende Fragen überprüfen (zitiert nach Ulrich Luz, Predigtstudien VI/2, Stuttgart-Berlin 1978, S. 76):

»Ist mein Lebensstil Ausdruck der Liebe? ... Für welche Menschen will mich Gott brauchen? ... Wie gebe ich mein Geld aus? ... Was trage ich zum Leben der Gemeinde bei? ... Wo braucht mich meine Familie? ... »Die Reflexion dieser Fragen sollte unbedingt vor dem Hintergrund der konkreten Gemeindewirklichkeit erfolgen, und zwar ungeschönt.

Schluß

Die Götterdämmerung der Kirche, liebe Gemeinde, ist immer wieder herbeigeredet worden. Die Grabredner stehen schon parat und warten nur darauf, daß diese Kirche endlich ihrem lange vorausgesagten Kollaps erliegt. Doch sie haben die Rechnung ohne den Heiligen Geist gemacht. Seit Pfingsten bin ich sicher: er wird ihnen ein Schnippchen schlagen.

Petrus ist es ja auch nicht besser als uns gegangen, im Gegenteil. Verstrickt in Schuld und Versagen mußte er am Karfreitag das absolute Ende all seiner Pläne und Hoffnungen aushalten. Der Stein vor dem Grab Jesu war zugleich ein Stein vor seiner eigenen Zukunft. Die Rechnung war nicht aufgegangen, und sie war deshalb nicht aufgegangen, weil er eine Unbekannte übersehen hatte: nämlich Gott. Der dachte mitnichten daran, sich mit dem Gang der Dinge abzufinden und schritt zur Tat. Jesus wurde auferweckt, der Tod besiegt, und mit einemmal war wieder Zukunft da im Leben des Petrus wie im Leben der Gemeinde. Ja, auch im Leben der Gemeinde, denn Ostern und Pfingsten trennen gerade einmal fünfzig Tage. Das war damals nicht anders als heute.

Die Botschaft von der Auferstehung Jesu Christi steht im Raum, die großen Taten Gottes haben wir gehört. Wo diesen Taten Glauben geschenkt wird, liebe Gemeinde, da ist der Heilige Geist so gewiß wie das Amen in dieser Kirche. Nimmt er die Dinge in die Hand, dann werden wir uns unweigerlich ändern, dann wird auch Kirche sich unweigerlich ändern, und allen, die das hören werden, wird's durchs Herz gehen wie ein Stich.

Literaturhinweis

Die Idee des Predigteinstiegs entnahm ich der Kurzgeschichte »Die Frau des Petrus« von Max Wedemeyer, in: Hanna Schaar (Hrsg.), Jeder neue Tag ist ein Geschenk. Ein Vorlesebuch für Frauenkreise, Lahr 1987, S. 196ff.

Trinitatis

Annäherungen an den Predigttext
2. Korinther 13,11-13

Reinhold Ahr

Was einem Laien so einfallen kann

- Immer nur die »Brüder«, diese Zeit nervt mit ihrer ausschließenden »Männlichkeit«. Doch hat sich viel geändert?
- Wer will schon vollkommen sein, so perfekt, das ist ja anstrengend. Ist das nicht etwas, was nur für Gott reserviert sein sollte?
- Was sich Paulus dabei dachte, als er zu »einerlei Sinn« riet? Das kann doch kaum Uniformität bedeuten, für eine Gemeinde wäre dies langweilig. Überhaupt müßte man über die Gemeinde in Korinth etwas mehr an Informationen haben.
- »Seid friedsam, so wird ...« Das erinnert mich an frühere Zeiten, an Aussprüche der Eltern: »Seid brav und artig, dann wird ...«
  Ist denn Gott auch so einer, der uns in einen Kuhhandel verwickelt und Bedingungen stellt?
- »Der Gott der Liebe und des Friedens« - ja gibt es den denn noch? Oder ist der nicht schon seit Jahren auf Urlaub?
- Wenn Gott so ein Gott der Liebe und des Friedens ist, warum spüren wir so selten etwas davon, gerade diejenigen, die sich auf diesen Gott berufen?
- Schon eindrucksvoll, die Geste mit dem »heiligen Kuß«. Ob das in Korinth damals mehr war, als unser »Küßchen«, das in manchen Kreisen so üblich geworden ist?
  Hatten die Korinther weniger Angst vor »Körperlichkeit« als wir in unserer Kirche heute?
- Wer um alles in der Welt sind denn nun »alle Heiligen«, die da am Briefende so artig grüßen?
  Mir fallen dazu nur die schön geschnitzten Barockfiguren so mancher Kirchen ein. Vielleicht noch der Heilige Vater und seine Kardinäle. Haben wir Evangelischen eigentlich auch Heilige?
- Schade, daß das Wort Gnade so in Verruf geraten ist. Man hört dagegen so oft jetzt in der Umgangssprache Redewendungen mit dem Begriff »gnadenlos«. Vielleicht kennzeichnet das auch besser unsere Zeit. Die »Gnade unseres Herrn Jesus Christus« wäre dann schon hilfreich. Doch wie sieht die für uns moderne Menschen heute aus?

- Gott der Liebe - Liebe Gottes! Es häuft sich in drei Versen. Ob Paulus hier am Ende seines Briefes noch eins draufpacken will? Wie sagte mal einer besserwisserisch: »Zuviel Liebe ist auch ungesund.«
- Ja, Amen! Wenn dies nicht alles nur ein frommer Wunsch bleibt, was da geballt aufgeschrieben wurde. Schön wär's, wenn's nicht so wär.

Zum Gottesdienst

Helmut Zeilinger

Exegetisch-homiletische Skizze

Was mich bewegt - angesichts dieses Textes und des Trinitatis-Sonntags:
- daß der so abgerundet harmonisch und für überall und immer stimmig erscheinende Text als Hintergrund einen eben erst abgeschlossenen heftigen Konflikt hat; das müßte in der Predigt Ausdruck finden, damit einerseits nicht ein Idealbild der Anfangszeit vorgestellt wird und andererseits aus dem Umgang mit Konflikten anderer sich auch für unsere eigenen Auseinandersetzungen etwas herleiten läßt;
- daß gerade das »drei in ein« Gottes (EG 263,7) Christen nicht unbedingt »läßt eines sein«; erst recht nicht Christen, Juden und Muslime, unsre nächsten Nachbarn; vor allen weiteren Spekulationen über die »innergöttliche Einheit und Gemeinschaft« und vor allen ab- und ausgrenzenden »Definitionen« hat Vorrang, denke ich, was die »zwischenmenschliche und interreligiöse Gemeinschaft« fördert;
- daß also der Friede unter Menschen nicht mehr durch Gottesdefinitionen gefährdet und zerstört wird; sondern daß die Schritte in Richtung Einswerden zu Gotteserfahrungen werden. Gottesliebe und Nächstenliebe wird ja meist als *ein* Zusammenhang angesehen (Matthäus 22,37-39). Und doch hatte schon mancher, der Gott »umarmte«, dann »keine Hand mehr frei« für den Nächsten. So liegt in der Melodie der Perikope ein Ton, der nicht ohne Gefahr für die »Harmonie« übersprungen werden sollte: im Friedenhalten ist Gottes Frieden mit euch (Vers 11). Euer Einssein bestätigt Gott, macht Gott - die Liebe und der Frieden - glaubwürdig. Viele Bibelstellen lassen den gleichen Verhalt erkennen, z. B. Psalm 41,2; Jesaja 58,7 f.; 60,1; Matthäus 6,12; 7,1; 18,32 ff.; 25,34 ff.; Epheser 5,14. - Ist das der Hinter-Grund für das »Freut euch!« am Anfang?
- daß das erste Wort der Perikope (»Zuletzt«) und deren äußere Plazierung und innere Gewichtung am Ende von Konflikt und Brief hervor- und abgehoben erscheint; mich reizt's, über Wortspielereien anzusprechen,

wie riskant es sein kann, wenn »letzte Worte« in doppeltem Sinn »abschließend« sind;

- daß die starke Auffälligkeit des »heiligen Kusses« (zumindest für's Hören und Fantasieren des Hörers dieser Bibelstelle) eigentlich auch genutzt, in größeren Zusammenhang gestellt und stärker »herübergeholt« werden könnte; deshalb die Skizze einer 2. Predigt-Alternative.

Was ich bewegen möchte – mit einem Gottesdienst rund um diese Perikope:

- Formeln und Dogmen als »letzte« verbindliche Sätze, die setzen, was Leben und Wirklichkeit sei, können Inhalte in doppeltem Sinn »aufheben«: bewahren (für später; aber auch so, daß man jetzt »nicht drankommt«) und auflösen (unkenntlich machen; denn Gott ist größer als jede Formel und deshalb tunlichst nicht im »Bild« festzulegen). Deshalb möchte ich lernen und auch anregen, von »letzten Sätzen« immer mehr abzusehen. Sie gefährden ja nicht nur die Gemeinschaft der von ihnen Abhängigen, sondern blockieren deren erstrebte Gemeinschaft auch mit anderen (was verbindlich für die einen ist, ist nicht mehr verbindend mit anderen). Und solche Gemeinschaft über die eigenen Grenzen hinaus gehört doch zum »Gott des Friedens und der Liebe«! Ich möchte stattdessen von Gott lieber offener, »relativer« reden; bezogen auf die Situation: vom »Gott des Friedens« haben die Konrinther nichts, wenn er so nur in einer Formel aufgehoben wird; im Gegenteil: der kann gerade so noch Streitobjekt werden. Den »Gott des Friedens« können sie aber erleben, wenn sie selbst Frieden halten und herstellen; und wenn *wir* Sinn dieser Art nicht nur in Worten vermitteln, sondern durch Sinnlichkeit und entsprechende Akte erfahren und spüren lassen;
- den Verbund eines erlebten und bewältigten Konflikts mit der Benennung des »Gott des Friedens«, der sich den Friedensstiftern erfahrbar machen wird, möchte ich heutigen Konfliktsituationen gegenüberstellen: allgemein gesellschaftlichen, wie sie jeder in seinem Umfeld findet, und auch speziell theologischen, wie solchen zur Gottesfrage;
- das Öffnen »letzter« Sätze könnte man schon in der liturgischen Sprache probieren (vgl. die Alternative zum »Votum«), genauso wie Gesten der Hinwendung und Zuneigung zum andern nicht nur angesprochen, sondern im Gottesdienst auch praktiziert werden sollten;
- »verschlossene« Worte und Ungereimtheiten wie »Brüder« und »Heilige« werde ich bereits in der Textlesung zu öffnen versuchen durch Einschübe: »... Heute würde er sagen: ›und Schwestern‹«. Und »... Damit waren damals *alle* Christen gemeint!«

Vorschläge zur Liturgie

Votum

Wir feiern diesen Sonntag miteinander im Namen Gottes, des Vaters und des Sohnes und des Heiligen Geistes – also im Namen der Quelle nie versiegenden Lebens und der Bewahrung des Lebens; im Namen der Menschenfreundlichkeit, zu der Jesus wieder Mut gemacht hat, und seines Anstoßes, immer wieder neu miteinander anzufangen, auch mit dem Schuldiggewordenen; im Namen solchen Geistes, der über Grenzen hinweg Wege öffnet und zusammenführt und zu Visionen neuen Lebens inspiriert über das schon Gewohnte hinaus.

Eingangsspruch

Psalm 85,10–12; Römer 11,33a+36

Eingangsgebet

(in Verbindung mit dem Eingangsspruch aus Römer 11)

Gott sei Dank für deinen Reichtum / an Gnade und Liebe, Gemeinschaft und Frieden; / für die Fülle, die wir gar nicht aufs Mal fassen, / aus der wir schöpfen können, denn wir sind erschöpft, / und unsere Weisheit ist in vielem am Ende; / aus deiner Erkenntnis können wir erfüllen, was bei uns unerfüllt blieb und leer geworden ist, / aus deiner Tiefe, was bei uns nur noch oberflächlich ist. // Gott sei Dank bist du größer, als wir von dir wahrnehmen; / wir können dich nicht ausschöpfen; / weiter, als unsre engen Formeln fassen, mit denen wir einfangen, abgrenzen und ausgrenzen; / lebendiger, als unsre Standpunkte zu erkennen geben. / So möchten wir weiterhin in allem von dir ausgehen, / durch dich beweglich bleiben / und zu dir hin offen. Amen.

Gnadenzuspruch

Johannes, 17,20 f.; 1. Johannes 3,19–24 i. A.; 1. Johannes 4,16b; 2. Petrus 1, 3a, 4ab, 5a, 7 f.

Schriftlesung

1. Mose 45,1–5 i. A. (mit kurzer Einführung in diese Geschichte); Lukas 7,36–39, 44 ff.; Epheser 3,14–21; abschließender »Halleluja«-Spruch: 1. Korinther 13,13

Fürbittengebet

Mit unserm Beten und Leben / denken wir jetzt an Menschen, / die bisher unberührt blieben / von deiner Fülle, Gott, / und von unsrer Gemeinschaft: / weil niemand sie berührt und umarmt hat, / weil wir sie übersehen haben, / oder weil sie ängstlich sind und ausweichen / und sich vielleicht doch nach Kontakt sehnen. // So beten und leben wir / für Menschen ganz nah oder weit weg, / mit denen wir uns auseinandergelebt haben, / um wieder Verbindung mit ihnen aufzunehmen; / für Menschen, von denen uns trennt, / wie sie und wie wir von dir reden: / daß wir Frieden halten / trotz unterschiedlichen Glaubens / und ihren Glauben in Frieden lassen / und zum Frieden zulassen / und so miteinander Böses überwinden; / daß nicht mehr Dogma und Prinzipien / sondern Zuneigung und Liebe Ausschlag geben / für eine neue Art, / miteinander Leben zu bewahren und zu gestalten. // Wir beten und leben dafür, / daß noch nicht das letzte Wort gesprochen ist / über uns und unsern Beziehungen, / über unserer Schuld und unsren Hoffnungen, / und daß es noch eine Chance hat, / zärtlicher umzugehen miteinander / und mit allem Leben. // So beten und leben wir, / daß die Umarmungen der Glücklichen und Liebenden / auch Dich, Gott, umschließen / und so einbeziehen in unsre Welt; / Dich festhalten und loslassen, / damit alle daran Anteil haben. Amen.

Gesten
Anregung, daß die Gottesdienst-Teilnehmer beim Vaterunser-Gebet einander die Hand geben als Zeichen der Verbindung untereinander und weltweit mit allen, denen es verbindlich um eine neue Welt geht.
Wenn das *Abendmahl* gefeiert wird, könnte der Friedensgruß (Wort, Blick, Zeichen der Zuneigung) besonders hervorgehoben werden – entweder im Bewußtmachen bestehender Praxis oder im Anregen neuer Akzente und Signale.

Lieder
(alle aus dem Evangelischen Gesangbuch; Nr. 579 und 611 stammen aus dessen Regionalteil Baden, Elsaß und Lothringen, Pfalz)
Zum Eingang: Brunn alles Heils, dich ehren wir (140); Herr, der du vormals hast dein Land (283,1–3+6)
Lobvers: Laudate omnes gentes (181,6); Nun lob, mein Seel, den Herren (289,5); Ich will dich lieben, meine Stärke (400,1+5)
Lied vor der Predigt: Herz und Herz vereint zusammen (251,1+7); Sonne der Gerechtigkeit (262,1–3)
Lied nach der Predigt: Zieh ein zu deinen Toren (133,7+8); Sonne der Gerechtigkeit (262,4–7 oder 263,4–7); Herr, du hast darum gebetet (267,1+4+5); Freut euch, wir sind Gottes Volk (611,1+3+4)
Schlußlied: Komm, Herr, segne uns (170,1–3); Die Gnade unsers Herrn Jesu Christi (579)

Vorschlag zur Predigt

Letzte Worte – zum Beispiel auf dem Bahnhof kurz vor der Zugabfahrt. Man möchte zum Abschied noch Besonderes sagen. Aber es gelingen nur die immer gleichen Sätze: die Bitte, doch mal zu schreiben … Und darauf zu achten, daß die Herdplatte ...! »Und das mit dem Vogelfutter habe ich Dir ja schon gesagt!« Vor allem auch: »Ich wünsch' Dir was!«, wobei alles offenbleibt, unverbindlich wie eine Redensart. Konkretes, was zum Wünschen doch gerade gehört, entschwindet dem Blick in gleicher Weise, wie der Angesprochene sich zusehends entfernt.

Letzte Worte können es aber auch in sich haben: »Hab' acht auf Dich!« Da wird die Beziehung zum andern hörbar: das Signal: »Mir liegt an Dir!« Bleibendes Gewicht haben vor allem solche Worte, denen keine anderen mehr folgen. Natürlich letzte Worte von Sterbenden. Und Abschiedsbriefe. Aber auch letzte Sätze sonst, in denen alles prägnant zusammengefaßt und aufgehoben sein soll. Der Bibelabschnitt, den unsere Kirche mit dem heutigen Sonntag verbunden hat, gehört dazu. Der Form nach und inhaltlich sind's »letzte Worte«: die Sätze, mit denen Paulus einen seiner Briefe an die Gemeinde in Korinth abschließt. Ich lese die drei letzten Verse aus 2. Korinther 13 ... (Es folgt die Lesung der Perikope).

Diese letzten Sätze hören Sie manchmal als erste Sätze von der Kanzel. Dann klingen sie vertraut und harmonisch. Heute kann, was da alles mitschwingt, aber auch irritieren. Zum Beispiel das mit dem »heiligen Kuß«. Wieso denn »heilig«? Kann man denn auch unheilig küssen? Küssen Christen anders? Und so lange ist's doch noch nicht her, daß ernsthaft erörtert wurde: *»Dürfen* Christen überhaupt (öffentlich) küssen?«

Nicht eindeutig, ja sogar strittig ist auch das andere. Paulus wünscht den Christen damals betont ein Dreifaches: »die Gnade Christi«, »die Liebe Gottes« und »die Gemeinschaft des Heiligen Geistes« - wie eine Quintessenz Gottes. Solcher Dreiklang und dreifaches Farbegeben an diesem Trinitatis-Sonntag hört sich wie ein Beleg für die kirchliche Lehre von der Dreifaltigkeit Gottes an. Und die ist ja schon unter uns Christen nicht ganz geklärt oder jedem gleich klar. Erst recht gilt das für unseren Zusammenhang mit Juden und Muslimen. Mit ihnen bekennen wir uns zwar gemeinsam zum Monotheismus. Aber sie fragen herausfordernd oder anklagend: »Ihr gebt zwar vor, wie wir an den einen, einzigen Gott zu glauben. Aber Ihr Christen habt offenbar doch drei Götter daraus gemacht. Ihr sagt und tauft ›im Namen des Vaters und des Sohnes und des Heiligen Geistes‹. Und Euer Glaubensbekenntnis hört sich an, als würdet Ihr Euch auf drei verschiedene Seiten beziehen.«

Das mit der Trinität ist also nach wie vor ein konfliktreiches Thema - unter uns und mit den uns nahestehenden Religionen. Das ist umso bedauerlicher, je deutlicher wir einsehen, daß wir wahrscheinlich nur über einen Frieden der Konfessionen und Religionen endlich zum Weltfrieden kommen können. Und jetzt steht auch dieser Sonntag mit seinem Bekenntnis zum dreieinigen Gott offenbar einem Bibelwort nahe, das all die Vorbehalte gegen uns Christen zu bestätigen scheint. Und das ausgerechnet nach dem Vorzeichen »Laßt euch zurechtbringen ..., habt einerlei Sinn, haltet Frieden!«

Nur: was so harmonisch klingt, schrieb auch Paulus damals nicht volltönend, vielmehr mit angehaltenem Atem und zitternder Hand. Ein heftiger Konflikt hatte ihn und die Gemeinde nahezu auseinandergebracht. Teile dieses 2. Korintherbriefes belegen das. (Hier könnte jener Streit skizziert werden). Aber seine letzten Worte zeugen doch auch davon, »wie unter Christen eine heftige Auseinandersetzung zu Ende gehen kann« (P. Weigandt, Gottesdienstpraxis VI. 4, 1989, S. 113). Der ausgetragene Konflikt hat die Gemeinde und die Beziehung zu Paulus nicht kaputtgemacht, sondern sogar weitergebracht. Daß sie sich jetzt wieder umarmen können, bringt demonstrativ zum Ausdruck: unsere Beziehung ist wiederhergestellt. Deshalb ist – im Unterschied zum »Kuß des Judas«, der Verbindung vorgab und Gemeinschaft doch gerade aufkündigte – ihr Bruderkuß »heilig«. Wie nach einem Zusammenstoß zwischen Eltern und Kind oder zwischen Partnern besiegelt er als körperliches Zeichen: es gibt keinen »Vorbehalt« mehr. Wie bei einem Kuß ist nichts mehr »zwischen uns«. Wir können einander wieder nahe sein, ohne uns auszuweichen; und uns berühren, ohne zurückzuzucken. Wie ist das mit Konflikten unter Christen heute? Mit dem, was zwischen uns steht? (Hier könnte man eine in der Gemeinde oder Region schwelende oder offene Auseinandersetzung anführen.) Können auch *wir* Geschichten, die uns da und dort auseinandergebracht hatten, mit einem »Kuß« beenden? Und zwar so, daß er »verbindlich« ist? »Diesen Kuß der ganzen Welt« wird Beethovens Symphonie weiterhin beschwören. Und doch wird er nichts verändern. »Urbi et orbi« ist er eben zu »unverbindlich«, zu abstrakt. Aber wem konkret einen »Kuß« geben? Wen spüren lassen, daß sich etwas verändert hat? Und was muß sich zuvor erst verändern, bevor wiederhergestellte Eintracht auch körperlich zu spüren und zu besiegeln ist? (Diese Linie ließe sich mit dem »Friedensgruß« beim Abendmahl in Verbindung bringen – mit den dort möglichen Worten, Blicken und Gesten der Zuneigung und Versöhnung). Können wir »Frieden halten« und »einerlei Sinn haben« auch bei theologischen Konflikten? Etwa bei unterschiedlichen Auffassungen zur Gottesfrage und Trinität?
Vielleicht, wenn's uns gelingt, von »letzten« Sätzen absehen zu lernen; von Lehrsätzen, mit denen unsre Denk- und Lernprozesse abgeschlossen scheinen. »Letzte Sätze« in diesem Sinn sind abschließend und ausschließlich. Feste Formeln können den einen wohl Heimatgefühl vermitteln, aber andere, die »an unser Haus anklopfen« auch »außen vor lassen«; können uns also weiter voneinander trennen. Anders, wenn wir mit eigenen Worten versuchen, immer neu uns und unsern Glauben auszudrücken. (Hier gäbe es die Möglichkeit, auf die Gespräche mit Konfirmanden und Konfirmandeneltern hinzuweisen). Das könnte helfen, aufeinander zu hören und so auch unterschiedliche Standpunkte zusammenführen und gemeinsam weiterbringen. Unsre Gottesdienste könnten sicher einladender werden, wenn wir es wagten und zuließen, auch *liturgisch* offener und vielfältiger zu reden.

In den letzten Worten des 2. Korintherbriefs doziert ja auch Paulus keine Lehre über Gott. Stattdessen schwelgt er - im Wünschen für die Gemeinde - von der »Vielfalt« Gottes. »Gnade«, »Liebe«, »Gemeinschaft«: lauter Definitionsversuche Gottes. Aber diese »Hauptworte« Gottes werden erst sinnfällig, wo sie nicht nur geglaubt und deklariert, sondern zu Tätigkeitsworten derer werden, die sich auf diesen einen Gott beziehen. Und wo diese in all ihrer Unterschiedlichkeit doch eines bleiben, weil sie sich gegenseitig nötig haben.

Ich möchte im Zusammenhang meiner Erfahrungen von Gnade, Liebe, Gemeinschaft so neu von Gott reden lernen, daß dabei nichts nur verstandesmäßig »kapiert« werden kann, sondern Lust entsteht auf mehr Gnade, mehr Liebe, mehr Gemeinschaft; Lust, sich nicht länger voneinander zu distanzieren, sondern einander zu »küssen«: sich auch über den Rahmen der eigenen Religion hinaus einander zuzuneigen, einander zu umarmen und festzuhalten. Ich möchte meinen Glauben an die Einheit der vielen Aspekte Gottes im Praktizieren der Einheit vieler unterschiedlicher Akzente unter uns nachvollziehen. Und das »ganzheitlich«, also mit »Leib und Seele und Geist« oder »mit Kopf, Herz und Hand«. Damit sind ja auch nicht drei verschiedene Menschen gemeint. So ist mein Bekenntnis zum Gott des Friedens und der Liebe und der Gnade und der Gemeinschaft nicht lösbar vom 1. Gebot (2. Mose 20,3) oder vom Glaubensbekenntnis der Juden, das die Beziehung zum *einen* Gott auch dreifach betont im »Liebhaben von ganzem Herzen, von ganzer Seele und mit aller deiner Kraft« (5. Mose 6,5).

Wir werden uns in manchem nach wie vor voneinander unterscheiden - innerhalb unsrer eigenen Gemeinschaft und gegenüber anderen Konfessionen und Religionen. Nur »Gnade« kann uns dann davor bewahren, uns voneinander zu scheiden. Gnade - also eine vom Geist Jesu angeregte Lebensart, mit der wir - trotz allem - einander zugeneigt bleiben. Solche Impulse halten damals wie heute Menschen und Beziehungen am Leben: lösen Verkrampfungen und Verhärtungen und überwinden Ausgrenzung und Trennung. »Letztes Wort« ist dann nicht mehr »Ich bin recht« oder »Du bist falsch«, sondern »Du bist mir in deinem Anderssein recht«. So aneinander festhalten: das ist die bedingungslose Liebe, die wir Gott nennen. Sie kann noch immer Leben neu schaffen. Solch ein Geist, der über tote Punkte hinausführt und tote Beziehungen neu beseelt, kann umsichgreifen und Gemeinschaft herstellen, wo bisher Isolierung und Abgrenzung ausschlaggebend waren.

Drei Götter? Für mich nicht. Aber drei (oder mehr) Gewichtungen solcher »Höhe und Breite und Tiefe Gottes« (Epheser 3,18). Weil das mit Gott nicht eine schöne Idee ist, sondern zum Glück auch »körperlich«, sinnlich erfahrbar. (Hier könnte sich ein Exkurs auf die Reihenfolge »haltet Frieden, so wird der Gott des Friedens mit euch sein« in Vers 11 beziehen.) Beim »Frieden halten« werden wir von Gott umarmt. So läßt sich die Fülle Gottes nie in nur *einem* Satz wiedergeben. Sie sprengt jede Formel und weitet hoffentlich auch all unsre bisherigen »letzten Sätze«. So soll in allem – auch unterschiedlichen – Glauben und Hoffen solche Liebe das »letzte Wort« behalten. Das ist auch »das Letzte«, was wir einander in allen Lagen sagen können. Und schön wär's, wenn das das letzte Wort eines Tages auch über uns wäre. Und jetzt schon über unsre Beziehungen und Konflikte: »Adieu« – *»lebe* mit diesem Gott!«

Kontexte

»... Erst wenn Gott uns auch in anderen Menschen begegnet, die vielleicht eine andere Sprache sprechen und andere Denkformen, andere Gewohnheiten haben, ist er kein Ego-Götze, kein Gruppen- oder Stammesidol mehr, sondern der universale, der ökumenische Gott, dessen Einzigkeit nicht exklusiv, sondern inklusiv, nicht uniform, sondern multiform ist. Deswegen ist aller Fremdenhaß immer auch Abkehr von Gott, sind Feindbilder Götzenbilder. Oder umgekehrt gesagt: eine Rede von Gott, die wahr ist, wird alsbald zur Friedensrede und führt auf den Weg der Konfliktregelung, des ausdauernden Gesprächs.«
(Mit Genehmigung des Radius-Verlags entnommen aus: Kurt Marti, O Gott! Lachen, Weinen, Lieben. Ermutigungen zum Leben. Radius-Verlag, Stuttgart 1995)

Was ist das Letzte, was man einander sagen und wünschen könnte? Helmut James Graf von Moltke, als Feind des Nationalsozialismus zum Tode verurteilt, schrieb im Januar 1945 aus dem Gefängnis Tegel einen letzten Brief an seine Frau. Und darin als letzte Sätze: »Ich höre auf, denn es ist nichts weiter zu sagen. Ich habe auch niemanden genannt, den Du grüßen und umarmen sollst. (...) Alle unsere lieben Sprüche sind in meinem Herzen und in Deinem Herzen. Ich aber sage Dir zum Schluß, kraft des Schatzes, der aus mir gesprochen hat, und der dieses bescheidene irdene Gefäß erfüllt: Die Gnade unseres Herren Jesu Christi und die Liebe Gottes und die Gemeinschaft des Heiligen Geistes sei mit Euch allen. Amen.«
(Helmut James Graf von Moltke, Letzte Briefe. Henssel-Verlag, Berlin 1971, S. 84)

1. Sonntag nach Trinitatis

Annäherungen an den Predigttext
5. Mose 6,4-9

Dieter Schupp

Dieser Abschnitt wurde zweimal dreiunddreißig Konfirmanden und Konfirmandinnen vorgelesen. Anschließend wurden sie gebeten, *die* Wörter aufzuschreiben, die ihnen im Gedächtnis geblieben sind. Es wurden am meisten genannt:

Israel	(23)
Höre	(20)
Herr	(19)
Gott	(17)
Worte	(17)
Herz	(15)

Überhaupt nicht genannt wurden: Gebieten - Kindern - Augen - Haus - niederlegen - erheben - schreiben.

Dreiunddreißig Konfirmandinnen und Konfirmanden lasen anschließend den Textabschnitt 5. Mose 6,4-9.
Auf die Frage »Was ist dir fremd, und worüber möchtest du nähere Informationen haben?« wurden genannt:

Deinen Kindern einschärfen	(8)
Von allem Vermögen	(7)
In deinem Haus oder auf dem Weg	(5)
Denkmal vor den Augen	(4)
Schreiben an die Tore	(4)

Notizen aus dem folgenden Gespräch:

a) Deinen Kindern einschärfen

Das riecht doch stark nach Gewalt, oder irre ich mich?
Einschärfen, das ist so wie eintrichtern, nur noch mit ein bißchen mehr Druck
Wenn mir jemand was einschärfen wollte, dann würde ich mich schwer dagegen wehren
Ich kann nicht glauben, daß man einem Kind den Glauben einschärfen kann. Und vielleicht darf man das auch gar nicht.

b) Von allem Vermögen

Na ja, so gut halt wie's geht und mehr nicht
Man soll sich Mühe geben, wenigstens das
Also versuchen soll man's, aber wenn's nicht geht, dann geht's halt nicht
Eben jeder so, wie er's am besten kann

c) In deinem Haus oder auf dem Weg

Mein Opa zitiert immer die Bibel. Jedenfalls behauptet er, daß das, was er sagt, in der Bibel stehe. Aber es hat ihn noch niemand kontrolliert von uns.
Mensch, das ginge mir ganz schön auf den Geist.
Man kann doch nicht immer fromm sein. Immer und überall.

d) Denkmal vor den Augen

Man soll immer vor Augen haben, daß es den Gott gibt
Ich glaube, das soll heißen, daß Gott immer genau das sieht, was man selber sieht
Mann, das wäre schlimm, wenn ich nichts sonst sehen könnte

e) Schreiben an die Tore

Dann können die Vorbeigehenden sehen, daß man religiös ist und an Gott glaubt
Vielleicht soll Gott dann wissen, wer dahinter wohnt, damit er sie beschützen kann
Schon von außen kann man dann sehen, wer sich zu Gott bekennt und wer nicht

Einige Kommentare zur Stelle

Die Zeiten haben sich gewaltig geändert. Mit Einschärfen geht nichts mehr. Bei mir nicht und bei allen anderen auch nicht (Daniel).

Das stimmt, aber so ein bißchen Druck, das brauchen wir doch alle (Sigrid).

Ja, das stimmt. Ich brauch schon Druck, geb' ich ja zu. Aber Glaube und Druck, das geht nicht zusammen (Daniel).

Ich glaube, daß man manchmal schon zu seinem Glauben stehen muß, auch wenn das andere ein bißchen komisch finden (Johannes).

Meine Oma ist eine gläubige Frau. Nicht weil sie immer in die Kirche geht oder so, sondern weil sie für mich glaubwürdig ist. Auf sie kann ich mich immer verlassen (Esther).

Es kommt doch bestimmt nicht darauf an, immer nur aus der Bibel zu zitieren, um zu zeigen, daß man an Gott glaubt (Christine).

Also verstecken soll man sich nicht, sondern offen sagen, was man denkt und was man glaubt (Andreas).

Man muß doch seinen Glauben nicht immer heraushängen oder vor sich hertragen. Mich würde das nur anwidern (Uwe).

Ich kann mich doch auch verirren oder vergessen oder ganz irgendwo daneben sein, – und dennoch an Gott glauben. Oder stimmt das etwa nicht (Jeffrey).

Dreiunddreißig Konfirmandinnen und Konfirmanden werden zum Schluß 25 Hauptsätze vorgegeben, die thematisch behandelt werden sollten in einer Predigt über 5. Mose 6,4–9. Dazu konnten bis zu 3 angekreuzt werden. Es werden genannt:

Kein Mensch hat das Recht, Herr über dich sein zu wollen (24)

Man kann den Glauben nicht aus Büchern lernen, sondern nur von anderen Menschen (20)

Der Glaube an Gott ist kein Brett vor dem Kopf (17)

Menschen, die an Gott glauben, lassen sich von anderen nicht so leicht ein X für ein U vormachen (15)

Jeder Mensch sollte jedem anderen bekanntgeben, wo er steht, was er denkt und fühlt und woran er glaubt (13)

Der Glaube setzt sich über das hinweg, was die Leute so sagen und von einem halten. Der Glaube an Gott macht uns frei vom Urteil der anderen (12)

Zum Gottesdienst

Klaus Zillessen

Exegetisch-homiletische Skizze

1. Die Perikope hat innerhalb des Deuteronomismus und seiner Theologie eine *herausgehobene Stellung* und besonderes Gewicht. Es lohnt, sich 20 Minuten Zeit zu nehmen und zu lesen, was Gerhard von Rad im ersten Teil seiner »Theologie« des Alten Testamentes«, Seite 218–230, (München 1957) dazu schreibt.
2. Den besonderen, *paränetischen Predigtstil* des Deuteronomisten möchte ich in meiner Predigt aufnehmen. – »Du sollst IHN, den Einzigen, lieben von ganzer Seele, von ganzem Herzen, von ganzer Kraft ...« – das klingt fast wie aus einer »Hochzeitspredigt«. Auch wenn von Rad dazu bemerkt, daß der Deuteronomist – anders als Hosea – wohl eher nicht an die Liebe zwischen Mann und Frau sondern an die Kinder-Eltern-Liebe denkt, könnte die vorgegebene oder doch assoziierte Stilform »Hochzeitsrede« für die Predigt fruchtbar gemacht werden.
3. Die Liebe, von der der Deuteronomist schreibt, ist Antwort auf die ihr vorangegangene erwählende Liebe Gottes, der uns mit Liebeserweisen überschüttet hat: Liebe als *dankbare Gegenliebe.*

4. Die Liebe gilt dem Einen, der uns zuvor geliebt hat, in völliger *Ausschließlichkeit:* »Der Herr ist unser Gott, der Herr allein«. Wir reden heute in der Kirche und in unserer Lebensplanung gern von den »Prioritäten«, die zu setzen sind. Hier aber geht es nicht um Prioritäten, sondern um Ausschließlichkeit: Er allein. In Entsprechung dazu geht es nicht um die »vielen Verpflichtungen«, denen wir gerecht werden zu müssen meinen, sondern um eine einzige: »Du sollst ihn lieben« (Vgl. dazu Jesu Auslegung des Textes und seine Verknüpfung mit 3. Mose 19,18 in der Überlieferung des Markusevangeliums Kapitel 12,28 ff.).

5. Die Liebe, die der Deuteronomist meint, ist *uneingeschränkte, umfassende* Liebe von ganzem Herzen, von ganzer Seele, mit allen Kräften und Möglichkeiten, die mir zur Verfügung stehen.

6. Liebe lebt von und in steter *Erinnerung und Vergegenwärtigung.* (Vers 7–9). Fromme Juden haben diese Anweisungen ganz wörtlich genommen: »Du sollst diese Worte zum Zeichen auf deine Hand binden, sie sollen dir ein Merkzeichen sein zwischen deinen Augen, und du sollst sie schreiben an die Pforten deines Hauses und an die Tore ...«. Befremden uns solch wunderliche frommen Bräuche? Mir fallen zu fast jeder dieser Weisungen ähnliche christliche Bräuche ein:

a) Gottes Worte selbst zu Herzen nehmen und den Kindern einschärfen: »Taufspruch und Konfirmationsspruch ...

b) »... wenn du unterwegs bist«: Reisesegen, das Christus-Fischzeichen am Auto, der Besuch von Kirchen im Urlaub, das Innehalten an einem Wegkreuz mit seiner frommen Mahnung ...

c) »... wenn du dich niederlegst und wenn du aufstehst«: die Morgenandacht mit dem Losungsbuch oder Neukirchner Kalender, das Wort zum Tag im Radio, das Gebet beim Abendläuten, der Morgenchoral, den mein Großvater an jedem Sonntag spielte, die Schallplatte mit der Bachkantate, die ich sonntags zum Frühstück höre ...

d) »Du sollst sie binden zum Zeichen an deine Hand«: In meinem Trauring steht nicht nur der Vorname meiner Frau und der Hochzeitstag, sondern auch unser Trauspruch Nehemia 8,10b.

e) »Du sollst sie schreiben an die Pfosten deines Hauses und an die Tore«: Am 6. Januar schreiben die Sternsinger mit Kreide über unsere Haustür »1C9M9B6« (Christus Mansionem Benedicat« – »Christus möge dieses Haus segnen«). Immer wieder begegnet man in Wohnungseingängen einem Haussegen. Die oft schrecklichen frommen Schlafzimmerbilder und »Betenden Hände« Dürers trifft man nicht mehr so oft wie ehemals, aber da und dort eine gute zeitgenössische Grafik mit biblischem Thema oder Bonhoeffers »Von guten Mächten wunderbar geborgen ...«.

f) Spontan fiel mir zu diesen Zeichen erinnernder und vergegenwärtigender Liebe Wilhelm Müllers Liebesgedicht »Ungeduld« ein, bekannt durch Schuberts Vertonung: »Ich schnitt es gern in jede Rinde ein, ich grüb es gern in jeden Kieselstein ... Dein ist mein Herz und soll es ewig bleiben«

(Siehe Abschnitt »Kontexte«) Kann man diese Assoziation für den Schluß der Predigt verwenden?

Vorschläge zur Liturgie

Lieder
Vom Wochenlied (EG 124) »Nun bitten wir den Heiligen Geist« eignet sich vor allem Vers 2 und 3 (»Du wertes Licht ...«, »Du süße Liebe ...«). Nach der Predigt könnte eines der »geistlichen Liebeslieder« des Gesangbuches gesungen werden, z. B. Verse aus »Wie schön leuchtet der Morgenstern« (EG 70), »Ich will dich lieben, mein Stärke« (EG 400) oder »Liebe, die du mich zum Bilde deiner Gottheit hast gemacht« (EG 401). Wer beim Predigttext eher an die Weisungen Gottes (5. Mose 6,6) denkt, wird EG 295 (»Wohl denen, die da wandeln ...«) wählen.

Eingangspsalm
ausgewählte Verse aus Psalm 119 oder Psalm 103,1-18 (im Wechsel zu beten)

Eingangs- und Bußgebet
Du, unser Gott, wir bekennen dir, daß unsere Liebe zu dir müde geworden ist. Du bist nicht unser »Einundalles«. Deine Weisungen sind für uns nur noch *eine* Verpflichtung unter vielen. Wir sind hin- und hergerissen zwischen vielen Erwartungen und Ansprüchen, die an uns gestellt werden, vielerlei Wünschen, Sehnsüchten, Leidenschaften, die aus uns herausbrechen. Unsere Liebe zu dir ist geteilt und gespalten, Herr, erbarme dich über uns.

Gnadenzusage
Gott hat sich über uns erbarmt. Er spricht: »Ich will euch ein neues Herz und einen neuen Geist geben. Euer versteinertes Herz will ich wegnehmen und ein lebendiges, warmes Herz geben. Ich will solche Menschen aus euch machen, die in meinen Weisungen leben. Ihr sollt mein Volk sein und ich will euer Gott sein.«
(Hesekiel 11,19-20 und Hesekiel 36,20-27)

Lesung
Besser als das Sonntagsevangelium (Lukas 16,19 ff.) paßt zum Duktus des Predigttextes des Epistel 1. Johannes 4, 16b-21 (von der Gottes- und Bruderliebe).

Schlußgebet
Komm, Gott,
du Einziger,
erfülle mein Herz,

entzünde von neuem in mir das Feuer deiner Liebe,
und laß sie nie verlöschen,
so daß mein ganzes Leben davon durchglüht und durchwärmt wird.

Und wie die Flamme einer Kerze
andere entzündet und zum Brennen bringt,
so laß mich das Feuer deiner Liebe weitergeben
an Kinder und Enkel,
an Freunde und Fremde,
an Nahe und Ferne.

Ich will Erinnerungszeichen und Denkmale deiner Liebe aufrichten
in meinem Tageslauf,
im Wechsel des Jahres
und an den Rastplätzen meines Lebens.
Ich will an diesen Erinnerungszeichen innehalten,
sie bedenken
und andere daran erinnern,
wieviel Gutes du uns getan hast
und wie deine Weisungen uns zum Leben leiten. Amen

Vorschlag zur Predigt

Möglicher Anfang
Bei welcher Gelegenheit, liebe Gemeinde, könnten solche Worte wie diese fallen:
»Ich bitte um Gehör. Er, von dem ich reden will,
ist für dich der Einzige, Du sollst ihn liebhaben
von ganzem Herzen, von ganzer Seele
mit allen Kräften. Und das Wort, das ich
dir mit auf den Weg geben möchte, sollst Du
zu Herzen nehmen. Der Ring an deinem Finger
soll dafür ein Erinnerungszeichen sein ...«
Das könnte aus der Tischrede eines Vaters zur Hochzeit seiner Tochter stammen, oder aus der Traupredigt eines Pfarrers für ein Brautpaar.
In der Tat: So redet dieser Prediger des Volkes Israel, dessen Name wir nicht kennen und den die Bibelwissenschaftler deswegen behelfsweise mit der etwas humorlosen Bezeichnung »Deuteronomist« benennen. Er beschwört sein Volk, er beschwört uns, Gott die Treue zu halten, ihn, der mit uns einen ewigen Bund (dem Ehebund vergleichbar) geschlossen hat, nicht zu vergessen. Er beschwört uns, unsere Liebe neu aufblühen zu lassen. Zweierlei ist ihm dabei wichtig:
– Unsere Liebe soll »dem Einen« in Ausschließlichkeit gelten, unsere Liebe soll »dem Einen« umfassend und uneingeschränkt zugewandt sein. Und:

– Unsere Liebe lebt von Zeichen und Erinnerung und Vergegenwärtigung dieser Liebe, von Zeichen, die auch künftige Liebe verbürgen.

Gedankenskizze zum weiteren Verlauf
a) Liebe gilt dem Einen in Ausschließlichkeit, umfassend und uneingeschränkt. »Der Herr (dem unsere Liebe gelten soll) ist Gott allein«. Gott allein. Dem Volk Israel drohte sich Gott immer wieder zu spalten in vielerlei Herren, Baale, Götter, Götzen mit ihren unterschiedlichen Ansprüchen. Ähnlich droht Gott sich auch uns aufzuspalten in vielerlei Ansprüche, Anforderungen, die an uns gestellt werden. Verpflichtungen, die wir zu haben meinen ... Zwar versuchen wir, in unseren Lebensentwürfen Prioritäten zu setzen, versuchen zwischen den vielerlei Verpflichtungen zu gewichten, aber – an welcher Stelle in unserer Rangordnung steht die Gottesliebe? An dritter Stelle nach Beruf und Familie? Noch weiter hinten? Der Prediger von 5. Mose 6 will nicht eine Korrektur der Gewichtung, eine Änderung der Rangfolge, sondern Ausschließlichkeit: Meine ganze Liebe soll ungeteilt dem einen Gott gehören, ihm, der uns zuvor mit Liebe und Liebeserweisen überschüttet hat.
Wenn mein ganzes Leben und meine ganze Liebe auf diesen Einen ausgerichtet ist, wenn es nicht mehr viele Lebensbereiche und vielerlei Ansprüche an uns gibt, sondern alles in diesen einen Anspruch hineingenommen und integriert ist, dann kann es auch nicht mehr vielerlei miteinander konkurrierende Verpflichtungen geben, sondern nur das eine Gebot dem einen Gott gegenüber: »Du sollst ihn lieben von ganzem Herzen, von ganzer Seele, aus allen Kräften, umfassend und uneingeschränkt«. Jesus ergänzte dies eine Gebot der Gottesliebe durch eine Weisung aus dem 3. Mosebuch: »Du sollst deinen Nächsten lieben wie dich selbst«. Gottesliebe und Menschenliebe: Seit Gott Mensch geworden ist in Jesus Christus, ist das Doppelleben eigentlich nur noch ein einziges.
b) Alle Liebe lebt von Zeichen und Erinnerung und Vergegenwärtigung, von Zeichen, die diese Liebe auch für die Zukunft verbürgen. Der Ehering am Finger ist solch ein Zeichen, das Hochzeitsbild (das vielen Eheleuten so wichtig ist), das Päckchen mit den Liebesbriefen, von einem roten Bändchen zusammengehalten, die jährliche Feier des Hochzeitstages ...
Der Prediger des 5. Mosebuches hält solche Erinnerungszeichen der Liebesgeschichte zwischen Gott und uns für ganz besonders wichtig: »Du sollst davon reden morgens und abends« – wie der Gutemorgengruß oder der Gutenachtkuß eines Ehepaares stets Erinnerung und Vergegenwärtigung der gemeinsamen Liebe ist.
»Du sollst ein Erinnerungszeichen deiner Liebe an deiner Hand tragen« – wie Eheleute ihren Ehering tragen. –
Fromme Juden haben zu allen Zeiten den Rat jenes unbekannten Predigers wörtlich befolgt, haben sich Bibelworte mit Lederriemen an die Hand oder

an die Stirn gebunden. Soll man das als exotische Wunderlichkeit belächeln? Auch unsere Gottesliebe lebt vom Erinnern und von Gegenwärtigem. Zu allen Zeiten haben Christen sich solche Erinnerungszeichen gesetzt: den Konfirmationsspruch an der Wand, das Entzünden der Taufkerze am Tauftag, den Haussegen im Flur, die Tageslosung aus dem Losungsbuch an jedem Morgen, das Kreuz am goldenen Kettchen um den Hals, die regelmäßige Morgenandacht aus dem Rundfunk, das Brauchtum des Kirchenjahres, vor allem in der Weihnachts- und Osterzeit ... Ohne Schaden kann man auf solche Erinnerungszeichen nicht verzichten.

Möglicher Schluß

Der namenlose Prediger des 5. Buches Mose hat uns beschworen, an der Liebe zum einen Gott in Ausschließlichkeit und Treue festzuhalten, mit aller Kraft und von ganzem Herzen. Er rät uns, Zeichen der Erinnerung und Vergegenwärtigung dieser Liebe aufzurichten. Wir wollen uns von dieser Leidenschaft und Begeisterung anstecken lassen, uns vornehmen, solche liebesnotwendigen Erinnerungszeichen zu setzen. Was ein Dichter des vorigen Jahrhunderts von seiner ganz menschlichen Liebe gesagt hat, möchte ich von meiner Gottesliebe sagen können:
»Ich schnitt es gern in jede Rinde ein,
ich grüb es gern in jeden Kieselstein ...
auf jeden weißen Zettel möcht ich's schreiben.
Dein ist mein Herz, (Gott), und soll es ewig bleiben.«

Kontext

5. Mose 6
Du sollst deinen Gott lieben
mit ganzem Herzen
mit ganzer Seele
mit ganzer Kraft.
Diese Worte ...
sollen auf deinem Herzen
geschrieben stehen.
Du sollst von ihnen reden
zu Hause, auf der Straße,
wenn du dich schlafen legst
und wenn du aufstehst.
Du sollst sie als Zeichen
um dein Handgelenk binden.
Sie sollen zum Schmuck
auf deiner Stirn werden.
Du sollst sie auf die Türpfosten
deines Hauses
und in deine Tore schreiben

»Ungeduld«

Ich schnitt es gern in jede Rinde in,
ich grüb es gern in jeden Kieselstein,
ich möcht es sä'n auf jedes frische Beet
mit Kressesamen, der es schnell verrät,
auf jeden weißen Zettel möcht ich's schreiben.
Dein ist mein Herz und soll es ewig bleiben.

Ich meint, es müßt in meinen Augen stehn,
auf meinen Wangen müßt man's brennen sehn,
zu lesen wär's auf meinem stummen Mund ...
Dein ist mein Herz und soll es ewig bleiben.

(Wilhelm Müller, 19. Jhdt.,
aus: Die schöne Müllerin, vertont von Franz Schubert)

2. Sonntag nach Trinitatis

Annäherungen an den Predigttext 1. Korinther 9,16–23

Helmut Zeilinger

Äußerungen im Bibelgesprächskreis der Auferstehungsgemeinde Freiburg

- Reizvoll und aufreizend sind vor allem die Verse 19 ff.
- Paulus ist ein Taktiker. Er geht jeweils verschieden vor, um die vielen Unterschiedlichen auf unterschiedliche Weise für das Eine zu gewinnen.
- Er beschreibt sich wie ein Chamäleon: Je nachdem kann er gesetzlich sein oder auch erhaben sich über Konventionen hinwegsetzen.
- Er biedert sich an! Wenn er *jedem* gerecht werden will: Gibt's da nicht eine Grenze, die (um des Evangeliums und seiner Inhalte willen) nicht überschritten werden darf?
- Ich habe keine Sympathie für einen, der um jeden Preis »Menschen fischen« will.
- Nicht um jeden Preis! Sondern um des Evangeliums willen! Paulus sucht Menschen auf, wo sie sind. Er versetzt sich in ihre Lage und »holt sie ab«, wo sie stehen.
- Kann jemand, der solidarisch sein möchte, überhaupt *allen* gerecht werden? Schließt das eine nicht das andere aus?
- Paulus stellt das »Gesetz Christi« dem »Gesetz des Mose« (so ausdrücklich in der »Gute Nachricht«) gegenüber. Nach der Bergpredigt (Matth. 5,17) wollte Jesus das Gesetz des Mose aber doch gerade »erfüllen«! Einige Gesetze hat Jesus überdurchschnittlich erfüllt (Dekalog), andere abgelehnt bzw. relativiert (Sabbat).
- Er hat die Tora auf die Inhalte hin abgeklopft, um diese aus der Verkrustung zu lösen.
- Es wäre hilfreich, nicht darauf abzuheben, wie »schrecklich« (gesetzlich) das alttestamentliche Judentum gewesen sei. Schließlich gilt ähnliches für alle streng dogmatischen (auch christlichen) Richtungen bis heute!
- Jeder hat eben eine eigene Schmerzgrenze. Das Beispiel 1. Kor 8,7 ff. zeigt die Sorge um den verführbaren Nächsten. Wenn sich Paulus nach *diesem* richtet, erfüllt er doch gerade das »Liebesgebot«.
- War's nicht Rosa Luxemburg, die sagte: Deine Freiheit hört da auf, wo die Freiheit des anderen beginnt?
- Jeder kann also sein »eigenes Gesetz« haben.

- An anderer Stelle richtet Paulus aber solch *eigene* und doch auch *allgemeine* Gesetze auf: z. B. daß die Frauen in der Gemeinde den Mund zu halten hätten (1. Kor 14,34)!
- Paulus steht unter Druck. Vers 23 und der Anfang der Perikope von Vers 16 an halten das Ganze wie eine Klammer zusammen.
- »Wehe mir, wenn ich das Evangelium nicht predigte!« ... Was würde ihm denn passieren?
- Das erinnert mich an Propheten wie Jeremia: Etwas brannte in ihm. Es ist ein inneres Muß. Es treibt ihn: Wenn ich den Auftrag nicht weitergebe, verliere ich *mich*.
- *Das* treibt Paulus an. Also nicht etwa das Schielen nach Geld, nach Vergütung (Vers 18).
- Ich werde ärgerlich, wenn ich das höre oder wenn ich sehe, wie in der Kirchengeschichte damit *auch* umgegangen wurde, wenn man unter Hinweis auf Paulus Menschen zu all ihrem Einsatz noch jahrhundertelang »um Christi Lohn« willen ausgenutzt hat.
- Aber will er nicht doch eine Art Lohn haben? Daß er eben ein Stück Reich Gottes miterleben will (Vers 23)?
- Das ist etwas anderes als einkalkulierter »Lohn«. Wer anderen zur Freiheit hilft, wird dann auch selbst etwas von solch geschaffener Freiheit haben.
- Ich verstehe Vers 23 im Sinn von Theorie und Praxis, die einander bedingen. Paulus möchte glaubwürdig und mit dem Inhalt seines Evangeliums kongruent sein.
- Die Worte »Knecht« und »untertan« sind keine Worte mehr für unsere Zeit. Das sind fremde Gedanken.
- Ich erinnere mich an Luthers Schrift »Von der Freiheit eines Christenmenschen«: »Ein Christenmensch ist ein freier Herr über alle Dinge und niemandem untertan.« Und: »Ein Christenmensch ist ein dienstbarer Knecht aller Dinge und jedermann untertan.«
- Mir fallen die Arbeiterpriester seinerzeit in Frankreich ein. Sie suchten, den Arbeitern nahezukommen, indem sie unter denselben Bedingungen wie diese lebten.
- Schon gut. Aber ein und derselbe kann sich doch nicht unterschiedlichen Menschen und Gruppen gegenüber immer wieder neu einstellen und verhalten. Konfirmanden, Schulkinder im Religionsunterricht, ältere alleinstehende Frauen, Mitglieder der Gemeindeleitung: da geht's doch jeweils um neue Maßstäbe?
- Oder man überlegt, wie man Kirchenaustritte verhindern kann: wieweit man da von bisherigen, festgeprägten Maßstäben abrücken kann oder müßte.
- So gilts auch für die Mission!
- Gerade die Geschichte der Mission zeigt, daß es notwendigerweise zu synkretistischer Vermengung des Evangeliums kommen muß mit histo-

rischen, religiösen und kulturellen Vort-Ort-Erfahrungen der Leute. Das »Evangelium« ist doch nie »rein« erhalten worden.

- Ich denke an die ökumenischen Wirbel, die die südkoreanische Theologin Chung in Seoul und Canberra verursacht hat. Sie hat ihre christlichen Gedanken mit dem kulturellen Erbe ihres »Bauches« in Einklang zu bringen versucht. Viele nannten das aber »Verrat am Evangelium«.
- Bei solcher Überlegung waren wir vorhin schon einmal: Gibt's also nicht Grenzen für solche Strategien, damit nicht notwendigerweise immer wieder Mischformen des Evangeliums herauskommen?
- Paulus sagt nicht: Ich *rede* gegenüber denen so, gegenüber anderen anders. Sondern er *wurde* den einen und dann den anderen wie einer der Ihren. Er hat sich in ihre jeweilige Situation hineinversetzt.
- Aber jedes »Sein« ist doch ganzheitlich!
- Daß er sich in der Synagoge wie einer »nach dem Gesetz« verhält, ist eine Geste der Freundlichkeit, der Solidarität.
- Aber gibt er damit nicht gerade seine Überzeugung auf? Er sagt doch, daß *er* an das Gesetz *Christi* gebunden sei.
- Auf die ökumenischen Begegnungen heute übertragen: Können wir dem katholischen Christen »ein Katholik« werden? Müssen wir ihm nicht die Freiheit von der Hierarchie nahebringen?
- Ich könnte das nicht - auch nicht um der Solidarität willen: knien, Kreuz schlagen und so.
- Und wenn ich mit Moslems spreche, kann ich doch nicht über die zum Teil fundamentalen Unterschiede hinwegsehen!
- Wer zu anderen *redet,* der *hat* eine Position. Anders, wenn ich »dem anderen werde wie er«: Dann mache ich mir ein Stück weit seine Position zu eigen; oder ich mache mir seine Position wenigstens klar. Dann bin ich auf *einer* Ebene mit ihm.
- Der israelische Journalist Yoram Binur hat (wie ein israelischer Günter Wallraff) die Rolle getauscht. Er hat sich völlig arabischen Gewohnheiten angepaßt, um eine Weile unerkannt unter palästinensischen Bedingungen zu leben und hautnah deren Position, deren Schicksal mitzubekommen. Nicht, um sie dann zu bekehren, sondern um sie besser verstehen zu können. Er ist also »vier Monde in deren Mokassins gegangen«.
- Ähnliches hörte ich von einem Podiumsgespräch mit Vertretern verschiedener Parteien. Der Moderator bat alle, zunächst zu sagen, was jeder beim anderen sympathisch und in dessen Programm gut fände ... Das hat das Klima des Abends stark beeinflußt!
- So wie's da und dort (etwa in Anti-Gewalt-Seminaren) eingeübt wird, vor der Nennung der eigenen Position die Argumente des Gegenübers zu wiederholen, gerade auch, wenn man sie nicht teilt.
- Paulus kann *uns* so gewinnen für die Vielfalt der Kirche.
- Sucht sich dann also jeder *seine* »Nische im Glauben«? Sucht sich jeder aus dem Ganzen heraus, was zu *ihm* paßt?

- Mir geht's so, wenn ich mich gegen das Apostolikum als allgemeinverbindliches Quantum wende. *Mein* Akzent ist das Reich Gottes hier auf Erden.
- Also heißt das vielleicht, die Botschaft möglichst vielgestaltig sein zu lassen, um *viele* zu erreichen?
- Aber das dann mit dem Risiko, daß wir dabei *uns selbst* verlieren?
- Die Vielfalt der Formen und Akzente, was die Glaubensbekenntnisse und die Liturgien angeht, mag gruppenspezifisch recht sein. Aber im Endeffekt zersplittert sie doch die kirchliche Landschaft!
- Also lieber den kleinsten gemeinsamen Nenner suchen? Aber das kann doch gerade auch das Dilemma einer Kirchenleitung, einer Synode sein, daß sie Angst hat, profiliert und eindeutig zu reden, weil sie damit immer welche andere verprellt. So verliert die Kirche Jesu *heute* doch alle Konturen!
- So wie's ein Landesbischof schon gesagt hat: »Ich als XY könnte dabei mittun. Aber ich als Bischof kann das nicht.
- Es wäre aber doch heilsam, die Kirche würde – ohne ständige Angst vor allem möglichen Anecken – wieder eindeutiger reden: zum Beispiel gegen Waffenproduktion und Waffenexport. Das wäre im Sinn gerade des »Evangeliums«, an das doch auch *wir* vor allem gebunden sind!
- Also müssen wir vielleicht unterscheiden. Ich kann wohl solidarisch sein mit *Menschen, muß* es aber nicht mit allen möglichen *Bewegungen* und Standpunkten sein.
- Was will »das Evangelium»? Das zu wissen, wäre das Kriterium.
- Was wäre, wenn wir die Evangelien nicht hätten und nur Paulus kennten?
- Ist Jesus den Zöllnern auch wie ein Zöllner geworden, indem er mit ihnen gegessen hat?
- Kürzlich hat ein Dekan bei der Einführung einer jungen Kollegin öffentlich etwa so gesagt: Die Rücksicht auf dies und jenes, wie er sie bei solchen Anlässen schon praktiziert habe, wolle er nun nicht länger wahrnehmen. Er wolle sich nicht mehr verstellen, daß man ihm hinterher sagen müsse, er sei ein ganz anderer gewesen. Er wolle vielmehr sein, wie er ist, und sagen, wie er denke. Was er dann sagte, war wirklich frei und befreiend. Und gerade darin, in dieser Nicht-Anpassung, war etwas von dem »befreienden Evangelium« zu spüren.
- Vielleicht sollten wir heute *vor* allen Positions-Anzeigen lieber einander gegenseitig einladen, um zuzuhören und zuzusehen und um einander *wahr*zunehmen, und um dann für uns Schlüsse aus dem zu ziehen und zu lernen, was glaubwürdig und überzeugend ist.
- Dem anderen »aufs Maul zu schauen« (Luther), ist ja was anderes, als ihm »nach dem Munde zu reden«.
- Wir würden, wenn wir uns so in andere hineinversetzten (in Arbeitslose, Jugendliche etc.), sicher auch für uns Heilsames mitbekommen von der

uns umgebenden Wirklichkeit und von der Angst und von den Träumen der anderen. Gerade so könnten wir wieder neu lernen, was es heißt, solidarisch zu sein und »Kirche für andere«. »Mit den Fröhlichen lachen und mit den Traurigen weinen« (Röm 12,15) ist was anderes als der Populismus der Politiker, die aus Fragen des Machterhalts »umarmen« oder »umfallen«. Und ist etwas anderes als eine angepaßte, konturlose Kirche. Solch eine Kirche ist schon zu fragen, wieweit sie den Reichen eine reiche Kirche *und* gleichzeitig den Armen eine arme Kirche sein kann. Und was dann aus dem Evangelium werde, das sie als Schatz zu verwalten und auszuteilen hat, wenn sie allzuoft auf die Linie der Regierung einschwenkt.

- Wie aber »Kirche der Armen« werden? Ich kann doch den Obdachlosen nicht ein Obdachloser werden und den Ausländern nicht ein ebenso Fremder und den Strafgefangenen nicht einer von ihnen. Bei aller Solidarität habe ich's doch immer tausendfach besser!
- Den Schwachen ein Schwacher werden: das ist eine Frage der Partnerschaft. Aber beim besten Wollen bleibt's doch irgendwie Theorie. In der Praxis bleiben wir doch meist stehen, wo wir stehen. Oder nicht?
- Vielleicht hilft der Anstoß des Juden Franz Rosenzweig weiter: »Kirche ist die Gemeinschaft derer, die einander sehen« (Zitat aus »Der Stern der Erlösung«). In *diesem* Sinn ist »Anpassung« eben doch vielleicht die Voraussetzung der Evangeliumsverkündigung!

Zum Gottesdienst

Kurt Meyer

Einfälle beim Lesen der »Annäherungen«

Die »Annäherungen« sind wie ein gutes Gespräch. Zum Vorwurf der Anbiederung heißt es: »Er holt sie ab«. Zu dem Eindruck »Paulus steht unter Druck« wird der Vergleich mit Jeremias gebracht: »Etwas brennt in ihm«. Und da ahne ich den Schlüssel zur Seele des Textes. Mir fällt das »Brannte nicht unser Herz . . .« der Emmaus-Jünger ein. Aber nun gilt es die Tür zu öffnen. Da geht Paulus »vier Monde in deren Mokassins«. Aber wo sitzt der eigene »Akzent«? Der Hinweis auf den Dekan, der sich in seinen offiziellen Auftritten »nicht mehr verstellen« wollte und dadurch »wirklich frei und befreiend« war, gibt mir einen weiteren wichtigen Hinweis auf die Seele des Textes. Paulus redet den anderen »nicht nach dem Mund«, sondern bleibt immer ganz er selbst, wenn er den Schwachen ein Schwacher usw. wird. Wer er selbst ist, hat offensichtlich mit dem zu tun, was auch in

Jeremia brannte. Aber was ist das? Das Rosenzweigzitat öffnet einen weiteren Zugang zum Kern des Textes: »Kirche ist die Gemeinschaft derer, die einander sehen«.
Aber wir müssen weiter fragen.

Exegetisch-homiletische Skizze

Schriftlich und mündlich hat die junge Gemeinde in Korinth Paulus gebeten, zu manchen Problemen, Mißverständnissen und Streitereien Stellung zu nehmen. Paulus, der Begründer der Gemeinde, war angegriffen worden. Im 1. Korintherbrief geht Paulus auf diese Probleme ein. Im Kontext unserer Verse setzt er sein Freiheitsverständnis gegen den korinthischen Freiheitsmißbrauch. Er spricht von sich, um die Voraussetzungen seiner Aussagen aufzuzeigen.
Und für seine Identität ist das »Evangelium« (das wichtigste Stichwort unseres Textes!) entscheidend. In V. 14 meint Paulus mit Evangelium zugleich dessen Inhalt und Verkündigung. An anderen Stellen sagt er »Evangelium Gottes«: Gott selbst spricht! oder »Evangelium Jesu Christi«: Christus ist darin gegenwärtig! Die Verheißungen sind erfüllt. Gott knüpft in einer letztgültigen Zuwendung eine personhafte Beziehung. Paulus findet dafür in V. 21 eine großartige Umschreibung: »ennomos theou«. Luther übersetzt: »im Gesetz Christi leben«, Wilckens: »im Geltungsbereich des Gesetzes Christi leben«. Ich möchte frei übersetzen: »Mit allen Regeln und Beziehungen meines Lebens bin ich untrennbar eingebunden, eingeleibt in die Liebe des Christus zu mir und allem, was lebt. Ihr gehöre ich.« In 2. Korinther 5,14 ff. spricht er von der Liebe Christi, die uns drängt, die uns, »wenn jemand in Christu ist«, in eine »Neuschöpfung« verwandelt. In diesem Dasein lebt Paulus nach dem »Gesetz Christi«. Hier öffnet sich die Tür zum Herzen des Textes. Das mißverständliche Wort »Ananke« (= Zwang) in V. 16 läßt sich erklären: Er, »ennomos Christou«, ist »ergriffen« von Christus (Philipper 3,12). Gottes Liebe hat ihn überfallen. Eine Gnade, die alle Vorgaben von Gerechtigkeit und Verdiensten wegwischt. Sie hat ihn in ihren unausweichlichen Bann gezogen und alle Maßstäbe des Lebens und alle Sinnperspektiven grundlegend verändert. Sie entzieht sich jeder Berechnung. Sie bleibt jenseits aller Wertesysteme.
So ist das Evangelium von der Liebe Gottes unbezahlbar. Jede Gegenwertberechnung verbietet sich. Paulus predigt grundsätzlich unentgeltlich. Er will auch die kleinste Andeutung einer Käuflichkeit des Evangeliums und der Liebe vermeiden. Steht Jesu scharfe Alternative »Gott oder Mammon« im Hintergrund? Ahnt er den Mißbrauch des Rechtes der Verkündiger, sich von der Gemeinde freihalten zu lassen? Sieht er die drohende Glaubwürdigkeitskatastrophe einer käuflichen Kirche? An Franziskus erinnert seine Einstellung. Mir fiel das Franziskusbild von Litzenburger ein. Ich werde es

in der Predigt verwenden. Denn es nimmt das Damaskuserlebnis auf und deutet zugleich die Urkraft der neuen Orientierung des Paulus an, die neben der Liebe und der aus ihr gewonnenen Freiheit keine anderen Wertmaßstäbe bestehen läßt.
Der terminus technicus der griechischen Dialektik »hekon - akon« bedeutet hier »freiwillig-gezwungen«. Weil Paulus »gezwungen« verkündigt, hat er keinen Anspruch auf Lohn. Aber diese unentgeltliche Arbeit bringt den größtmöglichen Lohn und Ruhm: Die unbezahlbare Liebe leben und ins Wort fassen. Eine aufregende Dialektik: so »gezwungen« ist er ganz und gar frei! Frei, indem er in Liebe an die Menschen - und damit auch an die Schöpfung (Röm 8,21) - gebunden ist. Ein »Sklave« durch die absolute Freiheit. Er will den Korinthern sicher auch sagen: Machts auch so! Bindet euch an die Liebe im Umgang mit den »Schwachen«. Seid so frei!
Fünfmal spricht Paulus vom »Gewinnen« (kerdaino). Der kapitalistische Mißbrauch von Menschen um des Gewissens willen erweist sich auf dem Hintergrund des eben Erörterten als das genaue Gegenteil dessen, was Paulus meint: »Allen bin ich alles geworden«. In der Freiheit seiner Liebe kann er die Grenzen jeder Andersartigkeit überschreiten. Mehr noch! Er macht die doppelte Entdeckung: Gott ist mir längst voraus bei den ganz andersartigen Menschen, und diese Menschen sind mir zugleich unendlich nahe - meiner Schwachheit, meiner Gesetzlichkeit, meiner Gesetzlosigkeit. So ergibt es sich wie von selbst, daß ich allen alles sein kann. Ich kann mich hineindenken und -leben in ihre Einstellungen, Sprachen, Verhaltensmuster. Immer bin ich umfangen und getragen von der Liebe Gottes, vom Evangelium.
Das mehrfache »hina« = »damit« - vor allem das in V. 23 - schließt den Kreis unseres Textes mit einem Hinweis auf das entscheidende Motiv des Paulus: Am Evangelium teilzuhaben! Aus der Fülle der Liebe Christi und auf sie hin wirkt Paulus. Alles wird sich in Christus erfüllen. Immer nur er ist im Kommen. In den Kreis aller Glaubenden und derer, die Gott durch ihn, Paulus, für diesen Kreis »gewonnen« hat, ist er eingeschlossen. Diese Hoffnung erzeugt die Verbindlichkeit seines apostolischen Auftrages.

Vorschläge zur Liturgie

Für den Eingangsteil
Musik zum Eingang

Gemeinde: EG 437,1–4
Liturg/in: Gott, der Vater, der alles Leben erschafft, Gott, der Sohn, der uns befreit, Gott, der Heilige Geist, der uns in Liebe verbindet, Gott sei mit uns: In seinem Namen feiern wir diesen Gottesdienst.
Gemeinde im Wechsel: Psalm 36,6–10

Gemeinde: Ehr sei dem Vater und dem Sohn und dem Heiligen Geist, wie es war im Anfang, jetzt und immerdar und von Ewigkeit zu Ewigkeit. Amen.
Liturg/in: Wir kommen zu dir, du unser Gott, so wie wir sind. Wir vertrauen dir und tragen zu dir unsere schweren Gedanken, unser Leid und unsere Schuld. Gott, erbarm dich über uns.
Gemeinde: Kyrie eleison (EG 178.9)
Liturg/in: Wir wissen, daß du mit all deiner Güte jetzt unter uns bist. Du bist mit uns auf dem Weg und willst uns in diesem Gottesdienst neu ermutigen. Gott, wir preisen dich.
Gemeinde: Allein Gott in der Höh sei Ehr ...

Lesungen
Jesaja 55,1–3b und Lukas 14,16–24

Weitere Lieder
EG 363,1.6–7 (zwischen den Lesungen), 134,1–2 (vor der Predigt), 401,1–4 (nach der Predigt), 175 (vor dem Segen).

Fürbittgebet
Lektor/in: Du, unser Gott, der du den Himmel und die Erde schaffst, gib uns Kraft und Weisheit, die Erde vor Mißbrauch und Zerstörung zu bewahren, damit sie ein guter Lebensraum aller deiner Geschöpfe sein kann.
Wir bitten dich!
Gemeinde: Kyrie (s. o.)
Lektor/in: Du, unser Gott, der du Vater und Mutter aller Völker, Rassen und Religionen bist, gib uns und allen Menschen Einsicht und Mut, daß wir uns versöhnen und geschwisterlich miteinander umgehen.
Laß Frieden werden, wo Krieg ist!
Wir bitten dich!
Gemeinde: Kyrie (s. o.)
Lektor/in: Du, unser Gott, viele Kirchen und Gemeinden nennen sich nach deinem Sohn Jesus Christus. Für sie alle bitten wir dich um die Kraft der Liebe deines Sohnes und des Vertrauens auf dich.
Wir bitten dich für unsere Gemeinde. Kehre mit deinem Segen ein in jedes Haus. Und laß von uns allen Segen ausgehen.
Trage und geleite alle, die Leid und Trauer haben.
Wir bitten dich!
Gemeinde: Kyrie (s. o.)
Lektor/in: Wir sagen dir in der Stille, was nur jede und jeder allein dir sagen kann.
Stille
Gemeinde: Vater unser ...

Vorschlag zur Predigt

Möglicher Anfang

Vorbemerkung zur Predigt: Das Zeichen * kennzeichnet den Wechsel im Dialog. Der Wechsel sollte deutlich durch eine kleine Pause und die Gestik markiert werden. Die Predigt könnte auch von zwei oder drei Sprechern vorgetragen werden.)

Als ich den Text las, geriet ich bald in ein Gespräch mit Paulus. Ich fragte. Er antwortete. So ging es weiter. Aber mitten im Gespräch sah ich ein Bild. Ich will es hier oben an die Wand malen: Da kniet ein Mensch. Braun wie die Erde. Hinter ihm ist es dunkel. Eine große Kugel aus Licht rollt auf ihn zu. Rot, orange und gelb leuchtet sie. Die Gestalt streckt beide Arme der Sonne entgegen. Hingabe und Glück! Das kraftvoll glühende Rund dringt in den Leib des knieenden Menschen. Und über der leeren, rechten Hand fliegt ein Vogel ins Licht.

Ob Sie das Bild hier oben an der Wand sich vorstellen können?

(Vielleicht sollte das Bild noch einmal mit kurzen Hinweisen und entsprechenden Gesten »gemalt« werden. Es ist wichtig für das Miterleben der Predigt.)

Mein Gespräch mit Paulus findet jetzt noch einmal statt. Ich stelle mir vor: Hier vorne irgendwo steht Paulus ...

* Ich fange an:

Paulus, als ich deine Zeilen las, war ich froh, daß du so ehrlich von dir selbst sprichst. Aber zweimal habe ich den Kopf geschüttelt. Zwei Fragen habe ich. Bitte, sage mir doch etwas dazu!

Meine erste Frage: »Zwang«! Du sagst, daß du unter einem Zwang stehst, wenn du das Evangelium verkündigst. Das paßt doch nicht zusammen: Evangelium und Zwang. Ich kann doch nicht predigen, was man mir vorschreibt. Überhaupt: Ich möchte mein Leben nicht von Befehlen und zwanghaften Ordnungen bestimmen lassen. Den meisten Leuten hier wird es ähnlich gehen. Wir möchten unsere Meinung frei äußern können, frei sein in unserer Bewegung und im Handeln. Wir brauchen die Freiheit zum Leben. Noch einmal: Evangelium und »Zwang«. Warum sprichst du so? So hart?

* Paulus antwortet:

Ich möchte dir eine Gegenfrage stellen: Was verstehst du eigentlich unter Freiheit? Ich will dir erzählen, was ich mit meinen Korinthern erlebe. Einige von ihnen sagen: Christus hat uns ganz und gar befreit. Das sage ich auch. Aber für sie ist das ein Grund, keine Rücksicht mehr auf die Kleinen und Schwachen zu nehmen. Lieblos und arrogant benehmen sie sich. Egoistisch nutzen sie ihre Vorteile. Die »Starken«. Ich könnte dir viele Beispiele erzählen. Sie mißbrauchen ihre Freiheit. Es ist eine Freiheit ohne Liebe. Ihr Herz ist eigentlich nicht frei geworden.

* Ich falle Paulus fast ins Wort:

O, ich verstehe deinen Ärger. Solch eine Freiheit ist schrecklich. Freiheit ohne Liebe. Die gibt es 2000 Jahre nach dir in furchtbarer Form.

Gedankenskizze zum weiteren Verlauf

Wichtig ist die strikte dialogische Fortsetzung!! Ich deute nur die inhaltlichen Schritte an:

Paulus löst durch die Schilderung des korinthischen Mißbrauches von Freiheit bei mir ein Nachdenken über die aktuelle Freiheit ohne Liebe aus: In der freien Fahrt für freie Bürger, in der sozial gemeinten, dann aber doch brutal freien Marktwirtschaft, in der Ausbeutung der Natur ... Die Frage an Paulus bleibt: Kann man denn gegen den Mißbrauch der Freiheit mit »Zwang« etwas ausrichten? Er antwortet: Die Härte des Begriffes sei eine ärgerliche Reaktion auf das Verhalten der Korinther. Aber nicht nur! Er müsse, um das Wort zu erklären, von seinem wichtigsten Erlebnis erzählen: Damaskus. Das Licht, das ihn vom Pferd seiner Gerechtigkeit und seines fundamentalistischen Eifers wirft. Es verändert alles. Diese Sonne habe ihm die Realitäten des Lebens gezeigt: Alles, was lebt, lebt von der Liebe, die allem voraus und über alles hinaus und in allem dem Leben Sinn gäbe ... Ich antworte dem Paulus: Ich verstehe nun dein Wort »Zwang«: Es ist eine wunderbare Kraft, der du nicht mehr entrinnen kannst. Die Macht der Liebe hat dich ergriffen. Du müßtest vergehen, wenn du dich gegen sie stemmen würdest. Paulus antwortet: Ja, das meine ich. Ich weise auf das Bild an der Wand: Der Knieende bist du. Die Sonne, das ist die Macht der überwältigenden Liebe. Sie kommt in deine leeren Hände. Und rollt weiter. Und der Vogel kann leben über deiner leeren Hand. Paulus antwortet: Ja, ich bin das. Aber ihr alle seid in dieser Gestalt. Jedenfalls drückt sie auch die Sehnsucht jedes Menschen aus.

Jetzt folgt eine besinnliche *Musik*.

Ich stelle Paulus meine 2. Frage. Sie betrifft das fünfmalige »Gewinnen«. Ein kapitalistisches Wort. Mißverständlich. Paulus erklärt, warum er auf jeden Lohn für seine Predigtarbeit verzichtet. Wichtig ist die Betonung der Einmaligkeit und Unbezahlbarkeit der »Sonne« ... Ich frage, ob das »Gewinnen« bei ihm die Art des Chamäleons aufnehme: Anpassen und Opfer finden. Eine Rattenfängerkirche könne mir gestohlen bleiben. Paulus antwortet: Mir auch! Er würde ihr die Sonne der Liebe Gottes ins Gewissen malen. Er beschreibt seine Freiheit, die ihm erlaube, in der Liebe bei den fremdesten Menschen zu sein, zumal Gott schon längst mit seiner Liebe bei ihnen sei ... Er tadelt mich wegen des Vergleiches mit dem Chamäleon: Wegen seiner guten Nachricht von Gottes bedingungsloser Liebe zu den Schwachen und Armen habe er immer wieder Ärger mit den Starken und Reichen. Er erinnert an die Steinigungen, Schläge ...

Meine letzte Frage: Auch an ein gerechtes Leben, den Regeln und Erwartungen der Gesellschaft entsprechend, könne er sich anpassen trotz seiner Freiheit vom Gesetz. Ob er sich denn auch an die heute geltenden Wertmaßstäbe anpassen könne. Heute gäbe es immer mehr Menschen, die an diesen Regeln scheitern, die keine guten Zensuren hätten, keine Karriere machen könnten. Keine Arbeit. Keine Chancen. Und was wäre denn, wenn jemand alt und gebrechlich sei. Welchen Sinn, welche Würde habe solch ein Leben?

Möglicher Schluß
* Paulus antwortet:
Sieh dir das Bild an. Wie der Mensch in die Sonne hinein kniet. Die offenen Arme und die leeren Hände! Nichts kann dieser Mensch vorweisen. Und er hat doch alles. Die Sonne. Gottes ganze Liebe. Die macht sein Leben aus. Wenn jemand noch so unbedeutend und klein ist, den Leistungsforderungen nicht entspricht, keine guten Zensuren, keine Karriere nachweisen oder keine Arbeit finden kann, wenn er nicht mit aufregenden Wohltaten aufwarten kann, wenn er nicht einmal ordentlich und anständig ist: Ganz und gar umsonst gibt ihm Gott seine Liebe und den Sinn und die Würde des Lebens. In die offenen Arme und leeren Hände hinein. Den Menschen, deren Herzen nach einer befreienden und verläßlichen Orientierung schreien. Und umgekehrt: wenn ein Mensch alles aufweisen könnte: Leistung, Karriere, gute Taten! Keinen Zentimeter würde er dadurch näher an Gott oder den Sinn seines Lebens herankommen. Unkäuflich und unbezahlbar ist Gottes Liebe. Er gibt sie nur und ausschließlich umsonst. Sie ist das teuerste Gut! Gott gibt dies Geschenk lange bevor jemand etwas leistet oder gut oder böse sein kann. Vorher und bedingungslos. Das ist das Wichtigste, was ich zu sagen habe. Das zu entdecken: Welch ein Glück!
Welch ein Glück für die Schwachen und Kleinen, wenn sie nichts zu bieten haben als offene Arme und leere Hände!
* Ich spüre, wie Paulus fast der Atem ausgeht. Und wir sehen uns lange an. Und wir schweigen.
* Dann fährt er ruhig fort:
Da ist noch etwas. Meine Hoffnung für meine Korinther und für euch. Sieh dir das Bild noch einmal an. Den Vogel, der über der leeren Hand in den Himmel fliegt. Der befreite Mensch und der Vogel! Die freie, leere, mit Liebe gefüllte Hand des Menschen findet Regeln und Ordnungen, die das Leben ermöglichen und erhalten. Und nur sie kann es! Nur sie! Diese Hand wird zupacken und dafür sorgen, daß der Vogel und alle Geschöpfe Gottes leben können. Alles, die Schöpfung und das Miteinander der Menschen, alles lebt von den befreiten und mit der Liebe Gottes gefüllten Händen.

Da ist die Sonne.
Und der knieende Mensch.
Und die offene, lebendige Hand.
Und der Vogel. Fliegen kann er.
Amen.

Kontexte

Die einzige Art, das Leben erträglich zu machen, ist zu lieben und anzubeten, was es zuinnerst beseelt und es lenkt ... Es macht den Wert und das Glück des Lebens aus, in etwas Größerem aufzugehen, als man selbst ist.
(Pierre Teilhard des Chardin in Literarische Auslese, herausgegeben v. W. Erk, Radius-Verlag, S. 118)

Vater im Himmel,
ich bitte weder um Gesundheit noch um Krankheit,
weder um Leben noch um Tod,
sondern darum,
daß du über meine Gesundheit und meine Krankheit,
über mein Leben und meinen Tod verfügst
zu deiner Ehre und meinem Heil.
Du allein weißt, was mir dienlich ist.
Du allein bist der Herr,
tue, was du willst.
Gib mir, nimm mir,
aber mache meinen Willen dem deinen gleich.
(Blaise Pascal in Liter. Auslese s. o. S. 118)

körperkirche
die kirche
des geistes
sind unsere körper
(schrieb der epileptiker
einst nach korinth)

darum dann:
umarmungen küsse
und heilige mähler

erst später:
kirchen aus stein
(Kurt Marti in »abendland«, gedichte, 1980 luchterhand, S. 57)

»Der Sonnengesang des Franziskus 1971«, Bild von Roland P. Litzenburger. Herausgeber: action 365 Frankfurt

Zu 1. Korinther 9,16–23
Sonne

gelichtet
in mir

ist
sie
bei dir

leuchte
uns

DU
(Kurt Meyer)

3. Sonntag nach Trinitatis

Annäherungen an den Predigttext Hesekiel 18,1–4. 21–24. 30–32

Christian Kollath

1. *Dieser Text hat – einmal vorgelesen – beim Zuhörer null Chance!* Um dieses Ergebnis zu verdeutlichen, einige spontane Reaktionen von ZuhörerInnen im Alter zwischen 11 und 79 Jahren:
»Ich habe nichts kapiert.« – »Was bedeutet das Sprichwort zu Anfang?« – »Ich fand das sehr verworren und kompliziert.« – »Mich nervt, wenn etwas, so kompliziert ausgedrückt wird. Ich kann nur sagen: Sprich einfach mit mir, wenn ich dir zuhören soll!« – »Das ist wie eine Gleichung mit 4 Unbekannten.« – »Ne, Herr Pastor, wirklich, wenn ich mir das als Lesung im Gottesdienst vorstelle, da hört keiner bis zum Ende zu. Spätestens bei dem ewigen Hin und Her mit ›das Rechte tun‹ und ›Unrecht tun‹ geht man seinen eigenen Gedanken nach.«
2. Ich fragte: *Welche Botschaft hast du in dem Text gehört?* Versuche sie in einem Satz zu formulieren. Es ist kaum verwunderlich, daß nur sehr wenige, zögerliche Antworten kamen, wie:
»Man soll sich ändern.« – »Sündigt nicht, dann habt ihr nichts zu bereuen.« – »Man kann böse Taten wieder gut machen.«
3. Was tun, fragte ich mich, wenn ich trotzdem an diesem Text festhalten will? Mir kam die Idee, daß man *den Text darstellen* müßte, um ihn besser zu verstehen. Also probierte ich es mit Konfirmandengruppen. Es hat gut geklappt und hat eine Reihe von Vorteilen: Der nächste Konfirmandenunterricht ist vorbereitet bei außerordentlich geringem organisatorischen Aufwand; die Konfirmanden erspielen sich während der Stunde das Textverständnis; das pantomimische Spiel gibt eine Menge wichtiger Anregungen und Interpretationen für die Predigtarbeit und die Botschaft des Textes ist zu sehen.
(Sollten Sie also diesen Abschnitt schon einige Tage vor dem Gottesdienst lesen und bis zum Sonntag noch Konfirmandenunterricht haben, so probieren Sie es doch aus. An Material braucht man nur weiße und schwarze – oder möglichst dunkle – Bettücher, die in der Regel in Verkleidungskisten in der Jugendarbeit oder im Kindergarten vorhanden sind.)
4. In den *Konfirmandengruppen* lief es etwa so ab:
Erster Schritt: Ich sagte den KonfirmandInnen, daß ich heute einen Pre-

digtabschnitt mit ihnen testen und verstehen wolle und las ihn einmal vor. Das Ergebnis war wie unter 1. beschrieben, also ziemliches Unverständnis.
Zweiter Schritt: Dann laßt uns den Verlauf des Textes darstellen, pantomimisch spielen während des Lesens. Tragen wir also erst einmal die Personen/-Rollen zusammen, die in dem Text vorkommen.
Gott und Prophet, Väter und Söhne, Ungerechte und Gerechte (schlechte und gute Menschen), das Volk, die Zuhörer, das Urteil, der Tod und das Leben.
Die KonfirmandInnen wählten sich Rollen, ich übernahm die Doppelrolle: Gott/Prophet. Das Leben (weißes Bettuch um) bekam seinen Ort in einer Ecke des Raumes, der Tod (schwarzes Bettuch um) in einer anderen.
Dann gingen wir den Text einmal langsam durch und überlegten, was die DarstellerInnen jeweils zu tun hatten.
(Es zeigte sich, daß der Sinn des Sprichwortes V. 2 vorher geklärt werden muß. Außerdem muß die Zäsur in V. 3 viel deutlicher hervorgehoben werden, so nach dem Motto: vorher - nachher.)
Dritter Schritt: Nach der Übungsphase las ich den Text einmal ganz vor und die KonfirmandInnen agierten dazu wie vorher besprochen. Das sah - in Kurzfassung - so aus.
V. 2: Der »Vater« (schwarzer Umhang) begeht ein Verbrechen. Der Sohn wird dann von ihm mit unter den schwarzen Umhang genommen und vom »Urteil« in die Ecke des Todes gebracht.
V. 21: Die »schlechten Menschen« gehen mit schwarzen Umhängen im Raum herum. Legen die schwarzen Umhänge ab und weiße an.
V. 22 und 23: Das »Urteil« führt sie nun in die Ecke des Lebens, wo sie Leben und Freude zum Ausdruck bringen.
V. 24: Die »guten Menschen« gehen in weißen Umhängen durch den Raum, legen sie dann ab und schwarze um, werden anschließend vom »Urteil« in die Ecke des Todes geführt, wo sie wie tot herumsitzen oder liegen.
V. 30: Das »Urteil« geht von einem zum andern. Nach und nach legen alle die schwarzen Umhänge ab. V. 31: Auch das »Volk« und die »Zuhörer« gehen durch den Raum, nehmen sich weiße Tücher um und werden vom »Urteil« in die Ecke des Lebens gebracht. V, 32: Wenn sie wollen, sind alle mit weißen Tüchern nun in der Ecke des Lebens - außer dem Tod, der einsam in seiner Ecke hockt.
5. *Anknüpfungspunkte für die Predigt* springen durch dieses Spiel geradezu ins Auge. Und die KonfirmandInnen hatten zum einen so viel Spaß daran gehabt, daß sie gern bereit waren, es auch im Gottesdienst »vorzuspielen«. Zum zweiten meinten sie nun: »Jetzt könnte man das eigentlich verstehen.«
6. Meine erneute Frage: *Welche Botschaft will der Text - in einem Satz gesagt - vermitteln,* konnten nun fast alle beantworten:
»Alle Menschen werden nach ihrem Verhalten beurteilt.« - »Alle sollen Gutes tun.« - »Jeder kann sich verändern, sich bessern.« - »Wenn man

schlecht gelebt hat, kann man nichts Gutes erwarten und umgekehrt.« - »Gott urteilt über alle.« - »Man muß nicht unbedingt böse sein.« - »Jeder muß sich selbst entscheiden.« - »Alle Menschen können das Leben haben.«

(Sollte dieser Zugang zum Text, aus welchen Gründen auch immer, nicht möglich sein, so muß man m.E. den Text bzw. das ganze Kapitel zusammenfassend und in seiner Aussage auf den Punkt gebracht nacherzählen.)

7. Der Predigtabschnitt wurde von den meisten HörerInnen als hart, gnadenlos, aber irgendwie gerecht empfunden. Die »unpolitische« Engführung auf den Einzelnen wurde nur von wenigen problematisiert. Das Thema: Väter - Söhne sprach viele auf unterschiedlichen Ebenen an, z.B. Konflikte und Auseinandersetzungen mit Eltern oder unsere - etwa umweltpolitischen Fehler - und die Folgen für unsere Kinder.

Einige bezweifelten, ob »es bei so manchem Verzweiflungsthema überhaupt noch Umkehr oder Besserung« geben könne, ob »Gott sich da nicht längst abgewandt« habe, wie z.B. Kinderpornographie, Gewalt und Drogen.

8. Zum Schluß ein nachdenkliches Zitat: »Irgendwie kommt mir das zu einfach vor: schwarz und weiß - und das Weiße gewinnt natürlich. Wie schwarze und weiße Schafe, aber die meisten, die ich sehe, sind grau.«

Zum Gottesdienst

Helga Trösken

Exegetisch-homiletische Skizze

Die Herausforderung eines Predigttextes aus der Hebräischen Bibel heißt: »Predigen in Israels Gegenwart«, und das bedeutet: die Exegese der jüdischen Tradition hören und aufnehmen, und zwar der rabbinischen Tradition von Talmud und Midrasch, die den Text als Ganzes liest und diskutiert, um ihn so immer neu verstehen zu lernen. Die folgenden *Zitate* sind aus: R. Gradwohl, Bibelauslegungen aus jüdischen Quellen, Band 4. Die alttestamentlichen Predigttexte des 6. Jahrgangs, Stuttgart 1989.

Die *Abgrenzung der Perikope* aus einem einheitlichen Kapitel ist zur Not mit der Länge des Kapitals und einiger Redundanz zu rechtfertigen, nicht aber mit exegetischen Notwendigkeiten. Im Gegenteil! Durch die Abgrenzung entfallen Konkretionen und Argumente, die das Verständnis erleichtern und die Auslegung ermöglichen. Thema des ganzen Kapitels als »Wort des Herrn« an den Propheten Ezechiel ist das Verhältnis von Schuld des Einzel-

nen und Umkehr, von Gottes Zusage des Lebens und der Möglichkeit, trotz Schuld diesen Weg zu wählen. In einer bestimmten historischen Situation suchen die Menschen in Juda und Jerusalem eine Erklärung für ihre politische Lage, für die Vernichtung durch Nebukadnezar. Dabei ist unerheblich, ob der Text vor oder nach 586 v. Chr. entstanden ist. Weil sie sich keiner Schuld bewußt sind, schieben sie die Schuld auf die »Väter« ab und erklären ihre Befindlichkeit mit dem Sprichwort von den sauren Trauben, die den Söhnen die Zähne stumpf machen.
Ezechiel macht deutlich, daß jeder Mensch individuell und unmittelbar verantwortlich vor Gott ist. Jeder, jede muß für die eigene Schuld einstehen und die Konsequenzen tragen.
»Die Verben ›sterben‹ und ›leben‹ (V. 9) bezeichnen in diesem Zusammenhang den Verlust von Gottes Wohlwollen und das damit verbundene Leiden, beziehungsweise das Gegenteil (das Gewinnen seines Wohlwollens und das Glück)« (S. 313).

An drei aufeinander folgenden Generationen - der gute Vater, der schlechte Sohn, der gute Enkel - und in drei Themenbereichen der Thora - dem sozialen, mitmenschlichen und religiös-kultischen Bereich - wird die Grundaussage verdeutlicht. Nicht die Kette immer neuer Schuld bestimmt die Gegenwart. Die Umkehr bewirkt, daß Gegenwart und Zukunft neu gestaltet werden können. »Unter dem Stichwort ›Groß ist die Umkehr‹ ... zählt der Talmud eine Reihe ihrer Segenswirkungen auf ...: ›Es sagt R. Chama bar Chanania: Groß ist die Umkehr, denn sie bringt der Welt die Heilung ... R. Jonatan sagt: Groß ist die Umkehr, denn sie bringt die Erlösung nah. Resch Laqisch sagt: Groß ist die Umkehr, weil absichtlich begangene Sünden zu unabsichtlich begangenen werden. R. Jonatan sagt: Groß ist die Umkehr, denn sie verlängert die Jahre eines Menschen. Um eines Menschen willen, der die Umkehr vollzogen hat, verzeiht Gott der ganzen Welt.‹« (S. 317)
Die Weisen lehren: »Selbst wenn ein Mensch hundert Sünden begeht - eine schlimmer als die andere - und sich dann abwendet und die Umkehr vollzieht, so spricht der Heilige, gelobt sei Er: ›Ich bin bei ihm im Erbarmen und nehme ihn auf in der Umkehr.‹ Und wenn ein Mensch sich erhebt und gegen Gott lästert, dann aber umkehrt, so spricht der Heilige, gelobt sei Er: ›Ich verzeihe ihm alle seine Sünden‹, wie es heißt: ›Habe Ich denn Gefallen am Tod des Frevlers?‹« (S. 318)
Wichtiger als das Nachdenken über Schuld und Unschuld in der ganzen Generationenfolge und ihre jeweilige Verflechtung ist die Aussage: Gott wünscht die Umkehr des Sünders, der Sünderin und nicht den Tod des Menschen: »Gott allein zeigt den richtigen Weg: die Umkehr, das Verzeihen. Die Menschen sind oft schlecht, und sie rennen dann in ihr eigenes Verderben. Gott aber will das nicht, weil ›er keinen Gefallen hat am Tod des Sünders‹. Er wünscht die Umkehr, aber eine Umkehr, die aus ganzem Her-

zen geschieht, aus einem Herzen, das sich Ihm gegenüber öffnet und darum zu einem neuen, einem von den Schlacken des Irrtums und der bösen Tat gereinigten Herzen wird. Die ›Strafe‹ ist dann gar keine Strafe mehr. Sie ist aufgehoben durch das gewandelte Leben. Und leben ›sollen wir‹, sagt Ezechiel, ›im Namen Gottes.‹ Leben um ›mit dem Armen das Brot zu teilen‹, ›die Nackten zu bekleiden‹ und im ›neuen und reinen Anfang‹ das höchste Gut zu erlangen: das Verständnis und den Frieden unter den Menschen« (S. 324).

Ein offenbar bekanntes Sprichwort (masal) Vers 2 ist der Aufhänger für eine Lehrdiskussion, in der Argumente der Tradition mit prophetischer Theologie kontrastiert werden.

Es wäre reizvoll, diese Diskussion über den jüdischen Talmud und Midrasch hinaus fortzusetzen und einen Dialog mit christlicher Sünden- und Rechtfertigungslehre zu führen. Stichworte dazu sind: Das Reich Gottes als ein Reich der Gerechtigkeit; Gott am Kreuz leidend und handelnd, zugleich richtend und mitleidend; Nachfolge als Sterben und Leben in dieser Welt; individuelle und strukturelle Sünde und die jeweilige Bedeutung für die Nachfolge der gerechtfertigten Sünder und Sünderinnen: was heißt »Erbsünde«?

Ezechiel 18 ist ein gutes Beispiel dafür, daß die christliche Auslegungsgeschichte irrt, wenn sie für das Neue Testament einen ausschließlich liebenden und vergebenden Gott proklamiert und im Alten Testament einen bloß zornigen und richtenden Gott als Vorstufe dazu feststellt. Gott, der kein Gefallen am Tod des Sünders hat, ist zugleich der Gott am Kreuz, der Mensch, der sagt: Ich sterbe, aber ich werde leben. Ich und der Vater sind eins.

Im Jahr nach den unzähligen Gedenktagen und Gedenkfeiern (50 Jahre Kriegsende, 50 Jahre Befreiung der KZs, 50 Jahre Stuttgarter Schuldbekenntnis usw.) zwingt der Predigttext erneut dazu, das Thema »Schuld der Väter und Mütter« zu behandeln. Eine Anknüpfung kann die vielerorts begonnene Spurensuche sein. Die Enkel und Enkelinnen suchen nach den Spuren jüdischen Lebens in ihrer unmittelbaren Umgebung, im Wohnbereich, in der Schule, im Stadtteil, im Dorf. Sie sprechen mit Zeitzeugen und -zeuginnen und kommen von daher auch zur Frage der Schuld und Mitschuld in der eigenen Familie. Je nach Situation gehört auch die Frage des Umgangs mit den Stasi-Akten und der Vergangenheit in der früheren DDR zu den aufzugreifenden Themen, ebenso wie der sogenannte Historiker-Streit. Das bei Ezechiel zitierte Sprichwort findet breite Annahme heute in zum Teil subtilen Variationen. Z.B. die »Gnade der späten Geburt«; die oberflächlich psychologisch-soziologische Analyse, die jedes Fehlverhalten mit Konditionierung und Erziehung im Elternhaus, der Sozialisation in der frühen Kindheit erklären will; die immer wieder aufkommenden Gedanken aus der nationalsozialistischen und faschistischen Ideologie, wie Rassenhaß, Ausländerfeindlichkeit, Euthanasie. Auch in einer anderen

Hinsicht hat das Sprichwort eine fast makabere Aktualität: Wir verbrauchen heute die Ressourcen, die den Nachkommenden fehlen werden. Die Folgen unseres Energieverbrauchs, der Umweltzerstörung und der Gentechnologie werden von den nachkommenden Generationen getragen werden müssen. Die Fragen des Generationsvertrages im Hinblick auf Schuld und Umkehr sind neu zu stellen.
Die Beobachtung aus den »Annäherungen«, daß es normalerweise nicht nur schwarz und weiß gibt, sondern vor allem grau, ist aufzunehmen und in der Predigt im Licht der theologischen Aussage, daß Gott das Leben will, zu interpretieren.

Vorschläge zur Liturgie

Psalm

Aus der Tiefe rufe ich, Gott, zu dir.
  Gott, höre meine Stimme.
  Sei nicht taub für meinen Hilferuf.
Wenn du Vergehen anrechnen wolltest,
Gott, wer könnte dann vor dir bestehen?
  Aber du kannst auch vergeben,
  damit Menschen dich ehren
  und nach deinem Willen handeln.
Ich setze meine ganze Hoffnung auf dich, Gott,
und warte auf dein helfendes Wort.
  Ich sehne mich nach dir
  und warte auf dich, Gott,
mehr als ich mich in durchwachter Nacht
nach dem Morgengrauen sehne.
  Denn bei dir, Gott, ist Gnade,
  und du kannst uns befreien.
(Nach Psalm 130 aus: Heidi Rosenstock, Hanne Köhler, Du Gott, Freundin der Menschen, Kreuz Verlag, Stuttgart 1991, S. 36)

Kyrie, Sündenbekenntnis

Weil wir unlösbar verstrickt sind in ungerechte Strukturen
und schuldig werden an anderen Menschen und damit an Gott;
weil in unserer Welt Gewalt herrscht
und uns das Frieden-Stiften schwerfällt;
weil wir hoffen,
daß Menschen und Welt gerettet werden können
durch unser Mühen und mit Gottes Hilfe,
darum bitten wir: Christus, erbarme dich.
(a.a.O. S. 58)

Gloria

Nicht immer, aber manchmal erleben wir:
Gewalt kann beendet werden.
Versteinertes kann aufbrechen.
Wir sind nicht allein,
mit uns mühen sich viele um eine gerechte Welt.
Weil wir erfahren, daß Gott uns Mut und Kraft schenkt,
singen wir: Ehre sei Gott in der Höhe!
(a.a.O. S. 75)

Fürbittengebet

Gott, Quelle des Lebens,
an unseren Vorfahren lernen wir,
wie Menschen in die Irre gehen können.
An den Umweltkatastrophen spüren wir,
wie wir die Schöpfung bedrohen.
Unser Leben ist gefährdet.
Es hilft nichts, wenn wir die Augen verschließen.
Wir tragen Verantwortung für deine Schöpfung.
Durch unser Tun und durch unser Lassen,
durch unsere Trägheit
und durch unser stillschweigendes Einverständnis
können wir schuldig werden.
Gott, wir bitten dich um Orientierung
für unseren Weg
inmitten der Heils- und Unheilsprophezeiungen.
Wir hoffen,
daß es für Einsicht und Umkehr noch nicht zu spät ist,
und bitten dich
– um den Mut, auch schwierigen Wahrheiten ins Gesicht zu sehen;
– um die Ausdauer, auch komplizierte Sachverhalte zu ergründen;
– um die Hoffnung, die nötig ist, um dem Machbaren zu widerstehen.

Als deine Gemeinde, Gott,
bitten wir über unseren engen Kreis hinaus
und denken im Gebet vor dir an ......
(konkrete aktuelle Anliegen)
Gott, als deine Gemeinde
breiten wir die Sorgen unserer Welt vor dir aus.
Wir wollen tun, was wir können
und, wo unsere Kräfte zu Ende sind,
alles in deine Hände legen.
(a.a.O. S. 120)

Segen
Das Licht der Vergebung erhelle uns den Weg.
Der Baum des Friedens gebe uns Schatten.
Die Welle der Liebe trage uns über das Meer.
Die Kraft der Verwurzelung lasse uns beweglich sein.
Gottes Segen fließe durch unsere Hände und Füße,
damit wir, von Gott gesegnet,
für andere ein Segen sein können.
(a.a.O. S. 140)

Lieder (alle EG)
444, All Morgen ist ganz frisch und neu
289, Nun lob mein Seel den Herren
395, Vertraut den neuen Wegen
562, Hessischer Anhang: Segne und behüte uns durch deine Güte

Vorschläge zur Predigt

I.
Dieser Vorschlag nimmt die Anregung aus den »Annäherungen« auf. Während der Predigttext verlesen wird, spielt eine Gruppe in der beschriebenen Weise pantomimisch die wichtigsten Aussagen.

Möglicher Anfang
Für den Bekehrungsprediger ist alles einfach: Hier Weiß, dort Schwarz, hier Gerechte, dort Gottlose, hier Leben, dort Tod. Und natürlich will Gott die Umkehr zum Leben, die Bekehrung, ein neues Herz, einen neuen Sinn, denn er hat »kein Gefallen am Tod des Sterbenden«. Der Prophet malt keine Zwischentöne, keine Schattierungen. Wir haben es lieber differenzierter. Wir sehen Gute, die auch Böses tun, kennen Gottlose, die manchmal besser die Gebote Gottes erfüllen als die Frommen. Wir erleben uns selber meist dazwischen, weder weiß noch schwarz, eher ein bißchen grau. Und bei Entscheidungen pro und kontra vielleicht eher sowohl als auch. Vereinfachungen führen in Sackgassen, sie helfen nicht weiter.
Ezechiel diskutiert ein Sprichwort, das in einer bestimmten historischen Situation in Israel entstanden ist.

Weiter
Ich würde dann die historische Situation um 586 v. Chr. schildern, die Katastrophe, das Exil und die Fragen derer, die sich damit nicht abfinden können.
An aktuellen Beispielen würde ich verdeutlichen, was es heißt, daß jeder/jede individuell schuldig wird, daß wir aber auch kollektiv an der Schuld der

Mütter und Väter, bzw. den Folgen tragen. Und ich würde ausführen, daß Umkehr möglich ist, weil ich - mit Ezechiel - an den Gott glaube, der das Leben jedes/jeder einzelnen will. Das Kreuz Jesu steht dafür.

Möglicher Schluß
Ich weiß, wie schwer es ist, Schuld einzugestehen und einzusehen. Mir hat es im Blick auf die nationalsozialistische Vergangenheit immer geholfen, wenn ältere ehrlich gesagt haben, warum und daß sie damals begeistert und feige mitgemacht, wenn sie nicht den latenten Widerstandskämpfer oder die unschuldig Nichtwissende gespielt haben. Ich habe leichter verzeihen können, wenn jemand sich geschämt hat und dies sagen konnte. (Persönlich könnte ich das auch im Blick auf die IM's der Stasi sagen, denke aber, daß das nicht in jeder Situation und jeder Gemeinde möglich ist.)
Bekehrung: Nicht schwarz-weiß oder grau, sondern die Chance zum Leben in neuem Geist und neuer Gesinnung. Eine Hoffnung, weil dieser neue Geist Geschenk Gottes ist, des Gottes, der das Leben will und Leben schafft, und der in uns beides wirkt: Das Wollen und das Vollbringen.

II.
Ich würde den Text Ezechiel 18 der Gemeinde in die Hand geben, falls keine Bibeln vorhanden sind.

Möglicher Anfang
Liebe Gemeinde, die Schülerinnen und Schüler der Anne-Frank-Schule in Frankfurt am Main kennen das Mädchen, das ihrer Schule den Namen gegeben hat. Sie haben ihr Tagebuch gelesen. Einige Klassen waren in Amsterdam und haben das Haus und das Museum besichtigt. Anne, das Mädchen aus Frankfurt, war wie für viele, die ihr Tagebuch gelesen haben, eine Figur der Vergangenheit - bis eines Tages jemand die Idee hatte, Annes Spuren in Frankfurt zu suchen. Denn sie hatte doch hier gelebt, war hier in die Schule gegangen, in dem Viertel, in dem die Anne-Frank-Schule steht. Da müßten doch noch Mitschülerinnen zu finden sein, Nachbarn und Nachbarinnen, Spuren eben, Erinnerungen. Das Projekt Spurensuche begann.
Ich würde erzählen von den Erfogen und Mißerfolgen dieser Spurensuche, den Auskünften und dem Schweigen. Ein Schüler z.B. hat herausgefunden, daß das Haus in dem er mit seiner Familie wohnt, früher einer jüdischen Familie gehört hat. Er hat alles in Bewegung gesetzt, um die Angehörigen dieser Familie zu finden, und bei einem Besuch ehemaliger jüdischer Mitbürgerinnen und Mitbürger wird ein Mitglied dieser Familie nach Frankfurt am Main eingeladen. Dieses Ergebnis und andere Ergebnisse der Spurensuche wurden in einer großen öffentlichen Gedenkveranstaltung vorgestellt, die in bewegendes Echo gefunden hat.
In dem Viertel, in dem Anne Frank gewohnt hat, ist ein Gespräch in Gang gekommen, ein Gespräch der Generationen. Wie zur Zeit des Propheten

Ezechiel bekommt das Sprichwort beklemmende Aktualität, aber wie bei Ezechiel gibt es auch die Erfahrung, daß Bekehrung möglich ist, wenn Umkehr wirklich gewagt und gewollt und getan wird.
Spurensuche leitet zu unterschiedlichen Konsequenzen an in den verschiedenen Generationen. Im Zusammenhang der Gedenkfeiern fünfzig Jahre nach Kriegsende ist zu fragen, was die Nachkommenden möglicherweise in fünfzig Jahren als Konsequenz unserer Schuld heute zu tragen haben: Stichworte wären die Folgen der Umweltzerstörung, die heute schon absehbar sind, die Folgen der Atomenergie-Nutzung, die Folgen der Gentechnologie.

Möglicher Schluß
Spurensuche als Hilfe zur Umkehr, zur Bekehrung, wie Ezechiel sie verlangt. Es läßt sich nichts rückgängig machen. Die Hölle wird nicht verdrängt und verleugnet, aber sie wird uns nicht verschlingen. Gott tötet und macht lebendig, Gott stirbt und besiegt den Tod. Das ist Hoffnung für alle Generationen und die Grundlage für einen Generationenvertrag jenseits von Schuld und Versagen, einen Generationenvertrag für das Leben und für eine gemeinsame Zukunft.

Kontexte

Das Frankfurter
FRIEDENS MANIFEST
EINE *INITIATIVE* FRANKFURTER JUGENDLICHER

Friedensmanifest der Frankfurter Jugend
Präambel des Frankfurter Friedensbuches

Einleitung
50 Jahre nach Ende des 2. Weltkrieges werden immer noch Kriege in allen Teilen der Welt geführt. Die Situation in vielen Ländern, für viele Menschen, ist dramatisch. Zu den Ursachen des 2. Weltkrieges gehörten Rassismus, nationalistische Blindheit und brutale Menschenverachtung. Trotzdem gibt es in Deutschland weiterhin rassistische und nationalistische Gesinnungen. Damit ist der Nährboden für neue Kriege noch immer vorhanden.
Krieg und Frieden haben viel mit der Politik und den Politikern, dem internationalen Wirtschaftssystem und den Wirtschaftsinteressen, mit Armut und Reichtum und mit vielem mehr zu tun.

Aber haben Krieg und Frieden nicht auch mit uns zu tun?

- Obwohl wir als Jugendliche hier in Frankfurt noch nie in einen Krieg verwickelt waren, kommen viele von uns oder unsere Eltern aus Krisen- bzw. Kriegsgebieten.
- Auch wenn Kriege in weit entfernten Ländern stattfinden, spielen oft auch deutsche Politik- und Wirtschaftsinteressen eine Rolle.
- Friede in unserer Welt muß letztlich von jedem einzelnen Menschen ausgehen.

Der Friede in unserer Welt hat nur eine Chance, wenn Menschen ihn wollen und sich für ihn engagieren. Wenn Menschen jede Form des Rassismus und des Krieges konsequent ablehnen und wenn sie lernen, ihre Konflikte kultiviert und friedlich auszutragen.

Deshalb ist jeder und jede von uns gefordert, etwas zu tun!

Verpflichtungserklärung

Daher verpflichten wir uns, als junge Menschen Frankfurts, die wir multikulturell in unserer Stadt zusammenleben, zum Engagement

- gegen die Mißachtung von Menschenrechten und der Würde jedes einzelnen Menschen!
- gegen Vorurteile!
- gegen rassistische und nationalistische Einstellungen, durch welche die Rechte der Menschen mit Füßen getreten werden!
- gegen jede Form von physischer und psychischer Gewalt gegenüber Minderheiten!
- gegen Gleichgültigkeit und Wegschauen beim Schicksal anderer Menschen!
- gegen kriegsunterstützende Waffenexporte der Industrieländer!
- gegen politische und materielle Unterstützung von Diktaturen und Militärregimes!
- gegen Rassismus in der Politik und in den Medien!
- gegen eine Abschottung der Grenzen zur Abwehr von Flüchtlingen!

Daher verpflichten wir uns, als junge Menschen Frankfurts, die wir multikulturell in unserer Stadt zusammenleben, zum Engagement

- für gegenseitige Toleranz und für ein friedliches Zusammenleben der Menschen unterschiedlicher Kulturen und Religionen!
- für die gleichen Rechte der in Frankfurt lebenden Menschen (Wahlrechte etc.)!
- für eine soziale Gerechtigkeit, bei der jeder und jede in Würde leben kann und Perspektiven in der Gesellschaft hat!
- für Gewaltlosigkeit und für gegenseitige Verständigung unter den Menschen!
- für mehr Offenheit anderen Menschen gegenüber!
- für die Gleichberechtigung von Frauen und Männern!
- für Freiheit und Demokratie!

4. Sonntag nach Trinitatis

Annäherungen an den Predigttext Römer 12,17–21

Ute Zöllner

Erarbeitet von den Frauen des Leitungsteams der Frauenarbeit im Dekanatsbezirk Passau.

Zur Vorgehensweise: Der Predigttext wurde nach dem ›Göttinger Stufenmodell‹ besprochen. Ziel dieses Verfahrens ist es, zwischen der Ebene der Wahrnehmung, der Ebene des Erlebens und der Gefühle sowie den eigenen Bildern und Einfällen, die sich beim Hören eines Textes einstellen, zu unterscheiden. In einem weiteren Gesprächsgang werden die Beobachtungen gebündelt und Schlußfolgerungen daraus gezogen.

Wahrnehmungen
Es zeigt sich, wie schwer es ist, nur dem nachzugehen, was die Gesprächsteilnehmerinnen gehört und vom Text aufgenommen haben. Als erstes wird das Stichwort »Zorn Gottes« genannt, es hat sich bei allen festgesetzt. Um die Rache Gottes geht es, sie ist sein. Dann werden die Ermahnungen genannt: Vergeltet nicht Böses mit Bösem, geht ehrbar miteinander um – soweit das möglich ist. Dem Feind soll zu essen und zu trinken gegeben werden, dabei werden glühende Kohlen auf sein Haupt gesammelt.

Gefühle
Der Text löst bei allen Hörerinnen heftige Gefühle aus. So verläuft das Gespräch lebendig und spannungsvoll. Die Frauen fühlen sich herausgefordert. »Es ist ein fürchterlicher Text«, meint eine und die Gruppe lacht befreit und zustimmend. »Er macht mich richtig wütend«, meint eine andere, »mit diesem Gott möchte ich nichts zu tun haben, das ist nicht der Gott, vom dem Jesus in der Bergpredigt erzählt. Dieser Gott macht mir das Leben schwer. Was soll ich meinen Schülern dazu sagen?«
Eine weitere Frau meldet sich zu Wort: »Mir geht es anders«, sagt sie. »Auf mich wirkt der Text begütigend.« Die Frauen fragen erstaunt nach. Einige können zustimmen. Es werden keine grenzenlosen Erwartungen gestellt. Man soll sich einsetzen, soweit das möglich ist. Nicht alles wird von den Menschen gefordert, auch Gott wird seinen Teil zum Gelingen beitragen, er wird für Gerechtigkeit sorgen.

Das Bild von den glühenden Kohlen löst wieder Ärger und Irritation aus. Das ist doch ein gemeiner Widerspruch: dem Feind wird gedient, sein Überleben gesichert und zugleich beschämt ihn die Hilfe und sammelt glühende Kohlen auf sein Haupt!

Einfälle

Ein Beispiel aus dem Alltag wird genannt: Es ist wie beim Streit der Kinder. Zwei zanken sich um ein Auto, beide zerren und reißen daran. Da läßt einer los, er will nachgeben und schon fällt der andere hin. Der hat nun zwar das Auto, aber zudem sein schmerzendes Hinterteil.

Eine Frau erzählt aus ihrer Lebensgeschichte. Sie denke bei diesem Text an den Erzengel Gabriel. Der habe sie in ihrem Leben beschützt und in einer Weise für sie gekämpft, wie sie es sich selber nicht getraut hätte. Der Ehemann ist damals zwar gegangen, ohne Rücksicht auf sie und die drei kleinen Kinder, aber heute hat er den Schaden davon. »Der Text entlastet mich«, sagt sie, »er befreit mich von Schuldgefühlen. Wer weiß denn schon, was gut ist und was böse?«

»Schön wär's ja, aber die Realität ist anders!« Zweifel werden laut, ob man mit diesem Text durchs Leben kommt. Vor allem ist doch wichtig, daß man sich stark macht, sich selbst verteidigt und das Schicksal in die eigene Hand nimmt. Außerdem tut Wut auch ganz gut: »Als ich nur still und sanft war, da bin ich krank geworden.« Überhaupt, an wen wendet sich der Text eigentlich? Wir Frauen sind doch wohl nicht gemeint! Und zu welcher Lebenseinstellung ermahnt der Text? Werden wir zum Tun aufgefordert? Aber wenn die Konsequenzen dieses Tuns wie feurige Kohle sind, dann legt man doch besser gleich die Hände in den Schoß. Sofort meldet sich Widerspruch in der Gruppe. Der Text stiftet Verwirrung und bringt durcheinander.

Schlußfolgerungen

Der Text stellt viele Fragen. Auf der einen Seite fordert er auf, das Gute zu tun, Böses nicht mit Bösem zu vergelten - soweit, so gut. Aber die Welt ist nun mal nicht so. Die Völkergeschichte erzählt vom Gegenteil. Vor allem: Was nützt die ganze Anstrengung? Die Konsequenzen meines gutgemeinten Tuns sind oft so anders als die Absicht. Und völlig offen bleibt, wie es im Konfliktfall ausgeht. Am Ende steht Gottes Zorn, ihm bleibt die Rache vorbehalten. Diese Aussicht nimmt der einen allen Mut, dem anderen ist sie eine große Entlastung. So ist auch nicht zu entscheiden, ob der Bibeltext eher für den Verlierer oder den Sieger gedacht ist. Es ist ein Text für die Opfer und die Täter.

Gerade, weil er die gewohnte Sichtweise durcheinanderbringt, hilft der Text in einer aktuellen Situation der Auseinandersetzung nicht weiter. »Wenn ich persönlich betroffen bin, dann macht er mich hilflos«, so sagt eine Gesprächspartnerin. Er wirkt anders. Er wirkt, weil wir ihn kennen und weil wir ihn in unsere Grundüberzeugungen und -haltungen übernommen

haben. Er ist ein Teil unseres Erbes, manchmal wissen wir nicht, wie wir mit diesem Erbe klarkommen können. Die Frage, an welche Menschen sich der Text gewendet hat, wie ihre Lebenssituation aussah und warum es nötig wurde, den Text zu schreiben, wird am Ende des Gesprächs noch einmal aufgenommen. Die Empfänger, so wird vermutet, müssen einen starken Glauben gehabt haben, sonst wäre es nicht zu ertragen; und sie werden in einer feindlichen Welt gelebt haben. Das macht deutlich, daß der Glaube allein noch kein konfliktfreies Leben ermöglicht, weder innerhalb der Gemeinschaft, noch im Verhältnis zu anderen Menschen, zur Welt. Der Glaube allein reicht auch nicht aus, um den Streit zu regeln und zu bestehen.
Die eigene Lebenssituation wird daraufhin noch einmal angeschaut. Im Grunde ist es wie damals: Man bemüht sich, will das Gute, will z. B. in der Schule den Kindern vom christlichen Glauben erzählen, aber erlebt soviel Abwehr und Kritik. Und doch hilft der Text nicht viel weiter, die Rede vom Zorn Gottes macht ihn so beschwerlich. Am Ende überwiegt die Freude darüber, wieviel Anregung und Diskussionsstoff ein Bibeltext bietet.

Zum Gottesdienst

Hans Reinhard Rapp

Exegetisch-homiletische Skizze

»... Denn von ihm und durch ihn und zu ihm sind alle Dinge. Ihm sei Ehre in Ewigkeit! Amen.« Dieser Satz (Römer 11,36) ist wie der Schlußakkord einer großen Sinfonie. Eigentlich endet der Römerbrief an dieser Stelle. Die großen und kühnen Gedanken über Gerechtigkeit und Gnade, Glaube und Werke, Juden und Heiden sind festgeschrieben, schwarz auf weiß, Ruß auf Papyrus, unvergänglich für alle Zeiten. Was jetzt noch folgt, sind Nachträge, gebündelt in loser Folge, spontane Einfälle, Grüße, Persönliches, ein Postskriptum unter einem wichtigen Brief. Nicht, also ob diese Nachträge unwichtig wären, – im Gegenteil! Für den christlichen Alltag sind sie vielleicht noch hilfreicher als die Fundamentalgedanken des Hauptteils, die den Auslegern noch nach zwei Jahrtausenden Kopfzerbrechen bereiten werden, während die Anweisungen zum seligen Leben für jedermann verständlich sind. Das Verhältnis zum Mitchristen, zur Staatsgewalt, zu den Erzeugnissen des heidnischen Marktes wird angesprochen, und die in der Lutherbibel fettgedruckten Sinnsprüche werden ungezählten Christen zur Lebenslosung werden: »Seid fröhlich in Hoffnung, geduldig in Trübsal, haltet an am Gebet!« Das sind, wie der Heideprediger Ludwig Harms anschaulich formulierte, goldene Äpfel in silbernen Schalen.

So auch der Predigttext. Er enthält das altbewährte Konzept der »Entfeindung«, wie wir es heute nennen. Gutdenken über jedermann, Großmut gegenüber dem Feind, die sein Gewissen aktiviert (»feurige Kohlen auf sein Haupt sammeln ...«), – das hilft gegen die Verstrickung in Haß- und Rachephantasien. Der Christ solle, so rät Karl Barth in seiner »Kurzen Erklärung des Römerbriefes«, Gleiches mit Ungleichem vergelten, und er solle den Feind dadurch überwinden, daß er ihn als Feind einfach nicht gelten läßt. Das wußte schon das Alte Testament, das wissen alle großen Weltreligionen: »Überwinde das Böse mit Guten!« Das ist so unangreifbar richtig, daß eine im Grundsätzlichen verharrende Predigt keine Mühe damit hat. Aber wie die »Annäherungen an den Predigttext« anschaulich zeigen, löst so viel unangreifbare Richtigkeit auch Irritation und Widerspruch aus. Darum schlage ich vor, den Text zu konfrontieren mit alltäglichen Erfahrungen, in denen der Christ mit all seinen guten Vorsätzen doch in arge Verlegenheit geraten kann. Was ist gut? Was ist falsch? Der Christ muß sich zu helfen wissen und merkt, daß sein Christsein zwischen Predigt und Praktikum nichts anderes ist als ein tägliches Provisorium.
Für meinen Predigtvorschlag besonders hilfreich waren mir die »Annäherungen an den Text« von Ute Zöllner. Sie kommt meinem Vorschlag zur Episodenpredigt sehr entgegen, weil sie bestätigt, was mir bei der Reflexion des Textes durch den Kopf ging: Die christlichen Grundsätze sind immer so richtig, – es ist der Alltag mit seinen Komplikationen, der ihre Befolgung oft so schwierig macht. So dienen die unten erzählten Episoden (alle selbst erlebt) nicht nur der Vergewisserung des Textes, sondern auch seiner Auflösung in kritische Rückfragen, die zu einer Wechselwirkung zwischen Text und Hörer führen.

Vorschläge zur Liturgie

Der 4. Sonntag nach Trinitatis steht unter dem *Grundthema:* »Überwinde das Böse mit Gutem«. An diesem Thema sind alle Lesungen und Lieder ausgerichtet. Das neue Gesangbuch (EG) enthält eine reiche Auswahl an Liedern und Gebeten, die dazu passen (412–420, 783.10, 825–831). Die neu aufgenommenen zeitgenössischen Lieder sind nicht alle frei von gesetzlicher Moral, die vergißt, daß das 8. Gebot auch gegenüber der »bösen Welt« gültig bleibt. So kann z.B. das Lied 430 (»Gib Frieden, Herr ...«) sehr gewinnen, wenn wir die erste Strophe fortlassen. Auch an dem vorgeschlagenen Wochenlied Nr. 428 (»Komm in unsre stolze Welt ...«) stört mich ein anklägerischer Unterton. Das Lied von Dieter Trautwein (Nr. 427) bietet sich als nächstliegende Alternative an.
Die Episodenpredigt eignet sich aber auch für einen von der Agende abweichenden *Familiengottesdienst,* weil die Beispielgeschichten leicht verständlich und somit kinderfreundlich sind. Die Predigt kann aufgelockert

werden, z.B. durch Liedstrophen zwischen den einzelnen Teilen (EG 495,5: »Laß mich mit jedermann in Fried und Freundschaft leben, soweit es christlich ist ...« = Römer 12,18). Oder es wird nach jeder Geschichte um kurze Stellungnahmen gebeten: »Halten Sie (haltet ihr) das Verhalten des Pastors für richtig? Was hätten Sie an seiner Stelle geraten?« Diese Methode setzt natürlich einen völlig freien Umgang mit dem Stoff und der Gedankenführung der Predigt voraus. Die Beispiele, vom Verfasser selbst erlebt, können als freie Vorlage dienen oder durch ähnliche Erfahrungen ersetzt werden. Das erleichtert die Identifizierung mit der Situation und fördert die Improvisation in einem beweglichen Predigtmodus.
Als Eingangsgebet im Familiengottesdienst eignet sich trotz der traditionellen Sprache nach wie vor Luthers Morgensegen (»... daß der böse Feind - Rachegedanken, Vergeltungssucht - keine Macht an mir habe«). Alternativ: Das letzte Gebet der Serie 783,10 EG (»ewiger Gott, du wahre Sonne ...«) - Zum Schluß: 831 EG: »Schöpfer des Alls ...«

Vorschlag zur Predigt

Möglicher Anfang
»In der Kirche christlich sein, - das ist keine Kunst! In der Kirche sind wir alle christlich. In der Kirche ist die Bibel Gottes Wort, Jesus ist Gottes Sohn und alle Menschen sind Gottes Kinder. In der Kirche sind wir selbstverständlich für den Frieden, gegen Feindschaft, für Vergebung, gegen Vergeltung, für Nächstenliebe, Toleranz und Verständnis, gegen Fremdenangst, Rechthaberei und Härte. In der Kirche geben wir Jesus recht, was immer er von uns verlangt, und wir folgen gern seiner Rede, die uns so überzeugend klarmacht, daß es immer noch besser sei, die andere Wange hinzuhalten, als die empfangene Ohrfeige mit gleicher Schlagkraft heimzuzahlen. In der Kirche geht alles, was Paulus im Anschluß an die alten Schriften und die neue Botschaft Jesu den römischen Christen ins Stammbuch schreibt, ohne Anstoß über die Schwelle unseres Gemüts. Daß Rache süß ist, läßt er uns vergessen. Sein mahnender Finger weist nach oben, zum Himmel hin: dort wird vergolten, nicht auf Erden in unserem Herzen. Und kann Böses anders überwunden werden als durch Gutes? Kann unsere Verstrickung in friedlose Aggression anders bezwungen werden als durch Gutdenken? »Gib, daß ich meinen Feind mit Sanftmut überwind' ...« singen wir einträchtig, und wer wollte dem widersprechen, - in der Kirche!?
Wie aber, wenn die Kirchtüren sich hinter uns schließen, wenn der letzte Choral verklungen und der Segen ausgeteilt ist? Dann sieht alles ganz anders aus. Der alte Adam erwacht aus seinem Kirchenschlaf und ergreift unauffällig wieder die Herrschaft über uns. Bald merken wir: Der Alltag ist mit den einfachen christlichen Grundsätzen doch nicht so leicht in den Griff zu bekommen, - beim besten Willen nicht. Drei Beispiele sollen das

zeigen. Wir werden sogleich sehen, daß die Rechnung zwischen Paulus und unserem Verhalten nicht so glatt aufgeht wie in der Kirche. Es bleiben Fragen genug. Was hätten wir in den genannten Fällen getan?«

Die nun folgenden *Beispiele* müssen nicht alle vom Prediger/von der Predigerin vorgetragen werden. Wie die »Annäherungen an den Text« beweisen, gibt es doch in jeder Gemeinde genügend analoge Erfahrungen. Sie können ohne weiteres an die Stelle der »Musterkollektion« treten, nur sollte dabei deren Grundschema beibehalten werden: 1. Beispiel: Problematischer Ratschlag mit völlig offenen Fragen, 2. Beispiel: Unlösbares Problem wird von gütigem Geschick zugunsten der Betroffenen gelöst, 3. Beispiel: Eine scheinbar triviale, aber doch bemerkenswert positive Illustration zu dem, was Paulus schreibt.

1.
Das Gepolter vieler Schuhe auf der Holztreppe signalisiert dem Pfarrer, daß seine Konfirmanden im Anmarsch sind. Jetzt sind sie da. Die Tür wird aufgerissen. Schiebend, knuffend und drängelnd, ein Beispiel der Ellbogengesellschaft, erobert jeder seinen Platz. Daß die Tür sperrangelweit offen bleibt, stört nur den sensiblen Pfarrer. Der Gutmütigste kommt seiner Bitte nach, die kostbare Wärme nicht entströmen zu lassen. Der Knall, mit dem er die Tür ins Schloß wirft, ist zugleich das Signal für den Beginn des Unterrichts. Die Bergpredigt ist an der Reihe. »Selig sind die Sanftmütigen, denn sie werden das Erdreich besitzen ...« Das soll der Pfarrer seinen Wildlingen beibringen. Aber wie? Unter allen Eigenschaften dieser Altersstufe rangiert die Sanftmut an letzter Stelle, während der Übermut ganz vorn liegt.
Der gutmütige Türschließer ist noch nicht lange in der Gruppe. Die Familie ist erst kürzlich zugezogen. Der Junge hatte in der ersten Zeit manches auszustehen. Das erfährt der Pfarrer beim Hausbesuch. »Unser Junge mag manchmal gar nicht nach draußen gehen«, erzählen die Eltern. »In der Nachbarschaft gibt es ein paar richtige Rabauken; einer davon hat schon versucht, ihn regelrecht zu erpressen: fordert Geld, droht mit Schlägen.« »Du bist doch groß und kräftig«, wundert sich der Pfarrer, »wehrst du dich denn nicht?« Statt seiner antwortet die Mutter: »Unser Michael tut sich schwer mit dem Wehren«, sagt sie. »In der Bibel steht doch auch, daß man nicht zurückschlagen soll, – vergeltet Böses mit Gutem, oder so ähnlich.« Der Pfarrer weiß es und weiß doch nicht, wie er die Bibelsprüche auf diese Situation anwenden soll. In die Mischung von Mitgefühl und Empörung blendet sich plötzlich die Erinnerung an die eigene Schulzeit ein, als ruppige Mitschüler ihm, dem schmächtigen Pastorensohn, zuleibe wollten. Wie befreiend war es damals, sich mit unerwarteten, kräftigen Hieben Luft und Respekt zu verschaffen! Und schon hat er, unbedacht und ohne christlichen Flankenschutz, zur Gewalt geraten: »Mann, wenn dir das passiert, dann laß die Fäuste fliegen, auch wenn's die Bibel anders will!« Gesagt ist

gesagt, zurücknehmen kann er's nicht mehr, und sein Konfirmand richtet sich offenbar danach. Der Junge blüht auf, wird munter, wird übermütig wie die anderen, macht ihm zu schaffen. »Ist das die Strafe des Himmels dafür, daß ich ihm geraten habe, sich nicht nach der Bibel zu richten?«, sinniert der Pfarrer. Er mag es drehen und wenden wie er will, er kann Bibelwort und Lebenspraxis nicht voll zur Deckung bringen. Die Fragen bleiben. Wir sollen uns nicht rächen, – gewiß (Vers 19). Nur mühsam hat die zivilisierte Welt gelernt, Rache durch Recht zu ersetzen. Aber wenn wir direkt bedroht werden, – dürfen wir uns dann nicht doch wehren?

In der nun folgenden *Reflexion* oder *Aussprache* kann diese Dialektik weiter entfaltet und ergänzt werden: Daß der Wehrlose durchaus nicht mit dem Frieden belohnt wird, den er selber gern einhalten möchte; daß, wer sich wehren kann, eher zum Frieden bereit ist als einer, der auf den Mutwillen und die Rohheit seiner Umgebung mit versteckter Wut und krankmachendem Ärger reagiert; daß Paulus selbst eine einschränkende Bemerkung macht: »Haltet, soweit es an euch liegt, mit allen Menschen Frieden«; daß Jesus letztlich immer die Starken selig preist, nicht aber die Gewalttäter.

2.
»Es kann der Frömmste nicht in Frieden leben, wenn es dem bösen Nachbarn nicht gefällt«, sagt Wilhelm Tell in Schillers berühmtem Schauspiel. Wie recht er hat, das mußte ein altes Ehepaar erfahren, dessen Wohnungsnachbarin mit allen Hausbewohnern in Dauerfehde lag. An ihrer Tür, die mit zahlreichen Schlössern verriegelt war, warnte ein Schild: »Ich verbitte mir jeden Besuch und jegliche Belästigung«, stand darauf zu lesen. Fast alle Familien hatte sie schon verklagt, und wenn sie auch die Prozesse verlor, so blieben doch Ärger, Verdruß und das Gefühl ständiger Schikane zurück. Das Ehepaar, das Wand an Wand mit ihr wohnte, hatte am meisten darunter zu leiden. Als der alte Herr seinen 80. Geburtstag feierte, wollte keine festliche Stimmung aufkommen. Die Gäste schlichen auf leisen Sohlen umher, denn beim geringsten Geräusch pflegte nach kurzer Zeit die Polizei an der Tür zu klingeln, von der Nachbarin alarmiert wegen ruhestörenden Lärms. Aber zu diesem Kummer kam noch ein anderer, der nicht weniger schwer wog. »Herr Pastor, ich bin ein ganz schlechter Christ«, vertraute er seinem Pfarrer an, der zum Gratulieren gekommen war. Warum das? »Ich weiß doch, daß die da drin ...« – er wies mit dem Kopf nach der verriegelten Tür – »... daß sie krank ist. Eigentlich müßte ich Mitleid mit ihr haben. Aber ich hasse sie. Manchmal möchte ich einen Knüppel nehmen und sie tothauen ... Das werden Sie als Pastor wohl nie verstehen!« Sagt es, schämt sich und wischt sich heimlich eine Träne aus dem Gesicht. An seinem Christsein ist er irre geworden, ist entsetzt über die dunklen Phantasien, die aus seinem Inneren aufsteigen: Mord statt Mitleid. Und dazu die viel zu gute Meinung über die Pastoren, als seien sie keiner bösen Regung fähig.

Der Gratulant ist jetzt als Seelsorger gefragt. Der alte Herr reagiert wie jeder gequälte Mensch., »Es kann der Frömmste nicht in Frieden leben ...« – Auch Wilhelm Tell schoß auf Geßler, als das Maß voll war. Das sagt der Pfarrer wohlweislich nicht, aber er tröstet: »Sie sind kein schlechter Christ, im Gegenteil, Sie können ja noch erschrecken über Ihren Haß. Sie messen, was da in Ihnen aufsteigt, am Evangelium, das die Versöhnung predigt. Das bleibt Ihr Maßstab, und das ist es, was bei Gott zählt, der gewiß nicht verlangt, daß Sie sündlos sind.«
Beim nächsten Besuch ist das Ehepaar wie verwandelt. Die Zeit der Prüfung ist vorbei; die Nachbarin ist samt ihrer Streitsucht ausgezogen. Wieder steht sie vor Gericht, diesmal, weil sie einen Polizisten mit ihrem Regenschirm attackiert hat. Jetzt können sie befreit darüber lachen, die beiden alten guten Christen ...

3.
Der Duft gebratener Würste und Kasseler Rippenstücke weht durch die Straße und lockt die Passanten zum Imbißstand. Der Mann hinter dem Tresen hantiert gelassen an seinen Geräten, wendet die Würste, senkt die Kartoffelchips in heißes Fett, öffnet die Flaschen und reicht seiner Kundschaft, was sie verlangt: Gebratenes vom Rost, Pommes mit Mayo, Tagessuppe, Bier und Coca. Gemeinsam essen stimmt friedlich; leider gilt das auch nur mit Einschränkung. Ein kleiner Mann mit großem Durst hat sich völlig übernommen. Erfüllt von trügerischem Kraftgefühl legt er sich mit den Umstehenden an. Daß sich diese nicht provozieren lassen und den Umnebelten klüglich übersehen, macht ihn nur um so wütender. Herausfordernd mustert er den Mann hinter dem Tresen, gibt keine Ruhe, wird zunehmend bösartig. Als der Verkäufer seinen Imbißstand verläßt, um neue Vorräte zu holen, geht der Angetrunkene auf ihn los und schüttet ihm mit einem Ruck den Inhalt seiner Bierdose ins Gesicht. Ganz still wird es am Stand, Hochspannung knistert wie in einem Saloon des Wilden Westens. »Jetzt knallt es!« denkt der Christenmensch, und der kleine Giftzwerg tut ihm fast schon leid. Aber der Begossene schlägt ihn nicht. Er droht nur: »Ich bin ja ein Kinderfreund, sonst könntest du jetzt ’was erleben!« Er wischt sich den Bierschaum aus dem Gesicht und von der Jacke, begibt sich auf seinen Platz hinter dem Tresen und bedient ruhig weiter. Der andere, wohl selbst erschrocken über seine Verwegenheit, sagt nichts mehr und verdrückt sich rasch.

Die *Reflexion* dieser Episode zielt darauf ab, zu zeigen, daß der Mann, vermutlich ohne es zu wissen, sich genau auf dem Kurs des Paulus bewegt. Während sein labiler Gegner den Streit sucht, kann er es sich leisten, einen eskalierenden Konflikt zu entschärfen. Es genügt, dem Kleineren zu zeigen, wer der Stärkere ist. Er ist gewiß kein Mann, der sich alles gefallen läßt, aber in einer Zeit wachsender Gereiztheit und Gewaltbereitschaft ist er ein lebendiger Beweis dafür, daß Stärke und Gewalt nicht das gleiche sind. Dem Einwand, daß der Kioskpächter nicht sonderlich christlich, sondern schlicht klug gehandelt habe, begegnen wir mit dem Hinweis, daß Jesus denjenigen klug nennt, der sich nach seinen Worten richtet. Daraus folgt als abschließendes *Ergebnis der Predigt,* »daß das Christliche und das Vernünftige gute Partner sein können«.

Kontexte

In seiner dramatischen Ballade »Die Füße im Feuer« schildert Conrad Ferdinand Meyer, wie ein Ritter in stürmischer Nacht Schutz sucht in dem Schloß eines hugenottischen Edelmannes. Nach und nach erkennt er zu seinem Entsetzen, daß er in demselben Schloß vor vielen Jahren die Frau seines Gastgebers zu Tode gefoltert hat. Angstgepeinigt erwartet er die Rache des Hausherrn, aber dieser gibt ihm, im Kampf mit sich selber weißhaarig geworden, am nächsten Morgen freies Geleit: »... Gemordet hast du mir mein Weib, – und lebst! Mein ist die Rache, redet Gott«.

Der frühere hannoversche Landesbischof Hanns Lilje schildert im Rückblick auf seine Haftzeit, wie nach dem Unrechtsurteil des Volksgerichtshofs »die dunkle Woge des Hasses« in ihm emporsteigt. Er rettet sich in das Bibelwort: »Die Rache ist mein, ich will vergelten«, und erfährt bald, wie sich dieses Wort an den braunen Machthabern erfüllt.
(Im finstern Tal, 1947)

5. Sonntag nach Trinitatis

Annäherungen an den Predigttext 2. Thessalonicher 3,1–5

Ralf Handelsmann

Beteiligte Gruppen: KU-Gruppen aus Kutenholz; BBS-Lehrkräfte, die eine Drittfach-Ausbildung Ev.-Religion absolvieren; Frauenfrühstück der Kirchengemeinde Mulsum; Schüler der BBS.-Buxtehude (BBS = Berufsbildende Schulen) sowie KirchenvorsteherInnen.

Gott sei Dank, der Herr ist (mir) treu!
Bei allen geführten Gesprächen gab es einen ähnlichen Verlauf bei den Reaktionen der GesprächsteilnehmerInnen. Nach dem 1. Lesen (Teilnehmer hatten noch keinen Text vor Augen) wurde der Zusagecharakter der Verse gehört. Begriffe wie Hoffnung, Stärkung, Geborgenheit wurden genannt. Vers 3 bildete hierfür durchweg den Bezugspunkt. Danach kippte das Gespräch regelmäßig um, und ablehnende Äußerungen und Gefühle dem Text gegenüber kamen durch. Allen Gruppen fiel auf, daß nur die »Brüder« angesprochen wurden und da Leute »gebieten« wollen. Dafür war kein Verständnis vorhanden, »... das kann man so heute aber nicht mehr sagen ...« war noch der harmloseste Kommentar.

So nicht mit mir, Herr Paulus!
Hauptknackepunkt war aber dann bald der Vers 2, wo vor allem gehört wurde, daß »wir« (die Guten) von »den Bösen« erlöst werden sollen. Die Fragen waren: Wer ist denn gut und wer böse? Heißt »erlösen« vielleicht sogar umbringen (Assoziation = ethnische Säuberungen im ehemaligen Jugoslawien)? Wenn »der Glaube nicht jedermanns Ding ist«, wieso kann Paulus sich dann hinstellen und Glauben einklagen? Je weniger die Gesprächsteilnehmer von Hause aus christlich geprägt waren (besonders bei den Lehrkräften, den Schülern und Konfirmanden) herrschte die Meinung vor: »Der ›alte Fritz‹ war da ja schon weiter mit seinem Satz, daß jeder nach seiner Façon glücklich werden soll!« Der Text wurde als Angriff auf eine eigene, freie Glaubensentscheidung gewertet und dann abqualifiziert. Herausgelesen wurde eine Art von Werkgerechtigkeit, weil Glaube, schön brav und gut sein, nur nicht aufmucken, offenbar mit Stärkung durch Gott belohnt wird, während Gott denen, die das nicht schaffen, nur noch »Tren-

nung« von den oder dem Guten zu bieten hat. Gesetz und Evangelium ins rechte Verhältnis zu rücken wird für PredigerInnen unbedingt nötig sein. Denn selbst sehr traditionell geprägte Christen empfanden zwar nicht diesen Angriff (oder diese Verunsicherung), aber nur deshalb nicht, weil die Dankbarkeit dafür überwog, daß Gott ihren rechten Glauben schon irgendwann würdigen wird. Meist unausgesprochen blieb dann der Hinweis darauf, daß die Bösen dann schon zu recht bekommen, was sie verdienen.
In diesem Zusammenhang wurde die vermutete Intention (Sitz im Leben) des Textes mit dem Begriff »Mission«, bzw. frühchristliche PR-Masche beschrieben. Selbst die Konfirmanden und Konfirmandinnen waren sich da einig. Dieser Intention wurde aber mit Abwehr begegnet, weil empfunden wurde, daß Paulus hier mit »Zuckerbrot und Peitsche« (also mit Druck) missionieren will. Hier kamen Bemerkungen wie: »Typisch Amtskirche, schon damals ... !« »Wie so ein Sektenguru, der junge Menschen fängt ... !« »Das erinnert mich an Evangelisationen, wo meine Eltern früher immer hingingen ... !« »Der will wohl den Menschen seinen Glauben aufzwingen!«

Trost trotz allem Ärger – Verunsicherung trotz aller Hoffnung!
Je länger die Gespräche dauerten, desto differenzierter wurden die plakativen Begriffe des Textes gesehen. Die Teilnehmer versuchten »böse und falsche Menschen« genau wie »gute Menschen« zu benennen und spürten, daß das eigentlich nicht geht. Weil auch die eigene Ambivalenz zwischen gut und böse entdeckt wurde, bekamen die Zusagen aus Vers 3 und der Hinweis auf Gottes Liebe aus Vers 5 wieder mehr Gewicht. Der Begriff »erlöst werden« blieb für viele diffus, aber auf der Gefühlsseite bekam er positivere Nuancen. Der Tenor war etwa: Gott kann uns ja nicht alle als Böse ablehnen, der Paulus war ja auch kein Engel, dann ist Erlösung wohl eher so etwas wie das Annehmen oder das Verändern von uns Menschen.
Konnte am Anfang des Gesprächs mit den Lehrkräften noch gesagt werden: »Was ist Gottes Treue denn schon wert, wenn er alle die ausmerzt, die ihm nicht passen, also ja nur fromme Lämmer übrig bleiben?«, so wurde nachher zwar über Gottes Macht spekuliert (z. B. an Hand der Frage: Wie kann Gott die Kriege zulassen? Warum werden hier die Bösen nicht zur Rechenschaft gezogen und warum müssen so viele unschuldig leiden?), aber empfundener Trost und Zustimmung zu dem Text wurden wieder neu neben die empfundene Verunsicherung und Ablehnung gestellt.
In diesem Teil der Gespräche kamen neue Assoziationen und Gedanken zum Vorschein. Dreimal wurde der Vers 5 als eine Art »Segenswort« erlebt, wie es sonst in Gottesdiensten vorkommt. Vertrauen haben zu dem Herren (Vers 4) wurde als Ermunterung zum Gebet gehört. Zweimal wurde der Text in seiner Ambivalenz mit dem VATER UNSER in Zusammenhang gebracht (besonders mit: dein Wille geschehe / erlöse uns von dem Bösen / vergib uns unsere Schuld).

»Düt und Dat«
Ich habe die Konfirmanden/Konfirmandeninnen und SchülerInnen gebeten, doch ein Bild/eine Bildergeschichte zum Text zu malen und dabei ihre Assoziationen zu Papier zu bringen. Ein Bild handelte von »Ausländern« (gut) und »Skins« (böse), die von Gott durch einen Blitz getrennt werden. Ein anderes zeigte erst drei Bilder von Katastrophen (Krieg, Hunger, Arbeitsplatzverlust) und dann ein viertes Bild mit einem alten Mann (Gott) und einer Sprechblase mit dem Text: »Ich hab' wohl den Mund zu voll genommen!« Vier andere Bilder zeigten Menschen, die auf Knien beten. Das »betet für uns« (Vers 1) wurde als Anregung zu mehr Fürbitte im Alltag erlebt. Bei den Jugendlichen wirkten offenbar Horrorvideos nach, denn es wurden Filme benannt (z.B. »Chucky, die Mörderpuppe«, »Die Tochter des Satans«) mit dem Hinweis, da siegen die »Guten« ja auch immer am Ende.
Vers 5 wurde von Kirchenvorstehern als Motto für jedes Elternteil gewünscht und jede(n) Unterrichtende(n).
Hilfe angefordert wurde zu folgenden Punkten: 1. Was will Paulus mit dem Brief? 2. Was steht im Kontext der Stelle? 3. Was meint Paulus mit »erlöst werden«, »falschen und bösen Menschen«, »dem Bösen«.
Eine der authentischsten Aussagen (eines Schülers) war: »An so einen Gott kann ich nicht glauben, ich glaube an den HSV, ... aber wenn's mir schlecht geht, dann bete ich doch!«

Zum Gottesdienst

Heidi Kell

Exegetisch-homiletische Skizze

»Wir kommen zum Schluß« – der das schreibt, ist sicher nicht Paulus selbst, da ist die Forschung weitgehend einig, wohl aber ein Kenner des ersten Briefes nach Thessalonich: Bis in einzelne Formulierungen hinein lehnt sich unser Verfasser an den Paulusbrief an, besonders in den Briefformularen am Anfang und am Schluß, die uns der Autorenschaft des Apostels versichern sollen.
Vielleicht deshalb auch die Anrede nur an die »Brüder« – so hatte es Paulus im ersten Brief nach Thessalonich 1,4 auch gehalten. Der Apostel selbst hätte es freilich besser wissen müssen, hatte er doch bei seinen Reisen häufig Aufnahme und Gehör bei Christinnen gefunden, die wir z.T. sogar namentlich kennen.

Der Verfasser benutzt hier, wie es in der Antike durchaus üblich war, die Autorität des Apostels, um die Rezeption des Paulusbriefes in Thessalonich zu korrigieren. Dies war offenbar nötig geworden, da etliche in der Gemeinde durch Predigten und Briefe zu der Überzeugung gekommen waren, der Tag des Herrn sei schon da (2,2).
Wie wir hören, haben diese Menschen wegen der nahen Parusie aufgehört zu arbeiten (3,11) und führen einen »unordentlichen« Lebenswandel auf Kosten anderer. Einen solchen Lebenswandel als Konsequenz aus dem Glauben weist der Verfasser schroff zurück: Wer nicht arbeiten will, soll auch nicht essen (3,10). Die Begründung wird in der kleinen Apokalypse, um deretwillen der Traktat geschrieben wurde, unserer Perikope vorangestellt: Der Tag des Herrn ist mitnichten so nah, daß man (wie im ersten Brief nach Thessalonich) um die vorher Verstorbenen fürchten müßte, noch, daß man (wie im zweiten Brief) bereits die Arbeit niederlegen könnte. »Lasset euch von niemand verführen (...), denn er kommt bestimmt nicht«, (2,3) übersetzt Luther den Dämpfer, den der Verfasser der drängenden Parusieerwartung aufsetzt. Der Tag des Herrn kündigt sich geschichtlich an, belehrt die Apokalypse in 2,3–11: Zunächst muß der Widersacher auftreten; viele Menschen werden vom Glauben abfallen, bevor schließlich Christus den Antichristen durch sein bloßes Erscheinen vernichtet. Am Ende wird er Gericht halten und die bestrafen, die Gott nicht geehrt haben. Die Gemeinde in Thessalonich aber, die jetzt leidet, wird aus aller Not befreit werden.
Bis dahin aber muß der ganz normale Alltag der Gemeinde bestanden werden. Dazu gehören auch Verfolgung und Leiden (1,4). Dringend bittet der Verfasser die Gemeinde um Fürbitte und versichert sie mit kraftvollen Segensworten der Treue Gottes (V. 3b und 5). Darum geht es in unserem Textabschnitt. Verständlich ist die Versuchung, die großen Themen des vermeintlichen Autors Paulus in diesen Versen aufzuspüren bzw. den Text mit paulinischen Schlüsselbegriffen aufzuschließen. Ich meine allerdings, daß wir diesem Text damit nicht gerecht werden. Ich möchte ihn allenfalls auf dem Hintergrund seiner eigenen Theologie betrachten, die in den Abschnitten 1,5–10 und 2,1–12 zur Sprache kommt. Das ist der Rahmen für die Perikope 3,1–5.
Dennoch beginnt unser Text erst auf dem Hintergrund der geschilderten Situation für mich zu sprechen:
Da haben Menschen in Erwartung des Herrentages aufgehört, die Alltagswirklichkeit ernstzunehmen, für sich selbst und andere zu sorgen. Sie haben die Hände in den Schoß gelegt, den Unterhalt ihres Lebens aus der Hand gegeben. Bei uns lebt heute wohl kaum jemand in vergleichbar enthusiastischer Erwartung des Weltendes von Gott her. Was viele heute prägt, ist wohl eher die Erwartung eines von Menschen inszenierten Weltendes. Daß die Richtung, die wir durch Hunger, Rüstung und Umweltzerstörung genommen haben, unumkehrbar ist, glauben viele und nicht

wenige haben es deshalb aufgegeben, sich für eine Richtungsänderung überhaupt zu interessieren, geschweige denn einzusetzen. Sie hören auf, zu arbeiten.
Den Verfasser des Briefes nach Thessalonich bringt solche Haltung in Bedrängnis. Händeringend bittet er die Gemeinde, einzutreten für ihn selbst und für die Verbreitung des Evangeliums. Gleichzeitig versichert er sie der Treue Gottes. Dieser Gott ist keineswegs untätig, ihm wird viel zugetraut. Umso wichtiger ist es, sorgsam zu unterscheiden: Was darf die Gemeinde aus der Hand geben und wo ist sie aufgefordert, selbst Hand anzulegen? Wo endet Gottes Verantwortung und wo beginnt die Verantwortung des Menschen? Eine Lösung bietet der Konfirmand aus den »Annäherungen« an, der in seiner Karikatur Gott angesichts von Arbeitslosigkeit, Hunger und Krieg sagen läßt: »Da habe ich den Mund wohl zu voll genommen.«
Der Unterschied von menschlicher Verantwortung und Gottes Verantwortung, dem, was Menschen tun können und was sie aus der Hand geben müssen, möchte ich in Gottesdienst und Predigt nachgehen. Da es ums Handeln geht, möchte ich besonders die Hände als Handlungsinstrumente mit einbeziehen.

Vorschläge zur Liturgie

Begrüßung
Herzlich willkommen im Gottesdienst. Wir wollen ihn feiern im Namen des Gottes, der Himmel und Erde gemacht hat. Wenn Gott nun schon Himmel und Erde gemacht hat – was bleibt dann eigentlich für uns als Gemeinde zu tun? Ich möchte Sie einladen, diesem Gedanken in diesem Gottesdienst nachzugehen. Wir wollen dabei auch unsere Handlungsorgane, die Hände, bewußter betrachten und benutzen, als wir das gemeinhin tun. Vielleicht zunächst einmal ganz einfach, um diejenigen, die um uns herumsitzen, zu begrüßen.

Gnadenzusage
Gott ist treu. Er wird euch stark machen und vor dem Bösen beschützen. (2. Thessalonicher, 3,3)

Kollektengebet
Mit den Erlebnissen des Wochenendes im Rücken / mit den Plänen für die Woche vor Augen / kommen wir zu dir, Gott. / Aber jetzt legen wir alles aus der Hand, was uns noch beschäftigt / jetzt erheben wir unsere Herzen und Hände zu dir, / damit du sie füllst / mit Liebe, die wir füreinander brauchen / mit Kraft, die uns zum Leben hilft / mit Hoffnung, die uns greifen läßt nach deiner neuen Welt. Amen.

Psalm 73,23–28

Gloria-Lied

Gloria Señor

(Text: Hans-Ulrich Simon, Hans Jürgen Netz, Musik: Hans-Ulrich Simon, Satz: Thomas Quast, aus: Lateinamerikanische Beatmesse, 1977, alle Rechte im tvd-Verlag, Düsseldorf)

Credo

Ich glaube,
daß Gott aus allem, auch aus dem Bösesten,
Gutes entstehen lassen kann und will.
Dafür braucht er Menschen,
die sich alle Dinge zum Besten dienen lassen.
Ich glaube,
daß Gott uns in jeder Notlage
soviel Widerstandskraft geben will,
wie wir brauchen.

Aber er gibt sie nicht im voraus,
damit wir uns nicht auf uns selbst,
sondern allein auf ihn verlassen.
In solchem Glauben müßte alle Angst
vor der Zukunft überwunden sein.
Ich glaube,
daß Gott kein zeitloses Fatum ist,
sondern daß er auf aufrichtige Gebete
und verantwortliche Taten
wartet und antwortet.

(aus: Dietrich Bonhoeffer, Widerstand und Ergebung (KT 100), Chr. Kaiser/Gütersloher Verlagshaus, Gütersloh 15. Aufl. 1994)

Lieder

Eingangs ein Sommerlied: EG 639 Nun steht in Laub und Blüte; Unsre Zeit in Gottes Händen (Nr. 97 in: 111 Lieder für Kirchentage); Laß uns den Weg der Gerechtigkeit gehn (B 171 in: Mein Liederbuch 2 tvd 1993); Meine engen Grenzen (B 153 ebenda); Gott gab uns Atem (B 191 ebenda); Wer nur den lieben Gott EG 369; Sonne der Gerechtigkeit EG 262

Vorschlag zur Predigt

Anfang

Ich möchte Sie einladen, Ihre Aufmerksamkeit für einige Augenblicke auf Ihre Hände zu richten. Die Hände sind überall dabei. Sie sprechen ihre eigene Sprache. Sie unterstützen unsere Rede. Durch die Hände können wir handeln. Und was wir tun, wie wir leben, können wir an ihnen ablesen: Ob wir uns pflegen oder fünfe gerade sein lassen, ob wir mit den Händen arbeiten oder nicht. Linien durchziehen die Innenflächen der Hände. Man hat ihnen Namen gegeben: Kopflinie, Herzlinie, Schicksals- und Lebenslinie. Manche sagen, von den Handlinien eines Menschen kann man auf seinen Charakter und auf sein Lebensgeschick schließen. Ist unser Leben also festgelegt und läuft wie ein Film ab? Ist es egal, was wir tun und lassen? Wie schätzen Sie sich selbst ein? Sind Sie ein Mensch, der die Hände in den Schoß legt und alles auf sich zukommen läßt? Oder jemand, der gern alles im Griff hat? Gibt es noch andere Möglichkeiten?

Betet. Das jedenfalls schreibt der Verfasser der Bibelverse, die wir eben gehört haben, an die Gemeinde in Thessalonich. Betet für uns. Betet, damit das Evangelium sich schnell verbreiten möge. Betet für uns und wir werden für euch beten, daß Gott euer Wollen und Denken lenken möge.

»Beten Sie für mich!«, so hat kürzlich eine alte Frau zu mir gesagt, nachdem sie mir erzählt hat, daß es für ihre Krankheit keine Besserung mehr gibt. Nur mitbeten kann noch helfen.

»Betet für uns«, schreibt der Verfasser unserer Verse, und ich ahne die Bedrängnis, die dahinter steht. So wichtig ist ihm sein Anliegen, daß er sogar unter dem Namen des Apostel Paulus schreibt, weil er sich von dessen Autorität mehr Wirkung erhofft.
Zur historischen Situation: Thessalonich war die Vorzeigegemeinde der frühesten Christenheit. »Wir erinnern uns ständig daran, wie bewährt euer Glaube ist und wie tätig eure Liebe und wie unerschütterlich eure Hoffnung darauf, daß Jesus Christus, unser Herr, kommt«, so hatte Paulus selbst an diese Gemeinde geschrieben. Einige Jahre, vielleicht Jahrzehnte später hat sich etwas verändert. Die Hoffnung auf das Kommen des Herrn ist derart gewachsen, daß einige in der Gemeinde sagen, der Tag des Herrn sei bereits da. Nun ist keine Zeit mehr, sich um die üblichen Alltagsgeschäfte zu kümmern. Viele legen ihre Arbeit nieder, um die Hände frei zu haben für den Herrn. Sie leben auf Kosten derer, die weiterhin ihrem Tagewerk nachgehen.

Zum weiteren Verlauf
Das ist nicht unsere Welt. Wir glauben an denselben Gott, aber wohl kaum einem von uns fiele ein, deswegen morgen nicht mehr zur Arbeit zu gehen. Und trotzdem: Manchmal legen auch wir die Hände in den Schoß und lassen andere unsere Arbeit tun. Nicht, was unseren Beruf angeht oder die Verplichtungen zu Hause. Wohl aber, was unser Tagwerk als Christinnen und Christen angeht. Nicht, daß uns nichts erreicht oder berührt – aber wir haben es aufgegeben, zu hoffen und aus solcher Hoffnung verändernd in unseren Alltag einzugreifen.
Zwei Wege gibt es, diese Hände-im-Schoß-Haltung zu legitimieren: Der eine Weg heißt Resignation: Da kann man (als einzelner) gar nichts tun. Spenden kommen ja doch nicht an ... Der zweite Weg heißt Inkompetenz: Wir fühlen uns nicht zuständig, wie der Konfirmand, der eine Karikatur über das Elend zeichnet: Neben Szenen von Hunger, Arbeitslosigkeit und Krieg steht ein ratloser Gott und sagt: »Ich habe wohl doch den Mund zu voll genommen.«

Schlußteil
Der Verfasser des 2. Briefes an die ThessalonicherInnen weist die Gemeindeglieder, die die Hände in den Schoß gelegt haben, weil sie sich nicht mehr verantwortlich fühlen für die Welt um sie herum, schroff zurück. Sie sollen an die Arbeit zurückkehren und so ihren Beitrag zum Zusammenleben leisten. Die Gemeinde nimmt er in die Pflicht zur Fürbitte. Er erinnert somit an zwei Möglichkeiten menschlichen Handelns. Es ist noch nicht an der Zeit, aufzugeben. Gerade die Fürbitte weist uns noch heute auf unsere Verantwortung für die Welt, in der wir leben.
Diese Verantwortung können wir nicht delegieren an »die Kirche«, ja nicht einmal an Gott, denn der macht ja gerade uns stark und lenkt unser Wollen und Tun darauf, daß Gottes Liebe sichtbar werde überall da, wo wir sind.

6. Sonntag nach Trinitatis

Annäherungen an den Predigttext 1. Petrus 2,1–10

August Friedrich Kleppel

1. Zur Gesamtheit des Textes
2. Zu Einzelaussagen
3. Zu Vers 1

1. Äußerungen von Berufsfachschülern (16 bis 20 Jahre alt) zur *Gesamtheit* des Textes:
Je nach der persönlichen Nähe zur Bibel, zum Glauben und zur Kirche wird der (Luther-) Text von »unverständlich« bis »voll verstehbar« eingestuft: »Das Bibeldeutsch ist zwar höchst gläubig, aber veraltet und unverständlich.« »Ich vermag das Ganze nicht zu verstehen.« »Was will der Petrus?« »Ich weiß es nicht.«
Andere differenzieren: »Manche Absätze versteht man nicht. Aber sonst ist es gut zu begreifen.« »Nur die Verse 9+10 verstehe ich und kann mir etwas darunter vorstellen. Von Vers 4 bis Vers 8 wird es schon komplizierter. In Vers 1 bis Vers 3 verstehe ich gar nicht, was gemeint sein soll.«
Aber auch: »Ich finde den Text nach mehrmaligem Lesen insgesamt verständlich. Er besagt, daß man sich von ›Sünden‹ lossagen soll, um das Wort Gottes wie die Muttermilch zu trinken. Darauf soll man sich aufmachen, dem Wort Gottes zu folgen und mit anderen Glaubensgenossen als ›lebendige Steine‹ ein Haus, eine Gemeinschaft zu bilden. Diese Gemeinschaft ist auserwählt und ›das heilige Volk‹, im Gegensatz zu denen, die nicht an Jesus glauben und ihn verworfen haben.«

Das bisherig Zitierte gebündelt: Viele Aussagen des Textes werden erfaßt und je nach Leser gewichtet. Diese Breite im Erkennen und die unterschiedlichen Gewichtungen geben m. E. dem Predigenden das Recht, sich selbst an den Stellen einzubringen, die ihm besonders zusagen oder ihn stark herausfordern. Hilfreich sind die Bilder.

2. Überraschende und so nicht erwartete Ersterkenntnisse und Fragen sind zu den
Einzelaussagen geäußert worden. Sie sind des Zitiert-Werdens wert, weil sie Assoziationen der Hörer aufzeigen, die den predigenden ›Insider‹ auf einen

weiteren Verstehenshorizont bei der Gemeinde aufmerksam machen, als eigentlich erwartet werden dürfte.
Opfer wird nicht als Gott versöhnende Gabe aufgefaßt, sondern: »Der Mensch soll opfern, indem er Böses mit Gutem vergilt und sich vom Luxus hin zur Nächstenliebe wendet.« ... »Lieber alten Menschen helfen, statt nur Geld verdienen wollen.« Opfer als Einschränkung. Opfer aber auch im Sinne ›Opfer von Gewalt‹ werden: »Wenn jemand geschlagen oder mißhandelt wird«.
Beim *Neugeborenen* wird vorrangig von ›unschuldig‹ und ›frei‹ gesprochen; das Baby habe ›nichts Böses an sich‹; ›das frühe Menschsein‹ sei in seiner unverbildeten Instinktivität völlig positiv. (!!!Ursünde bleibt außen vor!!!) Einer fragt: »Wenn Gott alle Neugeborenen liebt, warum läßt er dann Tausende sterben?«
Auserwähltes Volk wird kritisch hinterfragt: »Warum wird eigentlich extra ein Volk auserwählt? Ist nicht Gottes Botschaft an alle gerichtet und macht keine Ausnahmen!« Der Erwählungsgedanke in Bezug auf Israel und das Neue Gottesvolk wird als »Rassimus« in Zweifel gezogen. Einer gar sieht uns Mitteleuropäer als erwählt, »weil wir im Frieden leben können«.
Am meisten haben sich die Schüler mit den Begriffen *»Eckstein«* und *»lebendiger Stein«* beschäftigt. Beispiele:
»Ist der Fußballer gemeint mit ›Eckstein‹?«
»Der Mensch ist wie ein Fels in der Brandung. Ziemlich harnäckig und nicht so leicht zu unterdrücken.«
»Warum wird Jesus ausgerechnet mit einem Stein verglichen? Stein bedeutet für mich kalt, hart. (Herz aus Stein).«
»Für manche, die an Jesus glauben, hat der Stein Macht. Für andere ist er nur ein Stein, an dem man sich höchstens stoßen kann.« »Denen, die an ihn glauben, gibt er seelischen Halt, Hoffnung, Kraft.«
»Der Eckstein ist für mich Symbol für das Greifbare, und der Mensch von heute glaubt ja nur, wenn er etwas ›begreifen‹ kann.«
»Dem Vergleich Jesus – Stein stimme ich nicht zu. Auch finde ich, daß diese Textpassagen über ›lebendige Steine‹ und ›Eckstein‹ irgendwie nach Götzenanbetung klingen, eben wie der heilige Stein, die Kaaba in Mekka.«
»Warnen möchte ich vor dem heiligen Stein, der ein Stück Land ausgrenzt, z. B.: Arme Leute bräuchten Land für Wohnung oder Nahrung, bekommen es aber nicht, weil der Stein heilig ist.«
Ein Schüler deutet das Bild aus heutiger Situation um: »Wir, die Menschen, die als lebendige Steine zum geistlichen Hause aufgebaut sind, beginnen aus den Grundmauern herauszubröckeln, bis anstelle des geistlichen Hauses nur noch eine Ruine dasteht, die von wenigen Gläubigen zusammengehalten wird.«
Lautere Milch: »Die Milch soll darstellen, daß der Glaube und die Gemeinde wachsen müssen durch das Wort Jesu. Am Anfang sind sie noch schwach und klein.«

Ich fasse zusammen und folgere: *Die Dynamik* ist ausgedrückt im Wachsen des Glaubens durch die geistliche Nahrung und das Darbieten der geistlichen Opfer (z.B. Gebete von ›Lieber Gott, mach mich fromm, ...!‹ bei kleinen Kindern bis zu ›Herr, ich befehle meinen Geist in deine Hände‹ am Ende eines erfüllten Lebens.).
Die Stabilität und Statik wird sichtbar in dem auf dem Eckstein errichteten Bau der Gemeinde, bei dem auch die einzelnen Steine sich stützen und tragen.
Statik und Dynamik gehen ineinander über. In eigentlich statische Bilder kommt Bewegung.

3. Eine 9. Hauptschulklasse hat sich speziell um *Vers 1* bemüht und festgestellt: »Alle darin beschriebenen Dinge sind schlecht für die Gesellschaft.«
Aus ihrer Lebenswelt haben die 15jährigen interpretiert:
Bosheit: gemein sein gegen andere.
Betrug: jemand um etwas Teures betrügen; behaupten: ›Ich habe die Hausaufgaben gemacht‹, aber es stimmt nicht; wenn ich nicht das richtige Rückgeld bei einem Kauf herausbekomme.
Heuchelei: mit jemand freundlich erzählen, hinter dessen Rücken aber Schlechtes reden; wenn ein Lehrer mit mir redet, ich aber denken muß: »Mit wem redet der eigentlich?«
Neid: nicht ertragen können, daß der andere etwas Schönes hat; ein Kind hat mehr Spielsachen bekommen als seine Geschwister.
Üble Nachrede: falsche Behauptungen aufstellen.

Zum Gottesdienst

Wolfgang Herrmann

Exegetisch-homiletische Skizze

Sie hatten es nötig, die Heidenchristen in Kleinasien, durch eine apostolische Autorität – wer auch immer sich hinter »Petrus« als Absender verbergen mag – ermuntert und ermutigt zu werden. Denn ihr Schritt in das Haus des christlichen Glaubens bedeutete: sie mußten nun mit Feindschaft und Verfolgung rechnen. Gegen Ende des ersten Jahrhunderts wuchs der Druck auf die Gemeinden beträchtlich. Die Verfolgungen durch Nero und dann vor allem Domitian zwangen zur Einsicht, daß ein entschiedener Glaube an den Christus unweigerlich mit Leiden, mit dem Martyrium verbunden war. Das Christentum entwickelte sich zu einer strafwürdigen Religion.

Das ist in der spätantiken Welt erstaunlich; denn diese Welt zeichnete sich durch eine hohe *religiöse Toleranz* aus. Die Christen aber kündigten diese Toleranz auf. Ihr Glaube löst Befremden aus und führt zu Ressentiments, zu einem ausgesprochen schlechten Ruf bei ihren Zeitgenossen. Wenig später (112/113) wird Plinius d. J. als Statthalter in Bithynien bei Trajan anfragen, ob die Mitgliedschaft zum Christentum strafbar sei. Trajans Edikt bejahte diese Frage, ermöglichte jedoch – bei Widerruf – Straffreiheit.
Wenn der neue Glaube ein solch massives Befremden auslöste, wenn sich die Christen als »Fremdlinge« in dieser spätantiken Welt verstanden und kompromißlos deren Untergang propagierten, dann mußten sie mit einem entsprechenden starken *Selbstbewußtsein* ausgestattet sein. Eben dieses christliche Selbstbewußtsein zu stärken, bis hin zum Martyrium, ist Absicht des Briefes. Zugleich versucht er mit staatsfrommen Parolen (2,17) auch die bürgerliche Wohlanständigkeit der Christen zu fördern, um den Angriffen möglichst wenig Anlaß zu geben.
Eine äußerst problematische Situation: Da entwickelt eine kleine, eher konventikelhafte Gruppe ein massives Differenzbewußtsein und tritt mit dem Anspruch auf, die Keimzelle einer neuen, universalen Menschheit zu sein, gewissermaßen die Noahs einer untergehenden Welt. (vgl. 3,20). Allzu schnell kann ein derart hochfahrendes Selbstbewußtsein zu fanatischem Sendungsbewußtsein und mörderischer Intoleranz werden. Die Christentumsgeschichte belegt diese Tendenz mit trauriger Eindeutigkeit.
Der Predigttext muß also sorgfältig und kritisch ausgelegt werden. Ich lese ihn als Beschreibung eines Beziehungs- und Legitimationssystems.
Ausgangspunkt ist die biografische Vergangenheit der Christen: Sie lebten in »Finsternis« (2,9), zu der die unmoralischen Haltungen gehören, die sie nun hinter sich lassen sollen (2,1). Einen weiteren Bezugspunkt aber bildet ihre Erlösung zum »wunderbaren Licht«. Der Glaube an den Christus bedeutet, sein gesamtes Selbstverständnis darauf zu gründen. Das freilich ist – dritter Beziehungspunkt – die Folge göttlicher Berufung (2,9). Diese Berufung sondert aber von allen übrigen Zeitgenossen ab. Diese sind nun, was die Christen zuvor waren: »Ungläubige« (2,7), haben aber dennoch – durch ihre Beziehung zu den Christen – auch eine Beziehung zum Christus: er ist ihnen »Anstoß und Ärgernis«. Daß das so ist und anders nicht sein kann, erweist die Lektüre der Schrift, d. h. die christologische Interpretation von Psalm 118,2 und Jesaja 28,16.
Christus wird als der »Eckstein« verstanden. Das ist – architektonisch – jener besonders behauene Quaderstein, von dem aus der Bau begonnen wird und der die Lage und Richtung des Bauwerks bestimmt, der Grundstein also, möglicherweise auch der Schlußstein des Gewölbes beziehungsweise der Zinne. Das alte Sprichwort vom scheinbar unbrauchbaren Stein, wurde im Psalm (118,22) auf den aus Todesgefahr Geretteten angewandt und konnte von daher als christologische Aussage verstanden werden (vgl. Markus 12,8 par.). Der »Eckstein« symbolisiert eine unerwartete Wendung zum Guten.

Gott, Christus und die Schrift legitimieren also das neue Selbstbewußtsein und begründen die Differenz zur nichtchristlichen Umwelt. Somit sind die Beziehungen nach außen geklärt. Die Beziehungen nach innen, in der werdenden Kirche, zeichnen sich ebenfalls ab. Sie werden hier – man kann es kaum anders sagen – durch die Aneignung des jüdischen Erbes, d.h. die *Enteignung des Judentums,* bestimmt. »Auserwähltes Geschlecht«, »königliche Priesterschaft«, »heiliges Volk«: das sind jetzt die Christen! Auch die Fortsetzung dieser Enteignung in der Christentumsgeschichte steht uns in ihrem wahnhaften Terror schrecklich vor Augen.

Der Predigttext stellt die Frage nach der *Eindeutigkeit* des christlichen Glaubens und seiner Lebenspraxis sowie nach der Kraft des christlichen Selbstbewußtseins in einer nichtchristlichen Umwelt: Anpassung und/oder Widerstand? Wie beziehen *wir* uns heute zu unserer entchristlichten Mitwelt einerseits, zum jüdischen Mutterschoß des Christentums andererseits? Die Antworten des 1. Petrus können nicht ohne weiteres auch unsere sein.

Das *Befremdliche* am Christentum muß uns allerdings deutlich und bewußt sein; Christen sind auch am Ende des zweiten Jahrtausends durchaus Fremdlinge und erwarten eine kommende, andere Welt. *Differenz zum Bestehenden* bleibt konstitutiv für den christlichen Glauben. Zugleich aber ist uns Heutigen *Toleranz* aufgegeben, beispielsweise im Gespräch mit den anderen Religionen, mit Atheisten, mit Sektierern. Der Abschied von christlicher Intoleranz ist zwingend, – um des Glaubens an Jesus willen. Fremdheit, Eindeutigkeit, Toleranz – in diesem Spannungsbereich lebt Kirche. Anders freilich als in der frühchristlichen Zeit ist Kirche heute nicht so sehr ein »geistliches Haus«, das sich immer weiter wachsend aus »lebendigen Steinen« aufbaut, sondern ein alter Bau, aus dem die Steine in großer Zahl wieder herausbrechen. Hier knüpft der Predigtvorschlag an.

Vorschläge zur Liturgie

Psalm

Ich bin vergnügt
    erlöst
    befreit
Gott nahm in seine Hände
Meine Zeit
Mein Fühlen Denken
Hören Sagen
Mein Triumphieren
Und Verzagen
Das Elend
Und die Zärtlichkeit

Was macht daß ich so fröhlich bin
In meinem kleinen Reich
Ich singe und tanze her und hin
Vom Kindbett bis zur Leich

Was macht daß ich so furchtlos bin
An vielen dunklen Tagen
Es kommt ein Geist in meinen Sinn
Will mich durchs Leben tragen

Was macht daß ich so unbeschwert
Und mich kein Trübsinn hält
Weil mich mein Gott das Lachen lehrt
Wohlüber alle Welt.

(Hanns Dieter Hüsch, Das Schwere leicht gesagt, S. 45, © tvd-Verlag, Düsseldorf, 1991)

Kyrie
Getauft auf deinen Namen, Christus –
ach, das ist lange her.
Weiß ich denn, daß ich
in deinen Tod getauft bin,
mit dir zu sterben?
Weiß ich denn der Todeswelt,
in der ich bin, zu sterben –
und ganz in dir zu leben?

Gloria
1. Petrus 1,3

Meditation
Glauben,
das war schon immer
ein Leben gegen den Strom,
gegen die reine Lehre,
wie du am besten
über die Runden kommst.

Glauben,
das ist heute
ein Leben gegen die
herrschende Logik im Lande.
Unsere Wahrnehmung ist
– eine Antenne – weit ausgefahren
in die Zukunft.

Glauben,
das wird morgen sein
ein Weiterleben in Herrlichkeit,
nach dem Ende,
ein Zusammenleben der Menschen
in Frieden und Gerechtigkeit.

(Manfred Fischer / Ewald Stark, Zukunft beginnt sehr leise, Stuttgart 1988, S. 72)

Credo
Ich glaube an Gott.
Gott ist die Liebe und hat die Erde allen Menschen gegeben.
Ich glaube an Jesus Christus.
Er kam, uns zu heilen und zu befreien von allen Formen der Unterdrückung.
Ich glaube an Gottes Geist.
Er wirkt in allen und durch alle, die der Wahrheit zugewandt sind.
Ich glaube an die Gemeinschaft im Glauben.
Sie ist gerufen zum Dienst an allen Menschen.
Ich glaube an Gottes Macht, zu verwandeln und zu verändern.
So erfüllt sie das Versprechen eines neuen Himmels und einer neuen Erde,
wo Gerechtigkeit und Frieden blühen werden.
(aus: Das Kleine Gottesdienstbuch. Liturgien der Iona-Kommunität in Schottland. 2. Aufl. 1995 S. 30, Hg. Beratungsstelle für Gestaltung von Gottesdiensten und anderen Gemeindeveranstaltungen, Eschersheimer Landstr. 565, 60431 Frankfurt)

Vorschlag zur Predigt

Bibliodramatischer Hinweis. Der Text eignet sich zum szenischen Nachvollzug: Die Herkunft aus der »Finsternis«, das Ablegen des alten Plunders, die Stärkung mit der »vernünftigen lauteren Milch« und dem »freundlichen Geschmack« Gottes, dem Aufbau des Hauses aus lebendigen Steinen, wohlgegründet auf den zuvor verworfenen Eckstein ... Es ist eine pfingstliche Szene.

Möglicher Predigtanfang
»So legt nun ab« – viele nehmen das wörtlich, allerdings anders, als es der Apostel vor langer Zeit meinte. Damals, als das Christentum noch jung war ... Heute legen viele ihre Mitgliedschaft ab wie ein altes Kleid, das verschlissen ist. Oder aus der Mode geraten. Oder ganz einfach nicht mehr paßt. Die christliche Botschaft: kein »vernünftiges lauteres« Getränk, nachdem unsere Zeitgenossen begierig wären wie kleine Kinder nach der Milch. Der christliche Glaube scheint vielen, allzu vielen ein abgestandener Rest

im Glase zu sein, keinesfalls aber ein Getränk, das den Lebensdurst stillen kann. Da ist kaum noch eine Erinnerung an den »freundlichen Geschmack« Gottes. Trocken und dürr gegenüber den Vergnügungen und schier unendlichen Möglichkeiten des Genusses oder belanglos, saft- und kraftlos angesichts der Lebensnöte und Lebensrätsel, von denen sich die Menschen gequält wissen – das ist für so viele das Christentum in seiner Gestalt nach zwei Jahrtausenden.

Und so haben wir uns daran gewöhnt, daß das »geistliche Haus« aus »lebendigen Steinen« keineswegs mehr wächst, daß nicht Stein um Stein hinzugefügt wird, sondern vielmehr herausbricht. An unseren alten Kirchen und Domen kann man es ja sehen: Das Mauerwerk bröckelt; es ist morsch geworden. Wir reparieren und renovieren mit Eifer und Geschick. Schließlich stehen die meisten Kirchen unter Denkmalschutz. Und das Christentum? Wird es ebenfalls zum Museumsgut? Zur folkloristischen Attraktion, wo eine Minderheit bei dem Vollzug merkwürdiger Bräuche und Rituale aus ferner Zeit beobachtet werden kann?

Zum weiteren Verlauf

Ein Rückblick auf die Anfänge. Wie war das damals, als die Christen aufbrachen? Als sie der göttlichen Pracht der Cäsaren und ihrer Paläste, dem ehrwürdigen Glanz der Tempel, der wohlgeordneten Macht der Legionen ihren Glauben entgegensetzten, der nun so gar nichts Glanzvolles zu haben schien? Das war der Glaube an einen hingerichteten Wanderprediger und Handwerkerssohn, der in einem störrischen Winkel des großen Reiches einige Jahre Aufsehen erregt hatte. Und den man beseitigt hatte, wie beim Hausbau, wenn die Handwerker einen nicht geeigneten Stein beiseite werfen. Jesus, ein Weggeworfener, – wie ein Stück Müll, durch die Maschinerie des »ganz normalen Lebens« entsorgt.

»Aber das ist es ja!« erkannten und verkündeten die Christen. »Gott ist ganz unten, ist bei den Schwächsten und Niedrigsten. Er läßt das zerschlagene Leben wieder aufblühen.« Gott ist der, der aus Nichts alles entstehen läßt, was ist, und der zunichte macht, was seinen Geboten widerspricht. Gott ist der Fluchtpunkt allen Verlangens nach Leben, nach Frieden und Gerechtigkeit, nach Liebe. Und wer hätte einen größeren Hunger und Durst nach Liebe, nach Gerechtigkeit und Frieden als die, die ganz unten sind? Von dort her baut sich das Haus des Geistes auf, auf dem Müllplatz der Geschichte, dort, wo es stinkt.

Nun, die Christenheit ist später in die Paläste eingezogen, hat die Macht im Staate übernommen, hat glanzvolle Kirchen gebaut und prächtige Liturgien entwickelt. Und das allzu oft auf Kosten der Anderen, der Nichtchristen – und vor allem auf Kosten des alten Gottesvolkes, der Juden. Und auch auf Kosten der kleinen Leute in den eigenen Reihen, auf Kosten der Frauen und auf Kosten von Menschen, die eigene Gedanken und eigene Zweifel zum Glauben hatten, abseits der geltenden Lehre der Kirche.

Als der Apostel seinen Brief nach Kleinasien schickte, konnte er nicht ahnen, was aus den Gemeinden einmal werden sollte. Wenn er dieses altgewordenen, vertrackte Christentum heute sehen würde, was für einen Brief würde er da schreiben? Müßte er nicht sagen: »Ganz recht, wenn es bröckelt! Wo ist euer Glaube denn hingeraten? Ihr seid zerstritten, zerspalten in unzählige Konfessionen und bietet der Welt ein klägliches Bild. Wodurch unterscheidet ihr euch denn noch von dieser Welt? Baut ihr wirklich noch auf Jesus, den armen Mann aus Nazareth?«

Möglicher Schluß
Was wir als Christen ablegen könnten, das wären die Gewänder der Verbissenheit, des geistigen Hochmutes, der frommen Überheblichkeit. Der christliche Alleinvertretungsanspruch hat ausgedient und ebenso die christlichen Selbstgespräche. Stattdessen könnten wir stärker die Ohren aufsperren und auf unsere Mitmenschen hören: auf die Menschen in anderen Religionen und Glaubensgemeinschaften, auf die Enttäuschten und Zukurzgekommenen in den eigenen Reihen, auf die Suchenden und Fragenden, die scheinbar Religionslosen, auch auf die Sektierer und Spintisierer. Wir können hören, was sie zu sagen haben. Wir können wahrnehmen, was uns unterscheidet. Und wir können das Gemeinsame entdecken, das uns kreuz und quer über den Erdball miteinander verbindet. Aus diesem Hören und Miteinandersprechen könnte eine neue geistliche Baustelle werden, – für das ökumenische Haus der einen Welt. Wir wissen noch nicht, wie es einmal aussehen wird. Aber wir werden nur dieses eine Haus haben oder gar keins.
Für uns bliebe Christus der Eckstein, das ist klar. Und ohne ihn würde das Haus der Welt wohl tatsächlich zerfallen. Aber auch ohne all die anderen lebendigen Steine, die eben auch dazu gehören. Christus ist kein Besitz der Kirchen; der Auferstandene ist vielmehr der in der Welt Gegenwärtige. Auch jenseits der Konfessionen und Kirchen. Er wartet auf unsere Entdekkung.

Kontext

Der indische König Ashoka (268–234 v. Chr.), der dem Buddhismus den Weg zur Weltreligion bahnte, gab seinen Untertanen das folgende, in Stein gemeißelte Edikt: »Andere Religionsgemeinschaften sollen bei jeder Gelegenheit geehrt werden. Wenn man so handelt, fördert man seine eigene Religion und erweist der anderen Gutes; im anderen Falle schädigt man seine eigene Religion und fügt der anderen Übles zu. Denn wer immer die eigene Religion preist und die anderen tadelt, und zwar alles aus Zuneigung zu seiner eigenen Religion, der schädigt, wenn er so handelt, seine eigene Religionsgemeinschaft umso mehr. Eintracht allein ist darum gut, nämlich, daß einer des anderen religiöse Lehre höre und gern höre.« (Vgl. Mircea Eliade, Geschichte der religiösen Ideen, Quellentexte, Verlag Herder, Freiburg 1981, S. 449)

7. Sonntag nach Trinitatis

Annäherungen an den Predigttext
2. Mose 16,2–3. 11–18

Albert Damblon

Der Arbeitskreis »Öffentlichkeit« unserer beiden Pfarrgemeinden machte seinen jährlichen Ausflug, der gleichzeitig ein Planungstag ist. Wir besuchten zuerst das Bibelmuseum von Münster. Die intensive Führung öffnete die Mitglieder für die biblische Arbeit. Am Gespräch haben teilgenommen: Brigitte Geskes, Wolfgang Hübel, Margarete Jänicke, Brigitte Poschmann, Siegfried Rosenow, Marlies Schneider, Klaus Stüttgen, Willi und Margret Wirtz.

Es ging sofort richtig los. Nachdem ich den Text vorgelesen und Fotokopien von ihm verteilt hatte, bat ich um ein wenig Bedenkzeit. Sie wurde nicht lange gehalten. Wie beim Brainstorming sprudelten die Ideen.

Das ist reiner Kommunismus, habt ihr euch schon einen Mac chicken geholt? War das jetzt ein Wunder, oder hatten sich die Wachteln nur verflogen? Vielleicht hatte sie ein langer Flug erschöpft, so daß sie übermüdet Pause machen mußten. Ich glaube nicht daran, daß sich in der Wüste einfach Wachteln niedergelassen haben. Das ist alles nicht greifbar, und wer soll die Faulheit der Israeliten unterstützen? Die Menschen müssen sich selbst um ihr Essen kümmern und weder auf die Fleischtöpfe Ägyptens noch auf die Fleischtöpfe Gottes warten. Hilf dir selbst, dann hilft dir Gott. Was ist das für eine Erwartung, sich immer an einen gedeckten Tisch zu setzen, sogar in der Wüste?

Es war schwer, das Gespräch zu leiten. Die Emotionen gingen mit den Teilnehmerinnen und Teilnehmern durch. Die Geschichte spielt vielleicht auf Gefühle an, die den Menschen elementar ansprechen. Tod, Hunger und Freiheit sind dazu nur die abstrakten Begriffe. Eins ist klar, so lautet ein erstes Resumee, der Mensch muß satt sein, damit er sich wohlfühlen kann. Wer hungert, kann nicht zufrieden sein. Ein voller Magen steht an erster Stelle, wenn es um die Bedürfnisse des Menschen geht. Ist das nicht zu wenig?, ergänzt ein Teilnehmer. Das Volk will sich nicht nur wohl fühlen. Reine Bedürfnisbefriedigung ist nicht Thema des Alten Testamentes. Durch die Wüste zieht das Volk doch in die Freiheit. Eine Frau zitiert Bert Brecht: »Erst kommt das Fressen, dann die Moral.« Das wandte sie auf das Volk Israel an. Die Israeliten wollten zuerst satt sein, danach konnten sie sich immer noch aus der Sklavenherrschaft Ägyptens befreien lassen. Wenn sie aber auf dem Weg in die Freiheit hungern mußten, dann blieben

sie lieber satt und unterdrückt. Also lautet die Moral aus der biblischen Geschichte': Erst kommen die Fleischtöpfe, dann die Freiheit! Deshalb macht das Volk seinen Führern Mose und Aaron bittere Vorwürfe. Sie, die sie befreien sollten und wollten, werden verdächtigt, die Menschen in den Tod geführt zu haben. Wie schnell urteilt das Volk? Wie nahe sind die Urteile »Befreier« und »Mörder« beieinander? Ist es oft nicht nur der Unterschied zwischen einem vollen und leeren Magen? Die Auffassung teilten viele aus unserem Gesprächskreis, denn sie stimmten durch ein lebhaftes Kopfnicken zu.
Plötzlich bringt ein Teilnehmer einen anderen Akzent ein: In dieser Situation erhält Mose von höchster Stelle Auskunft. Der Mann spricht tatsächlich »von höchster Stelle«, er sagt nicht »Gott«. Die Auskunft verheißt genügend Brot und Fleisch. Eine Teilnehmerin fragt sich und uns: Wieso Brot? Ich habe gelernt, daß es Manna geregnet habe. Schließlich heißt es im Text: auf dem Boden lag etwas Knuspriges. Das sind keine frischen Brötchen! Ihr Gegenüber klärt sie und uns sofort auf. Brot steht für das Grundnahrungsmittel. Wie im Vater-unser um das Brot gebetet wird, so geht es hier um unsere Nahrungsration. Das »Brot« macht mich satt, gleichgültig, ob es Brot, Gemüse, Wurst oder Kuchen ist. Also ist das Manna das Brot der Wüste. Im übrigen erklärt das Mose seinem Volk selbst. Neben mir schüttelt eine Frau ihren Kopf. Die Brotsorte ist doch nicht entscheidend. Wichtig scheint mir das Vertrauen des Mose in diese höchste Stelle. Er kritisiert nicht, er fragt nicht nach, erst recht gebraucht er kein »ja, aber«. Mose nimmt die Antwort Gottes hin. Sein Vertrauen wird belohnt, weil das Volk nun endlich satt wird.
Doch, doch, ruft ein Gruppenmitglied dazwischen, das Essen entscheidet über politische Prozesse. Wie fühlen sich jetzt die Russen? Manchmal habe ich den Eindruck, daß sie sich in die alte Sowjetunion zurücksehnen. Damals war sie zwar unfrei, aber sie hatten ausreichend zu essen. Jeder und jede wurden satt. Heute betteln Rentnerinnen und Rentner in Moskau, um sich ein Brötchen zu kaufen. Politisch war es schon immer so: Wes Brot ich eß, des Lied ich sing.
Ein Mann ist absolut nicht einverstanden: Es bleibt für mich alles rätselhaft. Das Volk Israel hat sich sein Essen nicht erarbeitet. Nach der biblischen Erzählung hat es keinen Finger gerührt, um satt zu werden. Die gebratenen Wachteln fliegen den Israeliten einfach in den Mund. Als ich mir mein Haus gebaut habe, mußte ich hart dafür arbeiten. Wer dagegen zum auserwählten Volk zählt, hat es gut. Satt kommt er durch die Wüste. Wer nicht dazu gehört, ertrinkt mit Hunger im Roten Meer. Das alles läßt Gott zu? Die Bibel liest sich wie eine Geschichte des Gottvertrauens, antwortet einer. Im Neuen Testament kenne ich eine Stelle, wo die Vögel des Himmels und die Lilien des Feldes selig gepriesen werden. Sie säen nicht, sie ernten nicht, und trotzdem verhungern sie nicht. Ja, ergänzt eine andere, das Neue Testament erzählt auch die Brotvermehrungsgeschichte. 5000 Männer und Frauen wurden satt. Am Ende bleiben noch 12 Körbe Brot übrig.

Brotvermehrung, Manna in der Wüste, das alles klingt nach David Copperfield, lacht ein Mann laut. Aber das Lachen wird von den anderen unterbunden, weil ein Mitglied des Gesprächskreises eine wichtige Frage stellt. In unseren Bäckereien stapelt sich das Brot. Wir können unter x-beliebigen Sorten auswählen. In Ländern der sogenannten Dritten Welt ist dagegen das Brot rationiert. Liegt alles nicht nur an einer gerechten Verteilung des Brotes? Wer verteilt gerecht und richtig? Wir nicken ihm zu. Du hast recht. Wir alle haben das, was wir brauchen. Wir haben soviel, daß wir abgeben könnten. Es wäre leicht das, was wir haben, sinnvoll und gerecht aufzuteilen. Aber beim Teilen bleiben wir uns selbst überlassen. Wer hilft uns beim Teilen?
Der Kreis entdeckte Gottes Anordnung im Text: Jeder sammle nur soviel, wie er zum Leben braucht. Mehr läßt Gott nicht zu. Wenn das Volk sich an die Anordnung Gottes hält, reicht der Vorrat für jeden aus. Gott ordnete also eine gerechte Verteilung an. Wenn sie nicht klappt, liegt das am Menschen, der sich selbst mehr nimmt als er braucht. Wir haben Angst vor der Zukunft. Vielleicht gibt es bald kein »Manna« mehr, denken wir. Deshalb horten wir das Manna für morgen, ohne zu bemerken, daß dieses Manna anderen Menschen heute fehlt. Die Indianer jagen nur soviele Tiere, wie sie an Fleisch heute brauchen. Sie kennen wahrscheinlich keine Tiefkühltruhe. Einem fiel wieder das Vater unser ein. Gib uns unser tägliches Brot, d.h. gib uns das Brot für einen Tag, für heute. Das reicht, damit kommen wir heute satt über die Runden. Den Rest teilen wir für die Mitmenschen auf, die heute auch hungern. Ohne Kühlschrank müßten wir sowieso jeden Tag einkaufen gehen, weil viele Lebensmittel sich nur einen Tag halten. Zum Abschluß des Gesprächs las einer den Vers, der für uns am wichtigsten geworden war.
»Als sie die Gomer zählten, hatte keiner, der viel gesammelt hatte, zuviel, und keiner, der wenig gesammelt hatte, zu wenig.«

Zum Gottesdienst

Dietrich Zeilinger

Exegetisch-homiletische Skizze

Als ich die ersten Notizen zum Gottesdienstentwurf gemacht hatte, holte mich die Nachricht von einer ernsteren Erkrankung meines Sohnes für einige Tage vom Neckarufer nach Holstein.
In die zunächst deprimierende Lage und Stimmung hinein erlebte ich Zeichen der Ermutigung: eine neue Nähe zu meinem Sohn, der dort seinen

Zivildienst begonnen hatte; Begegnungen mit freundlichen Menschen; strahlendes Sommerwetter; gutes Essen als Ausgleich zur Klinik-Atmosphäre.
Trotz aller Unterschiede zu Israels Wüstenzeit erfuhr ich diese Zeichen wie ein tägliches »Manna« auf meinem Unterwegssein zwischen Angst und Hoffnung. Und dies erleichterte es mir, den homiletischen Schlüssel zu finden. Denn das Grundproblem ist doch, was uns legitimiert, den Text immer noch als Wort Gottes zu verstehen trotz des »garstigen Grabens« der Geschichte.
Schon in biblischer Zeit freilich wurde das Manna-Geschehen als Gleichnis für eine spirituelle Erfahrung gedeutet. Allein das symbolische Verstehen vermag der Kunde aus alter Zeit den Transfer in die Gegenwart zu ermöglichen. Die Geschichte in Exodus 16 kombiniert zwei Symbollinien:

a) den Weg in die ungesicherte Freiheit und frustrierende Wüstenerfahrung,
b) das wunderbare Widerfahrnis einer Sättigung als »Brot für den Tag«.

Erfahrung a) mit der Ambivalenz von befreiender und frustrierender Entwicklung ist heutzutage sowohl kollektiv wie individuell nachvollziehbar (Lebensweg des Glaubens / Ökumenischer Aufbruch / Konziliarer Prozeß / Emanzipation und Selbstverwirklichung).
Erfahrung b) kann in der Überflußgesellschaft vorwiegend als seelische Überlebenshilfe begegnen, sowohl durch spirituelle Nahrung wie durch praktische, stärkende Handreichung.
So läßt sich als Skopus des Textes und Motto der Predigt bestimmen: Gott schenkt in der »Wüste« Lebens-Mittel, die von Tag zu Tag das Unterwegssein bewältigen lassen.
Die Predigt hat von diesem Ansatz aus die Aufgabe, durch Erheben von übertragbaren Details aus der Geschichte das Leitthema auszuführen.
Vor der Textlesung empfehle ich eine Hinführung, die in die möglichen Exodus-Erfahrungen einstimmen soll. Dann gliedere ich in drei Voraussetzungen der Mannaerfahrung und vier wesentliche Glaubensweisheiten, die aus ihr zu gewinnen sind (ich denke, die Wachtel-Gabe kann in der Auslegung hinter das dominierende Manna-Ereignis zurücktreten).
Der Abschluß soll mit dem Wortspiel M–a–n–n–a den Inhalt verdichten und einige wichtige Gedanken leichter behalten lassen.
Im übrigen halte ich eine »Fleischwerdung« des Wortes durch Feiern des Abendmahls oder einer Agape für unverzichtbar.

Vorschläge zur Liturgie

Lieder

Wie schön leuchtet der Morgenstern EG 70,1–2
Du meine Seele singe EG 302,1+5

Komm in unsre stolze Welt EG 428
Brich mit den Hungrigen dein Brot EG 418, 420
verschiedene Abendmahlslieder z. B. EG 226 - 228
Bewahre uns Gott EG 171
Wir haben Gottes Spuren festgestellt
Durch die Welt ergeht ein Wort
Kleines Senfkorn Hoffnung

Psalm und Lesung
Psalm 34 oder 107
Johannes 6,30–35

Bittruf und Lobpreis
Wir bedenken unsere Armut, unseren Hunger nach Liebe, nach Verständnis und Anerkennung und unsere Unfähigkeit, anderen diesen Hunger zu stillen. Wir bitten Gott um Erbarmen: –
Jesus sagt: »Ich bin das Brot des Lebens. Wer zu mir kommt, den wird nicht hungern, und wer an mich glaubt, den wird nimmermehr dürsten.« Mit allen, die das erfahren, mit allen, die darauf warten, lobsingen wir: –

Fürbittengebet
Du gibst uns, was wir zum Leben brauchen, Gott. Wenn unser Weg in die Wüste führt und wir nicht mehr wissen, wohin wir gehen sollen, wenn wir verzweifeln, weil wir die Richtung verloren haben, dann erhältst du uns auf wunderbare Weise und richtest uns wieder auf.
Gott, du kennst unsere Verdrossenheit, darum bitten wir: Wenn uns unklar ist, wie es mit uns weitergehen soll, laß uns die erfreulichen Dinge in unserem Leben wiederentdecken. Wir übersehen sie so leicht. Wenn wir an unseren Auseinandersetzungen zu ermüden drohen, ermuntere uns zu Friedensschlüssen. Laß uns einen neuen Anfang machen. Wenn wir griesgrämig werden, weil die Arbeit unsere ganze Kraft verbraucht, überrasche uns mit Zeit, die wir ganz für uns gestalten können. Wenn die Gefahr besteht, daß wir unser Leben vertun, gib du auf uns acht.
Laß uns das Manna finden, das wir täglich brauchen, mit dem wir uns wieder aufmachen können. Mit deinen Wundern schenkst du uns, was nötig ist, jeden Tag neu. Du läßt dein Volk in der Wüste nicht im Stich, du menschenfreundlicher Gott.
(Gebete aus: Gottesdienstbuch, hrsg. von Christian Zippert)

Für eine *Bildmeditation* empfiehlt sich das Bild von Sieger Köder »Brotlandschaft« auf Kunstkarte SK 231 im Schwabenverlag Ostfildern.

Text zur Agapefeier
(Arche Neckargemünd)
Gott, als Gemeinde sind wir um diesen Altar versammelt. Das Brot in unse-

ren Schalen soll uns heute an das Manna erinnern, mit dem du den Hunger der Israeliten in der Wüste gestillt hast.
Segne dieses Brot in unseren Händen, daß es für uns zum Manna für Leib und Seele wird.
Segne dieses Brot in unseren Händen, daß es uns stärkt, Wüstenzeiten durchzuhalten und den Traum vom gelobten Land in unseren Herzen zu bewahren.
Segne dieses Brot in unseren Händen, damit es uns ein offenes Herz gibt für die Fragen und Sorgen unserer Mitmenschen und uns als Einzelne zur Gemeinde verbindet.
Segne dieses Brot in unseren Händen, damit es uns deine Liebe und Güte schmecken läßt und unsere Lebensfreude vermehrt.
So wollen wir nun aufstehen, einander die Hände reichen und gemeinsam darum beten, daß Gott sein gelobtes Land sehen und in unserer Mitte Wirklichkeit werden läßt.

Vater unser
Wir wollen nun das Brot einander reichen in dem Bewußtsein, daß wir mit diesem Brot uns gegenseitig die Kraft und Stärke Gottes zusprechen. Dieser Zuspruch und Gottes Frieden soll uns begleiten in die kommenden Wochen.
(Austeilen des Brotes mit Musik)

Predigtvorschlag

Liebe Gemeinde, kennen Sie das? Da ist jemand aufgebrochen aus der Enge der gewohnten Umgebung, hat sich losgerissen aus Bindungen und Absicherungen, um dem Ruf der Freiheit und Selbstbestimmung zu folgen. Vielleicht geschah es in einer längeren Entwicklung, vielleicht auch in dramatischer Zuspitzung. Zunächst war da einfach das Hochgefühl, endlich frei zu sein, das Leben neu geschenkt zu bekommen, es selbst gestalten zu können, als eigenen Weg in die Zukunft.
Doch dann kam die Ernüchterung, das Dasein in der »Wüste«, die Schwierigkeiten, den Alltag und seine Bedürfnisse zu meistern. Es kam der Hunger nach Erfüllung und Geborgenheit. Die Sehnsucht zurück nach vergangener Befriedigung, nach den »Fleischtöpfen Ägyptens«. Die Strapazen des »langen Marsches« der Selbstverwirklichung – sie machten müde und ließen die Schattenseiten der früheren Jahre vergessen.
Ich habe gefragt: Kennen Sie das? Einfach deshalb, weil ich denke, in der Entwicklung des Exodus, des Auszugs der Hebräer in die Freiheit, sind typische Erfahrungen zu erkennen. Typisch für solche Entwicklungsprozesse bei einzelnen Menschen und Gemeinschaften, in Kirche und Gesellschaft bis heute.

Die einen sind unterwegs auf dem Weg der Emanzipation, Frauen, aber auch Männer. Beide könne das Ziel anstreben, loszukommen von einengenden Rollen und neue Entfaltungsmöglichkeiten zu finden.
Andere sind unterwegs auf dem Weg politischer Befreiung. Sie kämpfen wie in Südafrika um die Gerechtigkeit des Alltags, nachdem der große Durchbruch unter Mandela gelungen war. Oder sie widmen sich wie im Osten Europas dem Einsatz für eine Wirtschaft mit menschlichem Gesicht, nachdem eine sanfte Revolution die Diktatur besiegt hatte.
Und beide Male beteiligen sich Christen am Exodus und erfahren die Mühen des Neulandes.
(Aktualisierungen und Konkretisierungen möglich)
Ob wir uns jetzt einfühlen können in die Lage der Hebräer, in ihre Frustration über Mühsal, Entbehrung und Orientierungslosigkeit? Hören Sie die Geschichte von der wunderbaren Speisung in der Wüste aus Exodus 16:

Lesung
Bevor Sie inhaltlich abschalten und denken, das ist zu mirakelhaft und exotisch, bitte ich Sie, mit mir genau hinzusehen, damit wir die bleibende Botschaft im wundersamen Stoff der Geschichte entdecken können. Möglicherweise gewinnen wir diese Erkenntnisse – als Speisung für unseren inneren Hunger in unserer Wüstenzeit – nur, wenn wir wie in Hilde Domins Gedicht »nicht müde werden / sondern dem Wunder / leise / wie einem Vogel / die Hand hinhalten«.

Erst einmal gibt es wichtige Voraussetzungen dafür, daß das Wunderbare geschieht:
– Da ist die Erfahrung des Mangels. So wenig es darum gehen kann, Not und Entbehrung zu verklären, so wenig ist darauf zu verzichten, wenn Rettung und Hilfe erlebt werden sollen. Das bezeugen die Berichte von vielen Menschen aus allen Wüstenzeiten menschlicher Geschichte. Mangel kann quälen und zerstören, Mangel kann aber auch empfänglich und solidarisch werden lassen. Leben im Überfluß dagegen stumpft ab; oder es führt zu seelischen Mangelerscheinungen (denken wir an die Probleme der Wohlstandskinder).
– Da ist die Klage der Enttäuschten. Wiederum gilt es, genau hinzusehen. Wir alle kennen ein destruktives Sich-Luft-machen und die Atmosphäre Vergiften, Jammern und Sich-hängen-lassen. Doch noch gefährlicher scheint mir das bloße Hinunterschlucken und schicksalsergebene Hinnehmen zu sein.
Wenn Enttäuschung und Aggression Ausdruck finden, und wenn Menschen dabei zu gemeinsamer Sprache kommen, dann halten sie sich eine Tür zum guten Ausgang offen.
– Und da ist die Instanz der Verantwortung und Vermittlung. Damals war Mose wichtig als doppelter Ansprechpartner, für das Volk und für Gott. Es

müssen nicht solche herausragenden Menschen sein. Obwohl wir auch in der Gegenwart erkennen, welch wichtige Rolle Mandela, Havel oder Rigoberta Menchu für ihr Volk wahrgenommen haben. Aber manchmal geschieht es spontaner, daß Frauen oder Männer füreinander die priesterliche Aufgabe übernehmen, die Klage zu hören und vor Gott zu bringen und das Neue anzukündigen. Und zuweilen mag es leidenden Menschen gelingen, den »inneren Mose« (die innere Mirjam) aufstehen zu lassen und damit die Kräfte zur Heilung der Not vorzubereiten.

Und nun ereignet sich das Manna-Wunder, die unerwartete Entdeckung dessen, was von Tag zu Tag die notwendige Kraft geben wird.
Wir können daran vier verschiedene Erfahrungen beobachten:
1. Das Rettende ist etwas ganz Natürliches. Zwar erfüllt sich nicht überall Hölderlins Einsicht »wo Gefahr ist, wächst das Rettende auch«. Aber damals hatte das Nährende sich tatsächlich auf natürliche, fast banale Weise gebildet: Der Saft von Tamarisken, von Insekten eingesogen und ausgeschieden, wurde zu süßen, eßbaren Kugeln, die an den Bäumen klebten. Solch eine natürliche Erklärung nimmt dem Wunder dennoch nichts vom Wunderbaren, das darin besteht, daß zur rechten Zeit die Not eine unerwartete und befreiende Wende nimmt.
Kann uns das nicht zuversichtlich stimmen und Fühler ausstrecken lassen, wenn wir in einer Wüstenzeit leben, ob nicht doch mitten in unserer Umwelt, in unserem Lebenskreis Mittel und Wege zur Hilfe, Oasen und Kraftquellen zu finden sind! Vielleicht über Menschen, die weiter oder genauer oder offener sehen als die von Hitze, Müdigkeit und Tränen fast Blinden, die zuerst nur fragen können: »Man hu – was ist das?«
2. Jeder erhält und erarbeitet sich die Nahrung nach dem eigenen Bedarf. Alle litten Not, und alle finden das Notwendige. Aber wieviel jeder und jede benötigt und als ausreichend empfindet, das darf sehr verschieden sein innerhalb des gleichen Maßkruges. Sture Gleichmacherei ist also beim Empfang der Geschenke Gottes nicht angebracht. Zumal die Gaben erarbeitet, nämlich gesammelt werden müssen. Wer mehr sammelt und sich engagiert, braucht wohl mehr Kalorien. Oder auch anders herum: Wer größeren Hunger hat, kann mehr Nahrung brauchen.
Ob das auch für unsere Bedürfnisse, die seelischen und die politischen gilt? Ich denke, es gibt keine Regel, die für alle Situationen paßt. Wohl aber ist gerade deshalb die Offenheit hilfreich, die Menschen und Gruppen in ihrer konkreten Besonderheit wahrnimmt und nicht nach Schablonen abspeist. Ob heutige Sozialhilfe taugt, sei dahingestellt.
3. Horten bringt nichts, das Gehortete verfault. Natürlich gehört es zu den Grundtrieben der Menschen, das Gesammelte aufzubewahren, den Überfluß zu konservieren, womöglich persönliche Vorteile zu erreichen. Was der Ökonomie guttut, funktioniert in unserer Geschichte gerade nicht. Jedem Gewinnstreben wird vorgebeugt. Nichts soll hindern am Weiterzie-

hen und Angewiesenbleiben. Das tägliche Brot, nur darum sollen wir bitten. Glück läßt sich nicht festhalten. Und wenn Horaz sagt: Carpe diem, nutze den Tag! Dann mögen wirs so verstehen, daß wir jeden Tag mit seinen Gaben und Aufgaben für sich nehmen und nützen als gefüllte Zeit, aber auch ohne Über-Maß. Wenn wir ehrlich sind, werden wir zugeben, daß der Zeitgeist des Raffens und Schnäppchen-Erjagens auch nach uns greift. Auch im kulturell-geistigen Bereich. Je mehr Anregungen, desto mehr Gewinn für die Seele. Freilich kann es sein, irgendwann streikt die Seele und meldet eine »Brachzeit«, eine Wüstenzeit an. Es begegnet in dieser Regel, nur für heute zu sammeln und zu verzehren, eine Weisheit für uns Streßgeplagte, oft ausgebrannte Menschen, der wir nachsinnen und nachleben sollten.

4. Am täglichen Brot ist Gottvertrauen zu lernen als Vertrauen in die Zukunft. Je länger Menschen, die Entbehrung erfahren haben, erleben: Das Notwendige wird uns von Tag zu Tag geschenkt, desto mehr wird sich ihre Verunsicherung in Vertrauen wandeln. Vertrauen in das Leben. Vertrauen in die Quelle und in den Schöpfer des Lebens; der durch die Wüste führen und Hunger stillen kann, auf natürliche und doch wunderbare Weise. Wie gut, wenn diese Erfahrung und Einstellung bleibt auch in Zeiten der Fülle. Damit nie vergessen wird, daß unser ganzes Dasein, in Mangel oder Überfluß, bedürftige und Gott zu verdankende Existenz bleibt. Denn nur so werden wir für uns und für andere das Maß des Menschlichen behalten, das in unserer modernen Zeit überlebensnotwendig ist.

Als Christen können und sollen wir den nicht ausblenden, der das rechte Gottvertrauen zeigte und lebte, und der nach dem Johannesevangelium uns zum »Brot des Lebens« wird, wie es jedes Abendmahl vermittelt.

Als Wort des auferstandenen Christus wurde dem Paulus zur Grunderfahrung, die auch uns zum Manna werden kann: »Laß dir an meiner Gnade genügen, denn meine Kraft ist in den Schwachen mächtig« (2. Korinther 12,9).

Schluß

Wir haben gesehen: Das Wort Manna kommt von der verwunderten Frage »Man hu – was ist das?«. Versuchen wir nicht nur das Wort, sondern die Botschaft der Geschichte so zu behalten, daß wir die einzelnen Buchstaben mit Ergebnissen des Bedachten füllen:

M wie Miteinanderteilen
A wie Appellieren oder Anvertrauen
N wie Nahrung finden
N wie Not wenden
A wie Annehmen des Wüstenweges

Möge es uns auf unsrem Weg der Entwicklung und Befreiung geschenkt werden, Hilfe und Erfüllung von Tag zu Tag, von Station zu Station zu erfahren und so gewiß zu werden:

»Zeichen und Wunder sahen wir geschehn
in längst vergangnen Tagen,
Gott wird auch unsre Wege gehn,
uns durch das Leben tragen.«

(Refrain des Liedes »Wir haben Gottes Spuren festgestellt« aus: Mein Liederbuch, Textübertragung: Diethard Zils, © tvd-Verlag, Düsseldorf)

Kontext

Es entsteht mehr und mehr das Bewußtsein, daß wir für die Zukunft gemeinsam verantwortlich sind und unser Leben eine Reise in das unbekannte Land der Zukunft ist: eine Reise, bei der wir vielen Gefahren ins Auge sehen müssen. In vielen Hinsichten leben wir mit dem Gefühl, bedroht zu sein: durch Übervölkerung, durch Vergeudung unserer Energie-Quelle, durch Verschmutzung unseres Lebensraums usw. Wenn wir es in einem Modell verdeutlichen wollen, könnten wir sagen: Wir haben das Vaterhaus verlassen und sind nun auf einem Exodus. Von der Theologie des Vaterhausmodells gehen wir zum Exodus-Modell über. Theologisch sehen wir das daran, daß uns Zweifel befallen: am Theismus, an einem schaffenden und sorgenden Gott;

Auch die Begriffe »comfort« und »challenge« werden dadurch auf eine bestimmte Art getönt. Der »Trost« ist nicht mehr vor allem das Wissen, daß man dazugehört und im ewigen Zusammenhang einen Platz hat, in der sakralen Ordnung des Vaterhauses – das führte schon bald zu dem Wunsch, zurückzuwandern zu den »Fleischtöpfen Ägyptens« –, der »Trost« ist nunmehr, sich in der Wüste unseres Menschendaseins als Schicksalsgenossen zusammenzufinden und dabei etwas zu erfahren vom Schalom der Zukunft, zu der wir auf dem Wege sind. »Challenge« ist nicht nur der Appell, das vertraute Land (wie Abraham) zu verlassen und so dem rufenden Gott, der etwas von uns will, gehorsam zu sein, sondern »challenge« heißt auch, unsere Lebenssituation mit offenem Auge zu sehen, uns auf eine gemeinsame Reise vorzubereiten und damit auch auf ein gemeinsames Stück Arbeit – also nicht einem falschen Trost nachzugeben.

(aus: H. Faber, Religionen der Welt, Kaufmann-Verlag 1977)

8. Sonntag nach Trinitatis

Annäherungen an den Predigttext Römer 6,19–23

Axel Denecke

Ich habe diesen Text zwei Gruppen vorgelegt: einem Vikarskurs in der Ausbildung; einer Gemeindegruppe (Laien), die sich intensiv mit biblischen Texten beschäftigt. Die Ergebnisse waren – wen kann es wundern? – sehr unterschiedlich, fast gegensätzlich.

1. Vikarsgruppe: »Amen« sagte die Gruppe nach dem Vorlesen. »Wieder so ein totrichtiger Predigttext, wo man nur Ja und Amen sagen kann. Und trotzdem bleiben alle Fragen offen«. »Und dann sagt der Paulus zu Beginn auch noch unverschämterweise: ›Ich muß menschlich davon reden‹. Das ist also christlich-menschlich, so abgehoben von jeder Realität dogmatische Richtigkeit zu postulieren.«

In der Vikarsgruppe steigerte sich im weiteren Gespräch noch die Abwehr gegen diesen Text bis hin zu Aggressivität. »Mit solchen Texten machen wir unsere Gemeinden kaputt«. An der Perikopenordnung wurde Kritik geübt. »Warum ist gerade dieser Text aus dem 6. Kap. des Römerbriefes so herausgeschnitten worden?« Ich habe den Eindruck gewonnen, auf diesen zufällig vorgelegten Text wurde im Sündenbock-Mechanismus die ganze eigene Frustration/Verlegenheit/das Scheitern beim Predigen abgeladen. Der Text kam in der Situation der ersten oft noch ungelenken Predigt-Versuche gerade recht, um zu sagen: »So geht es nicht«.

Ein konstruktives Gespräch über Inhalte des Predigt-Textes kam nicht mehr zustande. Es ist zu fragen, ob diese Reaktion nicht auch bei manchen Predigthörern anzutreffen sein könnte?

Auf meine Schlußfrage, welche Begriffe denn beim Hören hängen geblieben sind, konnte man oder wollte man kaum noch Auskunft geben. »So etwas wie Sünde und Tod und ewigem Leben. Aber wie soll man das schon predigen?« Also: Fehlanzeige.

2. Gemeindegruppe: »Oh, das ist aber ein schwerer, sicher aber auch höchst interessanter Text. Da müssen wir gleich noch genauer hinschauen, damit nichts verlorengeht.« »Menschlich will Paulus ja mit uns reden wegen unserer Schwachheit. Und dann wird es sehr schwergewichtig. Ist es wohl auch, wenn man den christlichen Glauben begreifen will.« »Der Tod ist der Sünde Sold. Was ist damit gemeint? Ich habe den Eindruck (das unbe-

stimmte Gefühl), daß das richtig ist, aber darüber möchte ich gern noch mehr hören.«
An dieser Stelle entspann sich ein Gespräch in der Gruppe – Suchbewegungen, um zu verstehen, was mit diesem geheimnisvollen paulinischen Satz wohl gemeint sein könnte. Einige Vermutungen: »Wir müssen ja alle sterben. Also sind wir auch alle sündig.« »Ja, der Tod ist der Preis der Sünde. Denn wir leben immer über unsere Verhältnisse.« »Ohne Sünde wären wir also unsterblich? Wie Adam und Eva, unsere mythologischen Ahnen, im Paradies? Mußten sie sterben, weil sie sündigten?« »Doch hat Gott das nötig, daß er uns straft mit dem Tod? Ist der Tod überhaupt eine Strafe? Ist er nicht das ganz natürliche – weder gute noch böse – Ende unseres Lebens? Und Paulus hat es zu Unrecht mit der Sünde in Beziehung gebracht?« »Es wäre ja schlimm, wenn wir alle unsterblich wären. Wäre das wirklich das Paradies auf Erden?« »Vielleicht müssen wir hier zwischen dem ganz natürlichen Sterben und dem Tod als Macht und Fluch unterscheiden. Hat nicht Luther einmal gesagt: Ich habe den Tod (als Macht, die mich knechtet) hinter mir, das Sterben aber noch vor mir?« »Ja, das stimmt mit dem überein, was Paulus im Weiteren sagt. Da heißt es ja ›Nun aber (also nachdem wir die Macht des Todes überwunden haben) da ihr von der Sünde frei und Gottes Knechte geworden seid, habt ihr darin eure Frucht, daß ihr heilig werdet. Das Ende aber ist das ewige Leben‹, also ein Leben, daß den Tod als mich bedrängende Macht überwunden hat.«
Bei diesem immer tiefer und konzentrierter werdenden Gespräch kamen andere Aspekte des Predigttextes kaum noch in den Blick. Das Gespräch zeigte aber, daß der paulinische Text durchaus nicht als »bloße Theorie« und »tote dogmatische Richtigkeit« aufgefasst wurde, sondern sehr existentiell, ja den Kern des persönlichen Lebens und Glaubens betreffend wahrgenommen wurde. Im weiteren Gespräch fand dann auch ein Erfahrungsaustausch über Erlebnisse von Tod/Sterben mit Angehörigen, Freunden, ja mit sich selbst statt. Dies kann und darf hier nicht wiedergegeben werden. Der paulinische Text geriet dabei mehr und mehr in den Hintergrund, aber er hatte durch seine zwar als geheimnisvoll, auch ängstigend, aber durchaus auch unmittelbar ansprechende Sprache das offene und auch intime Gespräch freigesetzt.
3. Fazit: Wie unterschiedlich doch biblische Texte wahrgenommen werden! Berufsmäßige Gebrauchsliteratur sind biblische Texte nicht. Sie wollen – unbefangen, unvorbelastet – gelesen werden,
a) als würde ich sie heute zum ersten Male lesen – staunend, überrascht,
b) als würden sie mich ganz persönlich meinen. Ich bin der Mann, bin die Frau, die zuerst damit gemeint ist,
c) als sagte er unmittelbar die Wahrheit (die »gute Nachricht«) über mein Leben die Wahrheit und nichts als die Wahrheit.

Und von daher ist der paulinische Einstieg in diese Perikope »Ich muß menschlich reden um die Schwachheit eures Fleisches willen« doch der auch sachlich angemessene Einstieg. Nur wenn wir theologisch stark und sicher und also über- oder gar un-menschlich von »Sünde« und »Tod« und »ewigem Leben« reden wollen, überfordern wir uns mit diesem Text und uns bleibt in unserer Selbst-Überforderung nichts anderes übrig als resigniert »Ja und Amen« (siehe oben) zu sagen. Wie gut, daß ein Gespräch mit Laien (die wir vor Gott ja auch als Theologen alle sind und bleiben) uns hier weiterführt.

Zum Gottesdienst

Helmut Liersch

Exegetisch-homiletische Skizze

Paulus schreibt offenbar in dem Bewußtsein, einfach und gleichnishaft zu sprechen, vielleicht hält er aber auch den angesprochenen Sachverhalt für so schwer faßbar, daß eine »direkte« Rede darüber gar nicht möglich ist. Die »Annäherungen an den Text« zeigen in Teil 1, daß trotz der vermeintlich einfachen Sprache ein Zugang zum Gemeinten schwer zu erschließen ist. Die Begrifflichkeit wirkt sehr massiv. Es regen sich Widerstände gegen das Hören und Begreifen. Paulus erörtert im Predigttext die Frage, worin sich das Leben eines getauften Christen von dem eines Ungetauften unterscheidet. Diese Frage war im Rom des 1. Jahrhunderts sicher aktuell. Die Gemeindeglieder wollten wissen, welche Konsequenzen die Rechtfertigung aus Glauben in bezug auf das praktische Leben hatte. Angesichts der Tatsache, daß Mitgliedschaft in der Kirche heute nicht mehr selbstverständlich ist, stellt sich diese Frage auch heute, wenn auch unter veränderten Bedingungen. War seinerzeit der christliche Glaube eine neue Erscheinung, so steht er heute trotz seiner viele Jahrhunderte alten Verwurzelung vor einer neuen Bewährungsprobe. Die Gefahr ist freilich damals wie heute, das Christsein in moralischen Kategorien zu beschreiben und gerade dadurch den Text seines Sinnes zu berauben. Trotz der unabweisbaren Notwendigkeit, das als richtig Erkannte auch zu tun, muß am Geschenkcharakter des Glaubens festgehalten werden. Das ist angesichts der vielen Mißstände in unserer Welt nicht leicht.
Paulus nimmt am Anfang von Kapitel 6 seinen Ausgangspunkt bei der geradezu provozierenden Erwägung, daß ein »Beharren in der Sünde« die Gnade »um so mächtiger« werden lassen könnte. Diesem Mißverständnis stellt er den Gedanken entgegen, daß durch die Taufe die Herrschaft über den Menschen gewechselt hat: Einst waren wir »Knechte der Sünde«, jetzt

sind wir »Knechte der Gerechtigkeit« (6,16–18). Im Predigttext stellt der Apostel diese beiden Seinsweisen gegenüber und zeigt auf, wohin die eine und wohin die andere führt: die eine zur »Entlohnung« mit dem Tod, die andere zum Geschenk des ewigen Lebens. Beiden gemeinsam ist, daß weder so noch so der Mensch in einem umfassenden Sinne frei ist; immer bleibt er »Knecht«. Die Befreiung von der Sünde kann also keinesfalls bedeuten, daß der Mensch sich selbst überlassen wäre. Im Gegenteil: gerade indem Gott den Menschen von der Macht der Sünde und des Todes befreit, nimmt er ihn in seinen Machtbereich hinein. Die Befreiung besteht nicht zuletzt darin, daß das Leben als Glaubender »Früchte« trägt, für deren Wachstum Gott selber sorgt. Der Getaufte darf dem Leben getrost gegenübertreten und zuversichtlich handeln, ohne sich die Legitimation für sein Dasein jeweils neu verschaffen zu müssen. Demgegenüber ist Sünde nicht nur vordergründig als moralische Verfehlung zu verstehen, sondern als der Versuch des Menschen, sich durch etwas anderes zu legitimieren als durch den Hinweis auf die eigene Taufe. So wird sich ein Christ auch nie als der »bessere« Mensch verstehen können, sondern als jemand, der ein großes Geschenk empfangen hat. Die Predigt sollte diesen Geschenkcharakter betonen und um des Textes willen vermeiden, im wohlfeilen Appell zu münden.

Vorschläge zur Liturgie

Gebet zum Beginn

Herr, unser Gott! Du weißt, wer wir sind: Menschen mit gutem und Menschen mit schlechtem Gewissen - zufriedene und unzufriedene, sichere und unsichere Leute - Christen aus Überzeugung und Gewohnheitschristen - Gläubige und Halbgläubige und Ungläubige. Und du weißt, wo wir herkommen: aus dem Kreis von Verwandten, Bekannten und Freunden oder aus großer Einsamkeit - aus ruhigem Wohlstand oder aus allerhand Verlegenheit und Bedrängnis - aus geordneten oder aus gespannten oder zerstörten Familienverhältnissen - aus dem engeren Kreis oder vom Rande der christlichen Gemeinde.

Nun aber stehen wir Alle vor dir: in aller Ungleichheit darin gleich: daß wir alle vor dir und auch untereinander im Unrecht sind - daß wir Alle einmal sterben müssen - daß wir Alle ohne deine Gnade verloren wären - aber auch darin, daß deine Gnade uns allen verheißen und zugewendet ist in deinem lieben Sohn, unserem Herrn Jesus Christus.

Wir sind hier beieinander, um dich zu preisen, daß wir dich zu uns reden lassen. Daß dies geschehe in dieser Stunde, darum bitten wir dich im Namen deines Sohnes, unseres Herrn.

Amen.

(Karl Barth, Gebete, © Theologischer Verlag Zürich, 6. Aufl. 1985)

Fürbitten

In »Zeichensprache des Glaubens«, Chr. Kaiser/Gütersloher Verlagshaus, Gütersloh 1994, S. 127 f., veröffentlichte Gerd Theißen ein Gebet, »das ich mit kleinen Variationen immer wieder benutze« (S. 127):

Unser Gott!
Wir bitten für unsere Welt!

Für die Kirchen in ihr,
daß sie glaubwürdig das Evangelium vertreten.

Für Politiker und Regierungen, daß sie gewaltfrei Konflikte lösen
auf dem Balkan, im Nahen Osten, in Südafrika und überall.

Für die Wirtschaft,
daß sie Lebensgüter für alle produziert,
auch für die Menschen im Osten und Süden.

Für Schulen und Universitäten,
daß sie der Wahrheit und den Menschen dienen in aller Welt.

Für die Natur, daß wir sie als deine Schöpfung erhalten
und bewahren im ganzen Kosmos.

Wir bitten für alle Mühseligen und Beladenen,
für Kranke und Sterbende,
für Süchtige und Suizidgefährdete,
für Getrennte und Trauernde,
für Behinderte und Einsame,
für Flüchtlinge und Asylsuchende,
für Gefangene und Verwahrloste,
für alle Verlierer in unserer Gesellschaft.

Laß uns helfen,
daß sie nicht verloren gehen
um Jesu Christi willen.
Amen.

Gebet nach der Predigt

Herr Jesus Christus, wir bitten dich, daß wir zu keiner Zeit von dir abweichen mögen, der du der Weg bist, noch daß wir das Vertrauen zu deinen Verheißungen verlieren, der du die Wahrheit bist, noch daß wir bei irgend etwas anderem verweilen als bei dir, der du das Leben bist. (Erasmus von Rotterdam)

Sendungswort

Wir verabschieden uns voneinander,
und wir wissen:
was wir auch jetzt tun werden,

jeder auf seinem Weg,
wir werden es tun in der Gemeinschaft,
die Gottes Wirklichkeit schafft.
Wir wollen uns und die, die unsere Zeit teilen,
immer wieder an Gottes Ermutigung erinnern;
nicht resignieren wollen wir, sondern auf ihn schauen
und unsere Zeit im Blick auf ihn sinnvoll gestalten.
Denn er ist da,
am Abend des Tages, am Abend des Lebens, am Abend der Welt.

(aus: Gottesdienstgestaltung – Ein ökumenisches Werkbuch, hrsg. von K.-H. Bieritz und Michael Ulrich, Vandenhoeck & Ruprecht, Göttingen 2. Aufl. 1987)

Vorschlag zur Predigt

Möglicher Anfang

Als man das Freiburger Münster baute, da fragte man drei Steinmetze nach ihrer Arbeit. Der eine saß da und haute Quader zurecht für die Mauern. »Was machst du da?« – »Ich haue Steine!«, sagte er. Ein zweiter stand da und war mit einem kleinen Säulchen an der Tür beschäftigt. »Was machst du da?« »Ich verdiene Geld für meine Familie!«, lautete die Antwort. Ein dritter Steinmetz schließlich war gerade über ein Ornament für einen Fensterbogen gebeugt, um es mit dem Meißel zu bearbeiten. »Was machst du da?«, wurde er gefragt. Und dieser dritte antwortete: »Ich baue am Dom!« (Nach B. Brecht)

Wir verstehen sofort: auf diese dritte Antwort läuft es hinaus. Dieser dritte Steinmetz verrichtet keine entfremdete Arbeit, er ist kein Sklave, der dumpf seinem Tagwerk nachgeht. Nein, er weiß, daß durch seiner Hände Arbeit eines Tages ein prachtvolles Werk entstehen wird. Kein Hammerschlag ist zu gering, keine Meißeldrehung ist überflüssig. All das ist nötig für das großartige Bauwerk. Das weiß er, obwohl er dieses Gebäude noch nicht sehen kann.

Das ist nun allerdings eine Gewißheit, die heute vielen Menschen verloren gegangen ist. Das moderne Lebensgefühl ist anders. Man ist froh, wenn man über die Runden kommt, wenn man einen Beruf hat, ein regelmäßiges Einkommen. »Ich verdiene Geld für meine Familie,« so hatte der zweite Steinmetz geantwortet. Und mancher wäre heute froh, er könnte überhaupt *das* so sagen. Aber auch auffällig viele Menschen, die alles zum Leben haben, klagen. Es geht einem gut, aber man fühlt sich elend. Man arbeitet redlich, aber man weiß eigentlich nicht so recht, wofür. »Ich haue Steine!« Da drängen sich die Fragen geradezu auf: Gibt es eigentlich ein großes Ganzes, für das ich lebe? Gibt es ein Grundmotiv, das zum Leben ermuntert? Gibt es eine überzeugende Idee, aufgrund derer sich all die Mühsal lohnt?

Zum weiteren Verlauf

Im folgenden können nun einige »Lebensentwürfe« vorgestellt und diskutiert werden. So könnte man etwa daran erinnern, daß man in unserem Land lange geglaubt hat, die Familie, die Sippe, die Blutsverwandtschaft, also letztlich: die Nation sei die Grundidee, die tragfähig ist. Das ist gründlich gescheitert, weil es eine Illusion ist. Es grenzt die anderen aus - und schürt damit Konflikte bis hin zu Totschlag und Mord. Ein Lebensmotiv, das nicht geheiligt ist, muß scheitern. Hingewiesen werden kann auch auf die Leistungsorientierung unserer Gesellschaft: »Hast du was, dann bist du was« und »Geld regiert die Welt«. Die in unserer Gesellschaft lange favorisierte Idee, daß man sich nur ordentlich anstrengen müsse, um im Leben Erfolg zu haben, ist gescheitert. Vom Wohlstand hat nur ein verschwindend kleiner Teil der Menschheit etwas gehabt. Viele sind dabei ärmer geworden und sind ihrer Lebensgrundlagen beraubt worden. Jetzt kommen sie zu uns - und wir wundern uns. Nein, durch Geld allein wird nie Gerechtigkeit herrschen. Auch die entgegengesetzte Idee ist gescheitert. Wenn alle gleichviel haben und jeder bekommt, was er braucht, - so glaubten viele - dann wäre das doch das Ende des Elends und der Ausbeutung. Manche Staaten haben das versucht. Sie sind gescheitert an der Tatsache, daß Menschen nicht edel und gut sind, sondern auch egoistisch und rücksichtslos. Eine gute Idee, aber nicht durchführbar.

Was bleibt, wenn das alles nicht funktioniert? In den Besitz geheimnisvoller Kräfte muß man kommen, so glauben viele. Esoterik ist stark im Kommen, Geheimlehren, urtümliche Rituale, Beschwörung von Geistern. Was daran verständlich ist: mit der Vernunft allein ist offenbar dem Geheimnis des Lebens nicht auf die Spur zu kommen. Die Schlauen, die Wissenschaftler, die Computer, die Bibliotheken - sie alle haben offenbar nicht die entscheidende Wahrheit enthüllt. Also muß sie woanders zu finden sein. So haben die Sekten Hochkonjunktur, bringen Menschen in seelische Abhängigkeiten - und lassen sie schließlich verwirrt oder psychisch krank zurück ...

Zusammenfassend sollte dann gefragt werden: Was trägt wirklich? Alles, was Menschen sich je ausgedacht haben, ist gescheitert. Immer wenn sie glaubten, die entscheidende Idee zu haben, brachte das Elend über die ganze Welt, Versklavung und Knechtschaft. Ein Blick in die Menschheitsgeschichte zeigt, daß man eigentlich auch mit gar nichts anderem rechnen kann. Solange wir in der Welt leben, müssen wir auch mit Angst leben und mit Sorge, mit Unsicherheit und mit Unerklärlichem. Aber die Geschichte der Menschheit sollte uns auch davor gefeit machen, irgendwelchen Ideologien hinterher zu laufen, die das Ganze in den Griff bekommen wollen. Das macht vieles noch schlimmer. Der Mensch ist zum Guten eben nur sehr begrenzt fähig. Er wird beherrscht - und entscheidend ist, von wem.

Verlesung des Predigttextes

Nun sollte der Text erläutert werden im Sinne der Skizze weiter vorn, wobei auch etwas über die Bedeutung der Taufe gesagt werden sollte. Dann: Das ist ein ganz anderer Blickwinkel! »Nun aber, da ihr von der Sünde frei geworden seid ...«, heißt es. Nicht: ihr werdet es werden, wenn ... Nein, ihr seid es ... Nichts steht da von Bedingungen, also: was man erst alles geleistet haben muß, um Gott zugeordnet, also »heilig« zu sein. Es ist allein Gottes Geschenk, seine Frucht. Darin steckt auch eine bleibende Verheißung. Hier wird uns etwas mit letzter Gewißheit angeboten. Gott selber sorgt für uns, gibt uns das Entscheidende. Er stattet das scheinbar Vergebliche mit Sinn aus. Er sagt dem Menschen, der glaubt, Steine und nichts als Steine zu hauen: du baust mit am Dom. Noch ist der Bau nicht fertig, aber du bist an seiner Vollendung beteiligt - weil ich es so will.
Vielleicht erinnert uns das auch an Jesus, der gesagt hat: »Das Reich Gottes ist inwendig in euch!« Er will uns die Sorge nehmen, ständig den Beweis unseres Glaubens sehen zu wollen. »Das Reich Gottes kommt nicht mit äußeren Gebärden«, sagt Jesus, »man wird auch nicht sagen: Siehe hier! oder: da ist es!« Nein, es ist nahe herbeigekommen, unsichtbar schon da, mitten unter uns, bei uns. Wir brauchen keine Ideologie, wir brauchen keinen Sinn zu suchen hinter dem, was wir nicht verstehen, wir brauchen unser alltägliches und oft mühsames Tun nicht zu entschuldigen. Statt dessen brauchen wir etwas, das wir uns nicht selber geben können. Eine Gabe Gottes ist das. Wir Christen sind beschenkte Menschen. Wir glauben an das, was nicht sichtbar ist. Wir halten es für das Entscheidende in unserem Leben. So ist ja auch bei der Taufe das Wasser lediglich äußeres Zeichen für die Wirklichkeit, die dahinter steht. Was sichtbar ist, ist zeitlich und vergeht. »Was aber unsichtbar ist, das ist ewig«. Schließlich sollte etwas darüber gesagt werden, welche Folgen dieser Glaube für das tägliche Leben haben könnte. Statt Verdrossenheit: Gelassenheit. Statt des Gefühls der Unsicherheit: Gewißheit, am Dom mitzuarbeiten, am Reich Gottes. Die Tatsache, daß wir das Ganze oft nicht sehen, bedeutet nicht, daß es dieses Ganze nicht gibt.

Möglicher Schluß
Wenn das so ist, dann haben wir mit unserem begrenzten Leben schon jetzt an etwas ewigem Anteil! Obwohl wir uns oft so unendlich weit von Gott entfernt fühlen, dürfen wir uns als Gottes »Knechte«, als Teilhaber an seinem Reich sehen. Und das schon jetzt, innerhalb unseres oft mühsamen und mißlingenden Lebens. Darum schließt Paulus mit der großen Verheißung: »Die Gabe Gottes ist das ewige Leben in Christus Jesus, unserm Herrn«. Was kann einem besseres passieren, als zu den Menschen zu gehören, die dieser Verheißung vertrauen. Nicht mehr sich mühsam einen Lebenssinn konstruieren müssen, nicht mehr sich einreden zu müssen, man habe alles im Griff. Sondern: auf diese Verheißung hin zu leben. Gewiß zu sein, am Dom zu bauen. Und zu wissen: Gott selber wird die Menschen seine Wege lehren. Und er selber wird sein Werk vollenden.

Kontexte

»Was redet ihr, als sei ich ein Zauberer. Es ist kein Geheimnis. Sehr einfach ist das. Wann wird ein Mensch krank? Wenn seine Säfte aus dem Gleichgewicht kommen. Wodurch wird das Gleichgewicht gestört? Wenn er vergißt, daß er ein Kind des Ewigen ist, dem kein Unheil etwas anhaben kann. Woher kommt dieses Vergessen des hohen Schutzes? Aus dem Mangel an Liebe. Wird ein Mensch nicht geliebt, so fehlt ihm Schutz. Dann fallen ihn negative Kräfte an, und er wird krank. Gibt man ihm Liebe und Vertrauen, so wird sein Gleichgewicht wiederhergestellt, und er wird gesund.«
(Luise Rinser, Mirjam, © S. Fischer Verlag GmbH, Frankfurt am Main 1983, S. 118)

Unabhängig von Herkunft, Beruf und Bildung huldigen Menschen aller Nationalitäten immer wieder der Illusion einer gerechten Welt, in der jeder genau das bekommt, was er verdient. So werden Unglücksraben häufig nicht bedauert, sondern selbst für ihr Schicksal verantwortlich gemacht. Lotto- und Tombola-Gewinnern wird dagegen meist besonderes Geschick zugeschrieben. Welche Motive Menschen zu dieser Denkweise veranlassen, untersucht derzeit der Psychologie-Professor Leo Montada an der Universität Trier. Ohne den »Glauben an die gerechte Welt«, so die These der Wissenschaftler, würden viele Menschen wahrscheinlich die Hoffnung verlieren und in tiefe Depression verfallen. Sogar unter KZ-Opfern hatte der Psychoanalytiker Bruno Bettelheim in früheren Studien schon die Tendenz beobachtet, sich selbst die Schuld zu geben. Auch Opfer von Naturkatastrophen, Menschen im Angesicht des Todes und schwer Depressive quälen sich nicht selten mit Selbstvorwürfen. Mit zunehmendem Alter, meint Montada, nehme dieser Hang zur Verleugnung von Ungerechtigkeit noch zu. Vor allem Konservative und »stark religiös motivierte Menschen« litten darunter.
(aus: DER SPIEGEL, 1985)

9. Sonntag nach Trinitatis

Annäherungen an den Predigttext
1. Petrus 4,7–11

Wolfgang Lipp

Der Text wurde mit einer Gruppe Erwachsener besprochen, die zwischen 40 und 60 Jahre alt sind. Die Gruppe nahm sich den Text versweise vor. Das Folgende ist fast ganz aus wörtlichen Zitaten der Gruppe zusammengesetzt.

Zu V. 7: Die Endzeitstimmung des Schreibers interessiert heute nicht. Es gibt zwar bei uns auch das Gerede von Endzeit (»Es ist ökologisch fünf nach zwölf« u. ä.), aber man kann die Endzeiterwartung von damals nicht mit der heutigen ineins sehen. Vielleicht ist die apokalyptische Stimmung bei bestimmten Kreisen einfach mit den Jahren vor der Jahrtausendwende erklärbar. Ganz offensichtlich stehen wir vor einem Umbruch in vielerlei Hinsicht: Paradigmenwechsel in der Wissenschaft, Veränderung des Stellenwerts und der Menge der Arbeit, Umweltbewußtsein usw.
Interessant wäre zu wissen, was der Verfasser von 1. Petrus unter »besonnen« versteht. Auch »nüchtern« hatte damals wohl nicht den Klang, den es heute hat.
Gemeint ist wohl mit dem ganzen Vers: Wenn das Ende kommt, dann ist Konzentration auf das Wesentliche angesagt.
Ein Gegenbeispiel (eines Arztes) wären die alten Menschen unter uns, die in der Meinung, ihr Leben lohne sich nicht mehr, auf ihrer Matratze liegen bleiben.
Zu V. 8: Unter Liebe kann hier wohl nichts verstanden sein, bei dem die Emotion eine Rolle spielt; sonst wäre V. 8a eine totale Überforderung. Also wohl: Freundlichkeit, Zuwendung, Hilfsbereitschaft u. ä. Das Zitat aus Sprüche ist unklar. (Vgl. unten).
Zu V. 9: Er ist ein Beispiel zu V. 8.
Zu V. 10: Ein bekannter, ein sehr guter Satz.
Wichtig ist es, heute zu betonen, daß jeder und jede eine Gabe hat. In der heutigen Leistungsgesellschaft kommt dies Wissen zu kurz. Als Beispiel wird von einer Gruppe Behinderter berichtet, in der einer den anderen führt, die sich füttern, die einander beim Anziehen helfen. Gerade auch Behinderte haben eine Gabe.

Ebenso muß aber auch betont werden, daß jeder und jede mit der eigenen Gabe an einem bestimmten Platz zuständig ist. Wir Protestanten neigen ja dazu, für alles und überall zuständig zu sein. Wir überfordern uns mit den ganzen Problemen der Welt. V. 10 bestärkt uns in einem guten Gewissen, daß wir nicht für alles zuständig sind und - weil wir es nicht ändern können - dann Schuldgefühle entwickeln. Es soll einmal gepredigt werden, daß wir durch das Evangelium auch von den Problemen der Welt entlastet werden, so wichtig sie auch sind.

Zu V. 11: Hier wird das zu V. 10 Gesagte nochmals unterstrichen. Hier handelt es sich um eine ganz enorme Demut, nicht in dem den Christen oft vorgeworfenen heuchlerischen Sinn. Das ist Demut, seine Gaben nicht zum Vorteil für sich selbst, sondern als Geschenk einzubringen, »als Kraft, die Gott gewährt«. Demut heißt ursprünglich Mut zum Dienen, Dienmut.

Warum verdient einer mit Abitur mehr als eine mit Hauptschulabschluß, obwohl doch der Abschluß für beide gleich anstrengend ist? Wenn unsere Gaben ein Geschenk Gottes sind, dann hat das weittragende Konsequenzen bis hinein in unsere Wirtschaftsordnung. Wie aber ist unter diesen Voraussetzungen eine Wirtschaftsordnung zu erstellen?

Nochmals zu V. 8: Von V. 10 und 11 aus gedacht könnte V. 8 bedeuten: Weil Gott jedem und jeder Gaben gibt aus Liebe, darum kann die Liebe auch weitergegeben werden.

Schwierig bleibt »der Sünden Menge«. Vielleicht ist dies gemeint, daß wir Gefangene sind und in vielen Abhängigkeiten leben äußerlich und innerlich. Keiner kommt von seiner Geschichte los und keine von den familiären, gesellschaftlichen und kulturellen Rahmenbedingungen.

Zwischendiskussion zum Thema: Liebe und Prostitution. Es wird an die große Sünderin erinnert. Weiteres Beispiel: Alexis Sorbas' Bubulina, die die Admirale der feindlichen Flotten »besänftigt« hat. Schließlich wird von Sonja erzählt und ihrer Hingabe in Dostojewskis Schuld und Sühne, Raskolnikow.

»Sünden Menge«: »Das aber ist der Fluch der bösen Tat, daß sie fortzeugend Böses muß gebären« (Schiller). Krieg, Haß wird immer schlimmer, wobei jeder wissen kann, daß nur das Wort hilft. Muß Bosnien wie zuvor der Libanon erst verbluten, bis geredet wird? Das Wort ist schwach, aber Liebe kommt nur durch das Wort.

»Liebe deckt«: zudecken oder aufdecken? Hebt Liebe die Sünde auf? Wenn ja, wie? Aufheben ist (im Schwäbischen; darum auch bei Hegel) dialektisch: aufbewahren und abschaffen. Also ist wohl gemeint: die Liebe deckt Sünde auf und überdeckt sie; die Sünde bleibt, aber die Liebe sagt trotzdem ja. Die Liebe entlarvt die Sünde und überwindet sie. Nicht unter den Teppich kehren. Besser: aufdecken und dann umhüllen, einhüllen, den Mantel der Liebe umwerfen. Technisch gesagt: der Sünde die Kraft nehmen, sie neutralisieren. Vielleicht auch: Liebe benennt die Sünde und hilft aus ihr heraus (vgl. Zitat Schillers). Verzeihen heißt nicht: vergessen. Liebe schützt

die Integrität des anderen, auch wenn er Sünder ist. Kann man auch sagen: die Liebe schützt die Sünde?
Warnung: Im Gegensatz zum Begriff Liebe erscheint Sünde immer als Aggression oder aggressives Verhalten. Daraus stammt eine christliche Aggressionshemmung. Diese ist das Hauptproblem der Kirche. Sie kann mit Aggressionen nicht umgehen. Das ist neurotisch.
Als Schwerpunkt für die Predigt wird am Schluß des Gesprächs V. 10 und 11 angegeben.

Zum Gottesdienst

Gisela Arp-Kaschel

Exegetisch-homiletische Skizze

Dem pseudonymen Verfasser des ersten Petrusbriefes geht es um Lebens- und Glaubensfragen der Gemeinden in den römischen Provinzen Kleinasiens in den letzten Jahrzehnten des ersten Jahrhunderts. Noch wird niemand wegen des neuen Glaubens verfolgt, doch die, die sich nach Jesus Christus nennen, irritieren ihre Umwelt: »Das befremdet sie, daß ihr euch nicht mehr mit ihnen stürzt in dasselbe wüste, unordentliche Treiben, und sie lästern« (4,4). Es ist nicht ungefährlich, sich abzugrenzen. Denn schnell wird man ausgegrenzt und mit Aggressionen bedacht (»Ihr wollt wohl 'was Besseres sein?«). Von der Feindseligkeit zur Denunziation, die die staatlichen Organe zum Handeln bringen könnte, ist es nicht weit. Die kleinen Gemeinden schließen sich zusammen, schließen sich vielleicht sogar ab von der heidnischen Umwelt. Das Leiden um Christi willen wird in den Blick genommen, und Ermahnungen wie Ermutigungen werden in den Brief geschrieben. Die Sklaven und die Ältesten, die Frauen und die Männer – die ganze Gemeinde wird gemahnt zu gelebtem Glauben und glaubwürdigem Leben.
Programmatisch heißt es: »Es ist aber nahe gekommen das Ende aller Dinge« (4,7a). Das bezeichnet den Ernst der Lage, ist aber keine Drohung. Denn das Ende steht unter dem Friedenszeichen dessen, »der da ist und der da war und der da kommt« (Offenbarung 1,4). Anfang und Ende ihres Lebens, Anfang und Ende der Welt stecken in dieser zeitlich-räumlich-gedanklichen Umhüllung durch Jesus Christus – s. Psalm 139: »Ich sitze oder stehe auf, so weißt du es; du verstehst meine Gedanken von ferne ...« (V. 2). Auch für die Erwartung des Endes gilt: Seid nüchtern (s. a. 5,8!). Es geht nicht um Aktivismus, sondern um Festhalten: »und lehret sie halten alles, was ich euch befohlen habe« (Matthäus 28,20a). Es geht um das

Ziel (τέλος) - mit Besonnenheit, Nüchternheit und Gebet. σωφρονέω steht für verständig, vernünftig, besonnen, klug sein oder handeln. Der Gegensatz ist Hybris. »Besonnenheit« gehört zu den platonischen Kardinaltugenden (σωφροσύνη) und klingt auch noch an in der Tugend der »Mäßigung« (temperantia). Nach Aristoteles steht »Besonnenheit« in der Mitte zwischen den Extremen Zügellosigkeit und Gefühlsstumpfheit. Die traditionellen Attribute dieser Tugend sind interessant: Zügel im Mund, Sanduhr, Mischgefäß zum Mischen von Wasser und Wein, Totenkopf, das Schwert in der Scheide lassen. Symboltiere sind Taube und Lamm im Feuer, Symbolpflanze ist die Weinranke. Diese Besonnenheit hat mit Selbstbeherrschung zu tun; und wenn wir sagen: »da mußt du deine fünf Sinne beieinander haben«, meinen wir auch Aufmerksamkeit und Wachsamsein.

Die »beständige Liebe« in V. 8 läßt an 1. Korinther 13 denken (ἀγάπη auch dort). Das Zitat aus Sprüche 10,12 kommt überraschend und ist ein Freispruch im uneingeschränkt positiven Sinne: Die Menge der Sünden mag groß sein, die Liebe ist größer! Bei »der Sünden Menge« mag zurückgedacht sein an die Zeit vor der Taufe, vgl. V. 3: »als ihr ein Leben führtet in Ausschweifung, Begierden, Trunkenheit, Fresserei, Sauferei und greulichem Götzendienst.« So schlimm wird es vielleicht gar nicht gewesen sein, aber bleiben wir bei »der Sünden Menge« und nehmen das Bild von der Waage mit ihren zwei Waagschalen zur Verdeutlichung: unsere Sünden werden in eine Schale geworfen, diese senkt sich tief - da wirft Gott die Liebe Jesu Christi in die andere Schale, und diese Liebe reißt alles hoch. In dieser Zuversicht lebte auch Luther mit seinem »pecca(te) fortiter!«

Das (Zu-)decken (καλύπτει; vgl. Jakobus 5,20) steht für verhüllen, bedekken, umgeben, bergen - in einem militärischen Bild: die Schultern mit dem Schilde bedecken - und ist sprichwörtlich geworden: etwas mit dem Mantel der Liebe zudecken. Manchmal wird es spöttisch-kritisch gesagt: das Mäntelchen der christlichen Nächstenliebe darüber hängen - die Verkleinerungsform macht deutlich, daß in diesem Fall kaum die Blöße bedeckt ist. Der Mantel der Liebe, ernst gemeint, ist kein Deckmantel des Schweigens (Schweigen über die Nazizeit, Schweigen über das Massaker auf dem Platz des himmlischen Friedens, Schweigen über den Krieg im ehemaligen Jugoslawien), dann würde er mißbraucht werden. Er ist kein Teppich, unter den der Dreck gekehrt wird. Sondern er schützt den anderen davor, öffentlich bloßgestellt zu werden, und er schützt einen selbst vor dem Irrtum, keine solch bösen Taten begehen zu können. Bei den Sünden ging es vermutlich um eigene und um die des Nächsten, um Sünden in und außerhalb der Gemeinde, um Sünden in den Familien von Getauften und um Sünden im früheren Leben der Getauften. In allem gilt 1. Korinther 13,5: Die Liebe »rechnet das Böse nicht zu«. Denn: »Vergebt einer dem andern, wie auch Gott euch vergeben hat in Christus« (Epheser 4,32); und: »Seid barmherzig, wie auch euer Vater barmherzig ist« (Lukas 6,36). Trotzdem bleibt das

Sprüche-Zitat (»Haß erregt Hader, aber Liebe deckt alle Übertretungen zu«) an dieser Stelle überraschend und im Kontext der aktuellen, konservativ-politischen »Werte«-Diskussion fast anstößig! Ähnlich wie Lukas 7,47: »Ihre vielen Sünden sind vergeben, denn sie hat viel Liebe gezeigt, wem aber wenig vergeben wird, der liebt wenig.«
Gastfreundschaft wird in V. 9 als eine Konkretion der Liebe genannt. Das konnte damals heißen (so D. Nestle in Gottesdienstpraxis Ergänzungsband Exegesen 1983, zur Stelle): Die Gemeindeversammlung im eigenen Haus zu haben und für Verpflegung und Übernachtung von Auswärtigen zu sorgen - das kostete Zeit, Arbeit und Geld. Dazu die Gefahr, die andersgläubige Umgebung zu »befremden« (s. o.). Gastfreundschaft zu gewähren »ohne Murren« hieß wohl auch sich manchmal ausnutzen zu lassen. Dazu ein heutiges Beispiel aus einem Beerdigungsgespräch: »Unsere Eltern führten ein sehr offenes Haus. Jeder, der kam, wurde bewirtet. Mutter buk Kuchen, kochte Kaffee und kehrte spät abends den Schmutz weg. Einige haben das auch ausgenutzt, die kamen jeden Tag. Aber das machte nichts.«
Die paränetischen Ermahnungen setzen sich fort: Dienst am anderen mit den persönlichen Gaben als gute Haushalter der Gnade Gottes (V. 10). Was tun Haushalter? Sie teilen ein und teilen aus und teilen zu, sie halten Maß (s. σωφρονέω) - kurz: sie sparen. Sparen ist zur Zeit aktuell in unserer Kirche, gezwungenermaßen. »Mit etwas haushalten« heißt sparsam sein. Nun ist aber von Gottes Gnade nicht wenig, sondern viel da; von ihr hat und braucht nicht jeder ein bißchen, sondern die Fülle! Man vergleiche dazu aus dem Lied »Komm, Herr, segne uns« die Zeile: »weil du reichlich gibst, müssen wir nicht sparen« (EG 170 / EKG 710). Aber vielleicht geben *gute* Haushalter ja großzügig?! Was ist speziell in der Kirche zu verteilen? Zum Beispiel Arbeitsplätze, Geld, Kraft, Zeit, Ideen, Liebe Jesu Christi, Gnade Gottes ...
Jeder hat mindestens eine Gabe von Gott empfangen, keiner ist leer ausgegangen. Diese Stelle erinnert an die paulinischen Bilder und Begriffe: viele Glieder - ein Leib, viele Gaben - ein Geist (1. Korinther 12; Römer 12). Hier paßt auch das Evangelium des Sonntags gut her (Matthäus 25,14-30): Wuchere mit deinem Pfunde, nutze dein Talent, dein Vermögen, deine Begabung(en). Gott hat es dir gegeben, damit du es nutzt - entsprechend der Liedzeile: »Dein Gnad und alls Vermögen in uns reichlich vermehr« (EG 347,4 / EKG 208).
Zwei Beispiele für Gaben werden gebracht, predigen und dienen (V. 11) - beides nicht aus eigener Kraft, sondern als Gottes Wort und aus Gottes Kraft, was wiederum an Paulus erinnert: »Laß dir an meiner Gnade genügen, denn meine Kraft ist in den Schwachen mächtig« 2. Korinther 12,9). Diese konsequente Herleitung aller Fähigkeiten von Gott verhindert zwei Extreme: Ich habe keine Kraft mehr, ich bin total erschöpft - Ich will glänzen mit dem, was ich kann; ich will herrschen durch das, was ich darstelle. Einige geben nur vor, Gottes Wort zu reden - oder wie steht es mit der ser-

bisch-orthodoxen Kirche, die sich hinter ein Groß-Serbien stellt? Wie steht es mit amerikanischen Fernsehpredigern, die mit ihren religiösen Shows viel Geld für ihren Konzern machen?
Der Predigtabschnitt endet mit einer Doxologie. In allen Dingen Gott die Ehre zu geben, ist das Ziel. Ein Vers, der gut als Abschluß eines der Gebete oder auch der Predigt stehen kann und damit dem Text entspricht. τὸ κράτος würde ich mit »Macht« statt mit »Gewalt« wiedergeben.

Vorschläge zur Liturgie

Lieder
EG 612 (EKG 714 Anhang NEK) - Ein Schiff, das sich Gemeinde nennt ...
EG 623 (EKG 730) - Herr, deine Liebe ...
Als Predigtlied EG 303,1+3 (EKG 198) - Lobe den Herrn, o meine Seele ...
EG 495,1-3 (EKG 383) - O Gott, du frommer Gott ...
EG 494,1-3.6 (EKG 385,1-3.7) - In Gottes Namen fang' ich an ...
EG 497 (EKG 384) - Ich weiß, mein Gott, daß all mein Tun ...

Eingangsvotum
Psalm 139,1-3.5 oder Lukas 12,48.

Sündenbekenntnis
»Es haben mich umgeben Leiden ohne Zahl. Meine Sünden haben mich ereilt; ich kann sie nicht überblicken. Ihrer sind mehr als Haare auf meinem Haupt, und mein Herz ist verzagt.« (Psalm 40,13 f.)

Gnadenzusage
»Fürchte dich nicht vor ihnen; denn ich bin bei dir und will dich erretten, spricht der Herr.« (Jeremia 1,8) *Oder:* »Wenn eure Sünde auch blutrot ist, soll sie doch schneeweiß werden, und wenn sie rot ist wie Scharlach, soll sie doch [weiß wie] Wolle werden.« (Jesaja 1,18b)

Kollektengebet
Allmächtiger Gott, Du Schöpfer des Himmels und der Erde! Dein ist die Nacht, und Dein ist der Tag. Danke für diesen Sonntag, den Tag zu Deiner Ehre. Danke für die Schönheit Deiner Schöpfung, für Bäume und Blumen, Sonne und Wind. Danke für Urlaub und Ferien, für die Atempause im Alltag. Danke für unser Leben! Wir preisen Dich, Herr, durch Jesus Christus. Sein ist die Ehre und Macht von Ewigkeit zu Ewigkeit. Amen.

Fürbittengebet
Deine Stimme hat uns gerufen, Gott, dein Wort hat uns geschaffen. Du hast uns zusammengefügt, Menschen bloß, aber laß uns neue Menschen sein,

ein neuer Anfang der Hoffnung und des Friedens in dieser großen und zerfahrenen Welt. In deiner Torheit hast du deinen Namen in unseren Mund, dein Werk in unsere Hände gelegt. Wir heißen deine Kirche, ein Volk unterwegs, wir haben Geschichte und lange Vergangenheit voll Finsternis und Licht ... Erinnere uns daran, daß wir allein gesendet sind, in Demut deine Gnade zu verkünden; denn uns selbst hast du angenommen, und immer haben wir Verzeihung nötig ...

Oder

Wir haben ein Ziel, das voraus liegt, wir spielen uns ein auf deine Zukunft, sagen und singen: Alles ist gut, was du gemacht hast. Mühselig, langsam, in Hoffnung und Furcht gestalten wir deine Verheißung aus, bauen wir an der Stadt des Friedens, an der neuen Schöpfung, wo du uns Licht bist, alles in allem. Gib uns die Kraft dazu, bring uns an ein glückliches Ende, Gott.

(beides aus: Huub Oosterhuis, Ganz nah ist dein Wort. Gebete und Fürbitten, Verlag Herder, Wien, S. 107-112.)

Vorschlag zur Predigt

Möglicher Anfang

Wir sollen einander dienen - »ein jeder mit der Gabe, die er empfangen hat« - so steht's in der Bibel! Es gibt Zeiten und Orte, da glückt das. Zwei Beispiele aus unserer Gemeinde: Als erstes Beispiel die Freizeit des Frauenkreises, die sehr locker und offen geplant war. Sie gestaltete sich duch die Beiträge der Einzelnen und durch ihre Mitbringsel (Instrumente, großer Gymnastikball) spontan und schön. Die eine konnte Gitarre spielen, die andere einen Kanon einüben, alle konnten singen. Die eine konnte profimäßig Gymnastikübungen mit uns machen für den strapazierten Rücken, die andere töpferte mit uns zu meditativer Musik, alle konnten malen, erzählen und zuhören. Eine konnte wunderbar kochen. Und siehe da, es entstand ein Ganzes mit viel Freude und Ruhe.

Als zweites Beispiel die Freizeit der Hauptkonfirmandengruppe zur Vorbereitung ihres Vorstellungsgottesdienstes. Die mußte stärker geplant werden mit ihren Arbeits- und Freiphasen. Lange habe ich vorher über die Zusammensetzung der Kleingruppen gegrübelt: vertragen sie sich? Können sie zusammen kreativ sein? Gott sei Dank klappte es, und die Handwerkergruppe, die künstlerische Gruppe und die Denkergruppe brachten interessante Ergebnisse. So daß die Geschichte von der Heilung des Gichtbrüchigen am Sabbath im Tempel ein bunten Ganzes wurde.

Das sind zwei Beispiele von kleinen Gemeinschaften, herausgenommen aus dem Alltag. So wünsche ich mir manchmal auch die Arbeit im Kirchenvorstand: daß nicht immer die paar selben alles regeln und der Rest »schweigende Mehrheit« spielt, sondern daß wirklich alle beitragen mögen.

Besonders wichtig wären zur Zeit finanzielle Fähigkeiten - sparen, aber auch Geld heranholen und es mutig für eine wichtige Sache ausgeben! Wir alle haben Gaben empfangen von Gott. Es ist schön, wenn diese Gaben zum Einsatz kommen und alle sich daran freuen können.

Zum weiteren Verlauf
Unter Einbeziehung des Evangeliums dieses Sonntags (Von den anvertrauten Zentnern, Matthäus 25,14-30) würde ich unter dem Motto »Du sollst mit deinem Pfunde wuchern« etwas sagen zu Gaben und Begabungen, Talent und Vermögen - unter Hinweis auf den semantischen Doppelsinn: Talent als Gewichtseinheit für Geld und als Begriff für das, was man gut kann (ähnlich ist es bei Vermögen). Der Auftrag heißt: nutzt eure Gaben, setzt sie ein, vermehrt sie, fördert sie. Versteckt sie nicht, traut euch, stellt euer Licht nicht unter den Scheffel, Das »Ende der Bescheidenheit« ist angesagt (H. Böll). Laßt eure Gaben nicht brach liegen; bebaut den Acker, der euch gegeben ist - auch Landwirten geht es gegen den Strich, Flächen stillzulegen statt sie zu bearbeiten. Wir sollen nicht nur, wir können auch mit unserem Pfunde wuchern, denn wir *haben* es - von Gott. Also wandern wir auf dem Grat zwischen allzugroßer Bescheidenheit und diktatorischer Dominanz. Wenn ich meine Stimme nicht erhebe, dann »fehlt ein Ton vor Gottes Thron, und das ist meiner!« Hier paßt gut die Geschichte von Randi Henriksen über den fehlenden Ton (s. Kontexte). Die Singstimme z. B. ist ja oft überraschend anders als die Sprechstimme. Gott traut uns unseren eigenen Ton zu, er hat ihn uns selbst gegeben, und auch die Fähigkeit, daß wir ihn halten können im Chor wie als Solo - ob es nun um Gemeindearbeit geht oder um Proteste gegen die geplante Mülldeponie im Kirchspiel.
Eine weitere Linie des Textes, die zu verfolgen interessant wäre, ist V. 8 mit seinem Bild vom Mantel der Liebe. Dazu könnte man auch den heiligen Martin heranziehen, der mit der Hälfte seines Mantels die Blöße des Bettlers bedeckte. Den Mantel der Liebe würde ich sodann abgrenzen vom Deckmantel des Schweigens, der gern in politisch-wirtschaftlichen Zusammenhängen benutzt wird (Beispiele s. o.). Ersterer hat nichts mit Schlußstrich-Mentalität zu tun und nichts mit wirtschaftlichen Prioritäten; eher etwas mit Einsicht und Umkehr und Barmherzigkeit. Das im Text querliegende Sprüche-Zitat würde ich, um seinem Überraschungsmoment gerecht zu werden, mit der Provokation von Lukas 7,47 verbinden: »wem aber wenig vergeben wird, der liebt wenig« - dazu Luthers »Sündige tapfer«! Gegen die dunkle, vor- und frühlutherische »Sündennacht« sollten die Fülle von Gottes Gnade und die andere Waagschale betont werden, in die Christus geworfen wurde bzw. sich werfen wird. Was zum »Ende aller Dinge« führt und zur Tugend der Besonnenheit (s. o.). Auch angesichts angespannter kirchlicher Haushaltspläne ist besonnene, nüchterne, gute Haushalterschaft gefragt.

Möglicher Schluß

Wenn uns all das überfordert, können wir einen Blick auf die Epistel dieses Sonntags werfen (Philipper 3,7-14): »Nicht, daß ich's schon ergriffen habe ... ich jage ihm aber nach, ob ich's wohl ergreifen könnte ... und strecke mich aus nach dem, was da vorne ist.« Wir sind nicht perfekt, aber Gott wird uns geben, was uns fehlt. »Es ist aber nahe gekommen das Ende aller Dinge« - das steht da nicht, um uns Angst zu machen. Sondern es hieß damals und heißt heute: Gott ist uns nahe im Leben Jesu Christi und in seiner erwarteten Wiederkunft. Wenn wir im Vaterunser beten »dein Reich komme«, dann macht uns das ja auch keine Angst, eher Sehnsucht. Von diesem »Ende aller Dinge« her bestimmt sich unser Handeln jetzt, von dieser Zukunft her bestimmt sich unsere Gegenwart: weil Gottes Reich kommt, können wir einander dienen mit unseren Gaben; weil Gott uns nahe ist, können wir einander lieben - vielleicht auch die, die nicht zum »inneren Kreis« gehören - »damit in allen Dingen Gott gepriesen werde durch Jesus Christus. Sein ist die Ehre und Macht von Ewigkeit zu Ewigkeit! Amen.«

Kontexte

»Es kam ein merkwürdiges Wesen daher mit drei Paar Flügeln.
Was in aller Welt bist du denn für einer?, fragte ich.
Ich bin nicht in aller Welt, antwortete es. - Ich gehöre in das innere Land. Ich bin gesandt worden, um dir zu sagen, daß ein Ton im Gesang vor Gottes Thron fehlt und der ...
Oh, den kann ich aber nicht, unterbrach ich sofort, erleichtert darüber, daß ich etwas ablehnen konte, während ich gleichzeitig Gelegenheit hatte, wahre Demut zu zeigen.
Es gibt auch niemand anders, der ihn kann, sagte das Wesen, es ist *dein* Ton, der fehlt.
Das war furchtbar. Ich setzte mich nieder und dachte lange nach, aber es war nicht möglich, zu einem anderen Ergebnis zu kommen. Es fehlte ein Ton vor Gottes Thron und das war meiner. Lange blickte ich auf die Füße des Wesens mit der Botschaft.
Was soll ich tun?, fragte ich schließlich, und diesmal war die Demut echt.
Das wurde mir nicht gesagt, war die Antwort, - ich wurde nur gesandt, um dir die Botschaft zu überbringen.
Damit flog das Wesen davon. Ich aber weiß es jetzt: es fehlt ein Ton vor Gottes Thron und das ist meiner.«
(Aus: Randi Henriksen, Sternenglanz in der Pfütze, Witten und Berlin 1958, Eckart-Verlag)

»Ich saß eines Abends am Ufer und sah den Teufeln zu, die sich draußen im Meer herumbalgten. Da war einer, der ein besonderes Geschick hatte, denen, die gerade im Vorteil waren, Quallen ins Gesicht zu spucken. Er merkte, daß ich ihm zusah und kam planschend näher.

Diese Teufel haben ja keine Ahnung von einem Schwimmstil, aber sie schwimmen schnell, das muß man ihnen lassen.
Er schneuzte sich, als er näher kam.
Pst, sagte er.
Guten Abend, sagte ich und verzog mich ein bißchen weiter das Ufer hinauf.
Warum gehst du eigentlich hier herum und treibst dummes Zeug?, fragte er. Ich habe dich schon oft gesehn, du mußt ein Irrtum sein, du gehörst ins Meer.
Nein, sagte ich, - ich gehöre hierher.
Du bist doch ebenso schwarz wie ich, sagte er.
Ja, sagte ich, denn was sollte ich sonst sagen? Es war nur zu wahr.
Los, komm hierher, gröhlte er. - Dann will ich dich ins Meer rausziehen.
Aber da lachte ich aus vollen Hals. Das kann er nämlich nicht. Keiner kann den ins Meer hinausziehen, den der Herr gerettet hat ...«.
(ebenda)

Die Sanduhr

Oben ist der Strand
und dort unten
irgendwo
ist
nur
ein
enger
Spalt
durch den
dieser ganze Strand
einmal gesiebt wird.

Dies ist nicht Ewigkeit,
dies wird Ewigkeit,
und in ihr geht nicht
einmal das einzige
Sandkörnchen verloren - ich.

Kleines Gleichnis vom Reich Gottes

Dein Reich komme!

Der so bittet
und nach dieser Bitte lebt,
gleicht dem Manne,
der in seinem Boote sitzt
und versucht, mit einem Seil
das Ufer zu seinem Boote
heranzuziehen.
Je mehr er sich darum bemüht,
desto mehr wird er zum Ufer gezogen.

(Die Zukunft Gottes
zieht diejenigen an,
die kräftig versuchen,
sie zu verwirklichen.)

Und Gott hat genug Humor,
ihm nicht auszureden,
daß er es schaffte,
das Ufer zu seinem Boote zu ziehen.

(Beides aus: Gedichte eines Pfarrers in der ČSSR, Seminaris-Druck, Rotenburg 1982)

10. Sonntag nach Trinitatis

Annäherungen an den Predigttext
2. Könige 25,8-11

Susanne Gröpler

Ist das überhaupt ein Predigttext? Wohl kaum! Spricht uns dieser Text an? Worin besteht seine Botschaft für uns heute? Wir können es nicht entdekken.

Auf den ersten Blick fällt auf, daß es sich um einen kurzen sachlichen Text handelt. Gott kommt nicht vor.

Der erste Vers bringt das geschichtliche Umfeld, dabei fällt auch die biblische Zahl sieben auf.

Grob gesehen ist danach nur noch von Zerstörung die Rede. Es geht um den Untergang des Königreichs Juda. Der Text bringt vordergründig eine Beschreibung grausamer Tatsachen - ohne jeden optimistischen Ausblick. Im ganzen Alten Testament ist sehr viel von den Elementen Feuer und Wasser die Rede. So auch hier, wo neben vielen anderen Häusern auch das Haus des HERRN mit Feuer verbrannt wird. Das heißt doch wohl, auch Gott wird nicht ausgespart und »verbrannt«. Er ist beim Volk.

Die Leute im Text wehren sich nicht gegen so viel Grausamkeit. Es taucht - wie so oft in der Geschichte - die Frage auf: Wie kann Gott das zulassen? Wo bleibt die Allmacht Gottes? Wenn wir den Text genau betrachten, so können wir schlußfolgern: Die Allmacht Gottes besteht nicht darin, Wunder zu tun, sondern den Menschen durch ihre Fehler zu neuen Einsichten zu verhelfen. Gott ist ein strafender und zugleich mitleidender Gott. In diesem Text geht es folglich um das Gottesgericht. Auch zu unserer heutigen Situation und zur deutschen Geschichte lassen sich Parallelen erkennen. Im Zweiten Weltkrieg wurden auch Kirchen, also ein Stück »Glauben« zerstört, wie in dieser Textstelle das Haus des HERRN. Sehr eindrücklich ist uns das Gottesgericht am Beispiel der Zerstörung der Kathedrale von Coventry vom November 1940. In den Fußboden der wiederaufgebauten Kathedrale sind die Worte eingelassen: THIS CATHEDRAL BURNT TO THE GLORY OF GOD (DIESE KATHEDRALE BRANNTE ZUR EHRE GOTTES). Durch die Zerstörung und den gemeinsamen Wiederaufbau wurden vormals verfeindete Nationen zusammengebracht und der Versöhnungsgedanke wurde von Coventry aus in alle Welt getragen. Wir denken an Sätze Dietrich Bonhoeffers in seinen Glaubenssätzen über das

Walten Gottes in der Geschichte: »Ich glaube, daß Gott aus allem, auch aus dem Bösesten, Gutes entstehen lassen kann und will. Dafür braucht er Menschen, die sich alle Dinge zum Besten dienen lassen«. Nachvollziehbar für uns ergeben sich aus diesem Predigttext auch Parallelen zu unserer DDR-Vergangenheit. Durch mancherlei Nachteile für viele Christen war es manchmal nicht leicht, Prüfungen Gottes als Gottesgericht zu erkennen. Wir möchten aber die DDR-Vergangenheit nicht missen. Das Christsein erschien uns ehrlicher und wirklicher als jetzt in einer Staats- und Volkskirche. Aber auch ein Bezug zum persönlichen Leben läßt sich herstellen: Gerade das Mitleiden Gottes mit den Menschen hat auch eine seelsorgerliche Aussage. Uns ist es in unserem Leben wichtig, dem anderen zuzuhören und ihn zu verstehen. Nur so können wir im zwischenmenschlichen Bereich der Zerstörung begegnen und ein klein wenig zu einer liebevolleren Welt beitragen.

Zum Gottesdienst

Heinz Behrends

Exegetisch-homiletische Skizze

Nein, das kann man nicht machen. Das geht nicht! Am Israel-Sonntag eine Predigt über die Zerstörung des Tempels als Beitrag zum jüdisch-christlichen Miteinander halten. So erscheint es mir.
Zumindest ist der Text eine homiletische Anforderung wie lange nicht mehr. Da schreibt der deuteronomistische Redaktor am Ende seines großen Berichtes in wenigen Worten ohne erkennbare Emotion vom Ende einer Epoche seines Volkes, die fast ein halbes Jahrtausend gewährt hat. Er berichtet.
Zehn Jahre nach der ersten Besetzung Jerusalems belagern die Babylonier die Stadt erneut. König Zedekia hatte sein Versprechen gegenüber dem König in Babel gebrochen und sich einer feindlichen Koalition angeschlossen. Die Truppen rücken an. Nach 18 Monaten Belagerung zwingt der Hunger die Menschen in der Festung Jerusalem zur Aufgabe. Die Besatzer fallen ein. Vier Wochen später zerstören sie die Stadt, den Tempel und die Stadtmauer, führen (nach Jeremia 52,29) 832 Menschen aus der Oberschicht ins Exil nach Babel. Die Handarbeiter lassen sie im Land.
Der deuteronomistische Redaktor berichtet. Ganz im Gegensatz zu seiner Gewohnheit kommentiert und deutet er nicht an dieser Stelle.
Der Tempel ist verbrannt, der religiöse Mittelpunkt des Jahweglaubens verschwunden und geschändet. Der Königspalast ist zerstört, der Nachfolger

Davids entmachtet und gefoltert. Das ist das Ende des davidischen Königtums und all der mit ihm verbundenen Verheißungen. Die Stadtmauer als Schutz des Lebensraumes ist unbrauchbar gemacht. Die Großen sind umgebracht, die Facharbeiter entführt, um mit ihren Kenntnissen dem Feind zu dienen. Die Handarbeiter läßt man im Land, damit sie den Tribut für die Besatzer erwirtschaften können.
Und das alles als Folge des Ungehorsams des Volkes verstanden, Ausdruck des Zornes Gottes (2. Könige 23,26 f.; 2. Könige 24,20). Gott hatte den politischen Rat zur Unterwerfung durch den Propheten Jeremia gegeben. Den Rat ignoriert zu haben, reicht als Grund für den Zorn Gottes mit allen seinen Folgen aus. Welch ein Gottesbild!
Das Ende des Tempels und der Dynastie, der Verheißungen Davids, ein Gericht Gottes über das jüdische Volk. Diesen geschichtstheologischen Zugang zu den Fakten des Berichtes kann der christliche Prediger nicht übernehmen. Dazu hat nur ein Mitglied des Volkes Gottes das Recht, etwas zu sagen, nicht der evangelische Prediger, und schon gar nicht ungefragt. Ein Zugehöriger des Volkes Gottes deutet die Geschichte Israels neu und ordnet ihr Ende theologisch ein.
Ist diese Sicht von Geschichte auf unsere Situation übertragbar? Ich denke, nein. Läßt sich die Erfahrung des Volkes Israel spiritualisiert auf uns anwenden?
Der Text verliert seine Ausrichtung.
Nur die Umkehr führt aus dem selbstverschuldeten Gericht zurück, sagt der Deuteronomist. Was heißt das für eine Welt-Gesellschaft im Sommer 1996? Bleibt der Prediger bei einem aktualisierten Transfer dem Anliegen des Israel-Sonntags treu? Er gerät in eine Spannung, die durch die längst fällige Neuorientierung in der Beziehung von Synagoge und Kirche entstanden ist. Die theologischen Grundmuster von Kirche und Theologie und die ursprüngliche Absicht des Israel-Sonntags sind dem vielerorts intensiv geführten jüdisch-christlichen Dialog nicht nachgekommen. In seiner Geschichte hat der Israel-Sonntag sehr unterschiedliche Akzente gesetzt: Er drückt die Trauer über die Zerstörung des Tempels aus, war aber auch Gedenktag der Zerstörung Jerusalems in der Grundhaltung, Gott strafe sein Volk, und die Christen nicken darüber verständnisvoll. Ein anderer Schwerpunkt verkehrt die Diffamierung ins Gegenteil und reflektiert die Leiden Israels unter dem schuldhaften Verhalten der Christen gegenüber den Juden. Vom Juden her denken und als Dialogpartner verstehen sich, die am 10. So. n. Trin. die von Gott nicht aufgehobene Erwählung seines Volkes erinnern und darin die Wurzeln des christlichen Glaubens im Alten Bund ernstnehmen.
Der Prediger dient der Versöhnung, wenn er sich die dialogfähige Sicht zu eigen macht, den latent antisemitischen Haltungen in seiner Gemeinde keine Nahrung gibt, die jüdische Gemeinde in ihrer Geschichte sieht und die Bibel als ein Ganzes versteht.

Der vorgelegte Entwurf versucht, in den geschichtlichen Zusammenhang des Textes hineinzuführen, diskriminierende Deutungen abzuwehren und in der Trauer über die Zerstörung des Tempels die Wurzeln für einen Neubeginn zu sehen.
Als Gemeinde habe ich eine sehr offene Hörerschaft vor Augen, mitten im Sommer, die aus eigenem Antrieb an diesem Morgen die angesprochenen Fragen nicht bewegen würde. Ihr Interesse aber ist neu zu wecken. Einfache Sprache ist nötig, sowohl für die regelmäßigen Gottesdienstbesucher wie für die ungewohnten. Ich stelle den Text in einen größeren Zusammenhang.
Wem als Prediger die theologische Auseinandersetzung in der (hoffentlich) warmen Ferienzeit zu schwer wiegt, der versuche, die Geschichte Israels von seinem Wissensstand her zu erzählen, von Anfang an mit den jeweiligen Deutungen der verschiedenen Erzähltraditionen (s. Alternative I).
Wer sich gegenwärtig nicht in der Lage sieht, sich intensiv predigend der Thematik zu nähern, verlasse das Thema des Israel-Sonntags und meditiere die Strukturen von Machtpolitik (Alternative II).

Vorschläge zur Liturgie

Psalm
74,1–8, 8–11, 20–21 (Trauer über den Tempel) oder Psalm 84 (Freude über das Haus Gottes)

Kollektengebet
Gott, wir sind Dein Werk, von Dir gebildet, von Dir geliebt.
All unser Dasein hast du geschenkt, all Deine Schöpferkraft hast Du auf uns verwendet. So wirst Du weiter wirken eine um die andere Gnade an jedem von uns. Was sollten wir sonst noch von Dir erwarten, Gott. In diese Gewißheit werfen wir uns hinein.
(Huub Oosterhuis, Ganz nah ist dein Wort, Verlag Herder, Wien)

Nicht um zu richten, bist Du gekommen, Gott, sondern zu suchen, was verloren ist, zu befreien, was in Schuld und Angst gefangenliegt, um uns zu retten, wenn unser Herz uns anklagt.
Nimm uns, so wie wir hier zugegen sind, mit der ganzen sündigen Vergangenheit der Welt. Du bist größer als unser Herz, größer als alle Schuld, Du bist der Schöpfer einer neuen Zukunft, ein Gott der Liebe bis in Ewigkeit.
(Huub Oosterhuis, Ganz nah ist dein Wort, Verlag Herder, Wien)

Fürbittengebet
›Laßt uns Gott rühmen und beten nach dem Vorbild eines jüdischen Gebetes‹
Herr, öffne meine Lippen, daß mein Mund Deinen Ruhm verkündige.
Gepriesen seist Du, unser Gott und Gott unserer Väter (und Mütter).

Du gedenkst ihrer Treue und bringst ihren Kindern Erlösung in Liebe. Wir preisen Dich, Schild Abrahams.
Du bist machtvoll für ewig. Du erhältst alles Lebende und belebst, was tot ist. Du stützest die Strauchelnden. Du heilst die Kranken und befreist, die in Fesseln liegen. Treue bewahrst Du denen, die im Staube schlafen, und läßt Heil sprießen. Wir preisen Dich, der den Toten das Leben gibt.
Du bist heilig, Dein Name ist heilig. Die Gemeinde der Heiligen preist Dich jeden Tag. Wir preisen Dich, heiliger Gott. Du verleihst dem Menschen Erkenntnis, lehrst den Sterbenden Einsicht. Gib auch uns Deiner Gnade Wissen und Verstehen.
Uns, Vater, bringe zurück zu Deiner Lehre. Laß uns Deinen Dienst tun. Führe uns in aufrichtiger Liebe zu Dir zurück.
Vergib uns, Vater, denn wir haben gesündigt. Verzeihe uns, Du Erbarmender. Sieh auf unsere Not. Streite Du für uns. Erlöse uns bald um Deines Namens willen. Heile Du uns, so werden wir genesen. Hilf Du uns, so wird uns geholfen sein. Laß dieses Jahr gesegnet sein. Speise uns und alle Menschen, die Du geschaffen hast. Rufe Freiheit aus für die Bedrängten Israels und alle, die in Unterdrückung schmachten. Herrsche Du allein über uns in Gnade und Erbarmen. Lehre unsere Richter das Rechte tun, denn Du bist König und liebst die Gerechtigkeit.
Gib Deinen Segen allen, die Dir vertrauen. Laß auch uns dazugehören, damit wir nie zuschanden werden. Laß alle Bosheit vergehen.
Deiner Stadt Jerusalem wende Dich in Erbarmen zu. Baue sie auf immer und ewig. Laß Frieden und Wahrheit von ihr ausgehen.
Laß bald das messianische Heil aufblühen, durch Deine Hilfe mach es offenbar, denn zu Dir hoffen wir jeden Tag.
Nimm unser Gebet in Liebe und Wohlgefallen an, erhöre es in Erbarmen. Amen.

Fürbitte als Teil eines diakonischen Gebets
Laßt uns auch beten für die Juden, die Gott als die ersten Zeugen seiner Offenbarung erwählt hat, daß sie bleiben auf dem Weg, auf den sie durch Gottes Bund gewiesen sind.
Gott Abrahams, Isaaks und Jakobs, Du hast Abraham und seinen Nachkommen Deine Verheißung gegeben. Du hast Israel durch Mose Deinen Willen offenbart. Du hast Deinen Sohn in der Mitte dieses Volkes Mensch werden lassen.
Wir bitten Dich: Gib Israel Frieden und Heimat im Lande Deiner Verheißung, gib Sicherheit und Gerechtigkeit an allen Orten, an denen Juden heute leben. Von uns Christen aber nimm alles Versagen und alle Schuld, daß wir Deine Treue glaubwürdig bezeugen. Durch Christus, unsern Herrn. Amen.
(beide nach: Kirche und Judentum. Arbeitshilfe 2 des Beauftragten für Christentum und Judentum im Amt für Gemeindedienst der Ev.-Luth. Landeskirche Hannovers, 1995)

Lieder
Die vorgeschlagenen Wochenlieder sind nicht unproblematisch.
EG 138 Gott und Vater steh uns bei, setzt sich als trinitarisches Lied stark vom Alten Bund ab, EG 146 Nimm von uns, Herr, ist ein Bußlied im Zusammenhang von Schuld und Krieg. Beide können am Israel-Sonntag falsche Akzente setzen, die Israel von der Verheißung ausschließen.
EG 279 Jauchzt alle Lande; EG 281 Erhebet er sich, unser Gott; EG 282 Wie lieblich schön, Herr Zebaoth; EG 290 Nun danket Gott; EG 434 Schalom chaverim; EG 433 Hevenu schalom alejchem; EG 590 Ja, ich will singen; EG 620 Freunde, daß der Mandelzweig; EG 789,1 Laudate omnes gentes (Taizé); EG 789,7 Bleib mit Deiner Gnade (Taizé).

Parament
Wolfgang Raupach-Rudnick (Israel-Beauftragter der Hann. Landeskirche) schlägt vor, Rot als liturgische Farbe aufzulegen, um Israel in die Reihe der Zeugen einzureihen, denen die Kirche ihre Existenz verdankt.

Vorschlag zur Predigt

Möglicher Anfang
»Es ist Krise in der Golfregion. 600 J. v. Chr. Ägypten hat die Vormachtstellung verloren, der Krieg gegen die Babylonier 607 hat das entschieden. Die Herren der Region wechseln. Das kleine Königreich Juda muß sich politisch umstellen. Die Tributzahlungen gehen nicht mehr nach Kairo, sondern nach Babel. Einflußreiche raten dem König, die Belastbarkeit des Königs in Babel auszureizen. Und er stellt die Tributzahlungen ein. Jerusalem wird belagert, die Oberschicht wird 596 weggeführt. Ein Judäer wird zum Ersatzkönig eingesetzt. Um die Macht über ihn zu beweisen, gibt Nebukadnezar ihm einen anderen Namen: Zedekia. Das Land beruhigt sich, doch wieder bricht die Diskussion auf. Die alten Parolen kehren wieder. Ein Prophet macht sich auf. Er spricht: Gott sagt, daß das Joch Nebukadnezar brechen wird in zwei Jahren. Ein anderer Prophet sagt: Gott hat uns in die Hand der Babylonier gegeben. Geht keine Koalition ein. Bald wird dieser als Wehrkraftzersetzer eingelocht und verspottet. Sein Name ist Jeremia. Zedekia läßt sich von seinen Beratern drängen, kündigt Babel die Treue. Das Ergebnis seiner politischen Entscheidung ist dann kurz erzählt. Fünf Verse reichen dem Berichterstatter dazu. Wir haben das gerade gehört.«

Zum weiteren Verlauf
Ich erzähle von den näheren Umständen der Besetzung Jerusalems und schließe: »Wichtig ist für uns heute morgen nicht so sehr das Faktum aus dem Jahr 586, sondern wie die Erfahrung später verarbeitet wurde.«

Ich erzähle von dem Deutemuster des Erzählers. Gott straft sein Volk. Ich problematisiere die geschichtstheologische Deutung, rede von der Lust, das Geschick anderer mit Gott zu erklären und der Gefahr.
Aktuelles Beispiel: Evangelikale Missions-Unternehmen deuten die Wiedervereinigung Deutschlands als Werk Gottes und erklären unser Land als den verheißungsvollen Ausgangspunkt für eine europaweite Missionierung.
»Seine Biographie deuten auf dem Hintergrund des Glaubens darf jeder nur an dem Beispiel seiner eigenen Geschichte.«
»Das ist der eine Aspekt der Geschichte des Textes.
Der andere scheint mir noch wichtiger zu sein: Der Tempel ist zerstört. Fortan ist Gott nicht mehr an einem Ort festzumachen. Im Jahr 586 geht ein Gottesbild zu Bruch. Gott wird wieder ein Wandernder.
Der Tag der Zerstörung ist der Augenblick des reinen Nichts. Da kann nur noch Neues wachsen.« (s. Kontexte)
Ich erzähle, wie der wandernde Gott Gestalt annimmt in Jesus von Nazareth, der den Tempel- und Gottesdienst im Alltag der Welt lebt.

Möglicher Schluß
»Ich habe Ihnen aus dem Text nichts Tröstliches heraushören können. Ein Stück Nachdenklichkeit über unsere Geschichte vielleicht und über die Verbundenheit mit den Juden. In aller Zerstörung allerdings hat er damals in Jerusalem die Ackersleute und die Weingärtner übrig gelassen, Brot und Wein.
Diese sind bis heute Gesten der Zuwendung Gottes geblieben. So auch heute morgen im Abendmahl.«

Alternative I

Möglicher Anfang
»Mit dem Ruf Gottes, aufzubrechen und zu ihm zu gehören, hat alles angefangen. So jedenfalls sehen es, die über die Geschichte des Volkes Israel nachdenken und dazu die vielen Geschichten des Volkes sammeln und deuten.
Mit dem Ruf an Abraham, dem Vater aller, hat es angefangen. Seitdem sind sie im Volk aber nicht isoliert in der Weltgeschichte. Schon bald stellt ein Deuter die Geschichten vom Anfang der Welt der Geschichte Israels voran. Er erzählt vom Menschen in seinem urtypischen Verhalten, von Schuld, Brudermord und Ungehorsam. Aber Gott bewahrt die Menschen seit der Sintflut. Seit Abraham aber zieht sich eine deutliche Spur der Barmherzigkeit durch die Geschichte. Die Juden machen es sich nie leicht, sich immer wieder im Gegenüber zu Gott zu deuten, wie ein Verhältnis von Vater und Kind unauflöslich ist. Das menschliche Verhalten provoziert immer wieder Umwege. Jakob betrügt Vater und Bruder, aber es geht weiter. Die 11 Brüder fertigen Jospeh ab, doch die Geschichte geht weiter. Das Volk soll nicht

untergehen. Ein Mörder wird zum Retter aus der Bedrohung und Sklaverei. Mose. Die Rettung aus Ägypten, die Befreiung wird zum Schlüssel aller Erfahrungen mit Gott. Sie feiern sie bis heute. Das Gottesbild, das Bekenntnis ist fortan davon bestimmt. ›Ich bin der Herr, dein Gott, der dich aus Ägyptenland geführt hat.‹ Sie bleiben auch im gelobten Land das Volk, das in Bewegung ist. Sie machen sich kein festgemachtes Bild von Gott. Er ist in seinem Wesen als der definiert, der da sein wird, Jahwe, sein Name. Und die Gemeinschaft hat einen festen Bezugsrahmen, das Gesetz Gottes, die Zehn Gebote, eine Ordnung und Ermutigung zum Leben miteinander. Das Gesetz geht als Bundeslade immer dorthin mit, wo die Menschen sind. Ihre Geschichte bleibt immer geprägt von Bedrohung und Bewahrung. Als sie sich niederlassen, die Stadt zu ihrem Lebensraum machen, König David und Salomon vor allem betreiben das, da bauen sie sich einen Mittelpunkt geistlichen Lebens, den Tempel in Jerusalem. Ein konkreter Ort der Gegenwart Gottes und des Opferns und der Gesetzestafeln. Am Anfang viel diskutiert, ob der Gott der Wandernden festzumachen ist. Aber der Tempel wird bald ein fester Ort im Leben der Menschen. Geistige Blütezeit ist. Literatur entsteht. Musik, die Psalmen. Zum ersten Mal werden große Entwürfe der Geschichte des Volkes geschaffen. Geschichtsbücher des Glaubens.
Nach Salomos Tod teilen sich zwei Söhne das Reich, Juda und Israel. Zeiten werden nun als kritischer empfunden. Einzelne stehen auf, reden im Namen Gottes, öffentlich, decken den Widerspruch zwischen Leben und Glauben des Volkes auf: die Propheten. Sie sind leidenschaftliche Menschen, die lieben Gott und das Volk. Auch sie werden nicht müde, von den Zusagen Gottes zu reden. Gott bleibt seinem Versprechen treu. Was macht Ihr? Das ist wie in einem Bündnis: zwei Partner, die sich anerkennen. Und als dann die Katastrophe über das Volk kommt, der Einfall der Feinde, die Besetzung, der Verlust der geschätzten Freiheit, da haben sie für diese Erfahrung keine andere Erklärung, als daß die Untreue des Volkes der Grund für die Katastrophe ist.«

Zum weiteren Verlauf
Hier erzähle ich die näheren Umstände der Besetzung Jerusalems und des Exils.

Möglicher Schluß
»Die Freude ist groß, als sie nach etwa 70 Jahren Exil wieder heimkehren, den Tempel und die Stadt wieder aufbauen.
Eine Hoch-Zeit wie früher aber kommt nie wieder. So wie bei David wird es nicht mehr werden. Auf dem Berg Zion aber, da wird einmal ein neuer Anfang gesetzt, ein Nachkomme Davids. So hoffen sie, gestärkt durch die Predigt der Propheten.
Die Bibel bleibt stumm, wenn es um die nächsten 400 Jahre vor Christus

geht. Bis Jesus von Nazareth aufsteht und redet von Gott. Er lebt ganz in den Geschichten seines Volkes und in ihren Hoffnungen und versucht auf seine Weise, den Gott zu zeigen, der nicht aufhört, barmherzig zu sein zu seinem Volk und zu allen Menschen. Und er versucht zu sagen: Hört endlich auf, immer in dem Zusammenhang von Schuld und Ergehen zu denken. Seht die Liebe Gottes zu Euch an, nehmt sie in Euch auf. Was dann zu tun ist, geschieht dann von selbst. So hat er geredet und gelebt. Andere haben es weitergesagt. Wahrhaftigeres und Konkreteres kann seitdem über Gott nicht mehr gesagt werden. Bis heute.

Und bis heute finden Menschen viele Gründe, das nicht aufzunehmen in ihr Leben. Alles tun, das Leben selbst zu rechtfertigen. Das Dasein aus eigener Kraft zu begründen suchen. Wie kleine Götter, unbarmherzig mit sich.

Aber auch die, die die Liebe Gottes fraglos annehmen, kennen wir und schätzen sie, ihre Gelassenheit und ihr Gefühl für Verantwortung.

Eines aber bleibt ganz sicher: Gott bleibt allen gegenüber derselbe, ob Juden oder Christen oder anderen.«

Alternative II

Das Leben der Menschen scheint bestimmt von den Mächtigen. Sie setzen die Zeitrechnung. An ihnen ist Geschichte orientiert. »In dem Jahr, als König ...« so heißt es. Menschen bemächtigen sich anderer Menschen. Unter diesem Gesichtspunkt wird die Geschichte von der Zerstörung des Tempels emotionaler. Da stehen Haus, Tempel und Mauer dem Feuer, Feldhauptmann, der Heeresmacht und der Leibwache gegenüber, hoffnungslos unterlegen. So ist das immer.

Weitere aktuelle Beispiele. (Mag gar nicht dran denken, was 1996 dran ist!)

Der Alte Bund hat kein Mittel gegen diese Struktur gefunden.

Was hat das NT an Gewinn von Erkenntnis und Rat gebracht? Die Feindesliebe, die Seligpreisungen Jesu. Die Anwendung steht noch aus. So lange bleibt es bei den Strukturen der Macht, der Bemächtigung und der Unterwerfung.

Gibt es in unserer Gemeinde oder Kirche gelebte Gegenmodelle?

Kontexte

Am Tag der Zerstörung

Man fragte Rabbi Pinchas: »Warum soll, wie uns überliefert ist, der Messias am Jahrestag der Zerstörung des Tempels geboren werden?«

»Das Korn«, sprach er, »das in die Erde gesät ist, muß zerfallen, damit eine neue Ähre sprieße. Die Kraft kann nicht auferstehen, wenn sie nicht in die große Verborgenheit eingeht. Gestalt ausziehn, Gestalt antun, das geschieht im Augenblick des reinen Nichts. In der Schale des Vergessens wächst die Macht des Gedächtnisses. Da

ist die Macht der Erlösung. Am Tag der Zerstörung, da liegt die Macht auf dem Grunde und wächst. Darum sitzen wir an diesem Tag am Boden, darum gehen wir an diesem Tag auf die Gräber, darum wird an diesem Tag der Messias geboren.«
(Martin Buber, Die Erzählungen der Chassidim, Manesse Verlag, Zürich 1949)

1938 brannten die Synagogen. 1943/44 die Kirchen.

Dietrich Bonhoeffer markiert in seiner Bibel Ps. 74,8 »Sie verbrennen alle Gotteshäuser im Lande« und schreibt daneben: 9.11.38.

»Der Glaube und die Hölle liegen nebeneinander«, sagt Rebbe Baruch einem Schüler, »ich meine sogar, eines liegt im anderen. ...«
Ich weiß, es gibt Fragen, die haben keine Antworten, es gibt namenloses Leid, es gibt Unrecht in Gottes Schöpfung. Es gibt Gründe genug für einen Menschen, vor Wut zu platzen. Ich weiß, es gibt Gründe für deinen Zorn. Gut! Laß uns zornig sein. Gemeinsam.
(Elie Wiesel, Was die Tore des Himmels öffnet, Verlag Herder Freiburg, mit Genehmigung von Literary Agency Mohrbooks, Zürich)

11. Sonntag nach Trinitatis

Annäherungen an den Predigttext
2. Samuel 12,1-10. 13-15

Jürgen Rogler

Ausgangssituation: Das Gespräch fand am 26.01.94 mit Mitarbeitern aus verschiedenen Bereichen der Gemeinde statt.

Zusammenfassung:
1. Fehlender Zusammenhang
Von allen wurde festgestellt, der Text sei ohne das vorausgehende Kap. 11 nicht in seiner Tiefe verstehbar. Vor allem die kaltblütige Planung durch David und die Tragweite der Sündenvergebung kämen ohne Kenntnis des Kap. 11 nicht zur Geltung. Die Bedeutung der Parabel des Nathan sei nicht leistbar.
Fragen, die über die Textabgrenzung hinausgingen, waren: Wie erfüllt sich die Ankündigung in V. 10? Gibt es weitere Beispiele solcher schneller Sündenvergebung im Alten Testament? Wieso fehlten bei der Texteinteilung die Verse 11 und 12?
2. Geteilte Vergebung
Gott vergibt dem David, aber es bleibt ein Rest von Strafe. Es werden Erklärungen versucht: Gott zeige seine Macht und der Vollzug der Strafe bringe dem David Erleichterung. Unverständlich für uns bleibt, wieso der Sohn, das unschuldige Kind, für die Luderei des Vaters herhalten muß. Eine Teilnehmerin deutet den Tod des Kindes als Sühneopfer. Dennoch bleibt eine große Anfrage an die Gerechtigkeit Gottes. Widerstände gegen einen Rache fordernden Gott werden angemeldet. »Ist das eine höhere Gerechtigkeit oder ist es nicht Gott, der das Kind sterben ließ?« Hier komme die Unfaßbarkeit Gottes, sein Geheimnis zum Ausdruck. Abgelehnt wird der Deutungsversuch, das Kind sei weniger wert, weil es nicht in eine offizielle Ehe hineingeboren wurde. Diese menschliche Abwertung soll es bei Gott nicht geben.
3. Die Parabel (V. 1-6)
Die Parabel schildert eine allzu menschliche Verhaltensweise. Der Text habe hier große Nähe zu unserer gesellschaftlichen Situation. Die Teilnehmer versuchen Vergleiche zu heutigen Situationen zu finden. Die Probleme von Wohnungsnot, Kündigung, Arbeitsplatzverlust etc. werden

genannt und diskutiert. Allerdings sei nicht allen Unternehmern, die entlassen müßten, Böswilligkeit zu unterstellen, sagt ein Gesprächspartner. Die in der Parabel steckende Deutung auf den Ehebruch wird allerdings nicht angeschnitten. Ein Teilnehmer sagt am Schluß deutlich, er wolle keine Predigt über Ehebruch hören.

4. Die Reaktion Davids

Von einigen wird die Reaktion Davids als berechnend verdächtigt. Ist es gespielte Empörung, die er in V. 5 f. an den Tag legt? Er hätte die Absicht der Parabel sicher längst erkannt. Andere meinen, Davids Reaktion sei sehr menschlich und sehr spontan. Man erkenne fremdes Unrecht viel leichter und schneller als das eigene. Jesu Bildwort vom Splitter und Balken im Auge wird genannt. Wieso ist Davids Reue nicht erkennbar? Einer antwortet: »Was gäbe es denn mehr zu sagen als ›ich habe gesündigt‹«?

5. Ist Gottes Vergebung aushandelbar?

Strittig diskutiert wurde Gottes Vergebung. »Läßt Gott hier mit sich handeln wie ein Mensch?« - »Ich finde ihn nicht so menschlich. Ein Mensch würde gleich mit Strafe dreinfahren.« - »Mir gefällt es gerade, daß Gott so mit sich reden läßt. Ähnlich wie bei Abraham, der mit Gott um die Rettung von Sodom und Gomorra handelt.« - »Aber Gott lenkt hier so schnell ein. Er kommt mir vor wie ein Cola-Automat. David braucht nur eine Münze einzuwerfen, sein Einlenken, und schon kommt die Vergebung raus.« - »Und dann kommt die Geschichte mit dem todkranken Kind. Da erst habe ich das Gefühl vom Cola-Automat. David versucht Gott durch seine Reue und sein Fasten umzustimmen. Als das Kind dann stirbt, läßt er es sofort bleiben und lebt wie bisher weiter.« Die Schnelligkeit der Vergebung bleibt eine ungelöste Frage. Würde dadurch nicht alles entwertet? Es komme gar nicht zur Geltung, welche Last dem David abgenommen wurde. Gefragt wird nach Vergleichen im Alten Testament. Wieso erhält König Saul nicht auch Vergebung? Ist die Schnelligkeit auf den gerafften Erzählstil zurückzuführen? Eine Antwort: Das gehört zu Gott, die Sünde mit einem Federstrich durchzustreichen.

Eine Beobachtung: Eigentlich fängt jeder Gottesdienst so an, daß durch bloße Worte unsere ganzen Sünden weggenommen werden. Dies ist allerdings auch eine Anfrage an unsere Vergebungspraxis. Wenn es so schnell geht, wird dann nicht auch Gottes Vergebungsbereitschaft entwertet? Der Begriff der »billigen Gnade« fällt.

6. Frage an die Teilnehmer: »Was wünschen Sie sich von der Predigt?«

- Es soll herauskommen, daß der Text, der uns äußerlich so fern ist, innerlich sehr nah sein kann. Und zwar bezogen auf das Verhalten der Menschen und bezogen auf das Verhalten Gottes. Die Gewißheit des Vergebens soll deutlich werden.
- Die Predigt soll einen Vergleich zwischen der Vergebung Gottes im AT und im NT geben. Sie soll das Thema vom Splitter und Balken im Auge aufnehmen. Sie soll eine Brücke zum Leben finden.

- Ich wünsche mir, daß die Predigt die Probleme des Textes (Gott vergibt, aber nicht ganz) anspricht. Sie muß keine Lösung bieten, soll mir aber einen Fingerzeig in eine Richtung geben, auf die ich nie gekommen wäre.
- Es gibt viele Situationen im Leben, wo wir um Entscheidungen ringen. Wir wissen oft: egal, wie wir entscheiden, versündigen wir uns. Wir sollen gewissenhaft entscheiden, aber auch wissen dürfen, daß wir auf Vergebung hoffen dürfen. Die Predigt soll diese Hoffnung bestärken.
- Ich wünsche mir eine Verknüpfung des damaligen Verständnisses von Vergebung mit dem heutigen. Es soll keine Predigt zum Wohlfühlen sein, sondern die Probleme der ungleichen Verteilung der Güter sollen angesprochen werden.

Zum Gottesdienst

Hannes-Dietrich Kastner

Exegetisch-homiletische Skizze

Max Frisch soll einmal gesagt haben: »Man sollte dem anderen die Wahrheit wie einen Mantel hinhalten, daß er hineinschlüpfen kann, und sie ihm nicht wie einen nassen Lappen um die Ohren schlagen.«
Im Feld des Pädagogischen lohnt es, diesem Rat zu folgen, damit ein Kind, das sich schuldhaft verrannt hat, an der Aufarbeitung des Schadens beteiligt ist. Doch wie verfahren wir mit Erwachsenen, die Schuld auf sich geladen haben? Was tun, wenn der Ertappte sofort sagt: »Das ziehe ich mir nicht an!« Was tun, wenn sich Menschen zunehmend an Bestechung und Korruption gewöhnen und schließlich kein Unrechtbewußtsein mehr haben? Erstaunlich, daß uns die Tradition der hebräischen Bibel in diesem Zusammenhang anschauliche Lehrstücke anbietet.
2. Samuel 12,1-10, 13-15a, ein Abschnitt aus der Geschichte der Thronnachfolge Davids, berichtet, wie der Prophet Nathan den schuldig gewordenen König stellt und ihn nötigt, seine Schuld offen einzugestehen.
Methodisch verfährt Nathan dabei so, daß er dem König eine Parabel erzählt (V. 1-4). Der ahnungslose David läßt sich auf die Parabel ein und reagiert impulsiv auf das, was er da zu hören bekommt. Diese Chance nutzt Nathan schamlos aus. Er hält dem König also nicht die Wahrheit »wie einen Mantel« hin, sondern erzählend stellt er David eine Falle. Die Sache funktioniert. David verurteilt den reichen Mann, von dem die Parabel handelt; und er verurteilt damit zugleich sich selbst, wie er unmittelbar darauf erfährt, als Nathan zu ihm sagt: »Du bist der Mann!«

Es lockt, die Zuhörer an der Spannung dieser Erzählung teilnehmen zu lassen. Ob das gelingt, wenn der Text vor der Predigt gelesen und anschließend interpretiert wird?
Ich schlage einen anderen Weg vor. Die Perikope gehört ja in einen größeren Zusammenhang. Die Affäre mit Bathseba muß zuvor eigentlich bekannt sein, dazu das Schicksal des Uria. Also möchte ich zu Beginn der Predigt diesen Zusammenhang referieren. Dann wird der Text der Predigt bis zu dem Wort des Nathan »Du bist der Mann!« verlesen.
Da Psalm 51 in der Überschrift (V. 1) als ein Bußpsalm des David nach der Begegnung mit Nathan vorgestellt wird, möchte ich diesen Psalm aufgreifen. (Auch als Introitus soll dieser Psalm in Anspruch genommen werden.)
Wichtig ist in diesem Zusammenhang die exegetische Einsicht, daß es sich bei Davids Verfehlung nicht um eine sexuelle Verirrung handelt, sondern – nach der Rechtsauffassung der Thora – um ein Eigentumsdelikt. Bethseba ist Eigentum des freien israelitischen Bürgers Uria.
So ist es für uns Heutige gar nicht so leicht zu entscheiden, mit welcher Person in dieser Geschichte wir besonders mitfühlen sollen. Es ist ja viel Befremdliches in allen Personen.
Besonders anstößig ist freilich der Schluß der Erzählung: der Tod des Kindes zur Beschwichtigung Gottes, nachdem David selbst begnadigt wurde. Hier möchte ich mir die Freiheit nehmen, gegen den Text zu predigen.
Doch habe ich dennoch großen Respekt gegenüber den Tradenten, die diese Erzählung insgesamt nicht löschten, sondern an uns weiterreichten. Erstaunlich, daß Israel diese kritische Literatur erträgt, Davids Schwäche publiziert und den König dennoch in Ehren hält.
Ein Lehrstück auch für die Gegenwart, die Wahrheit nicht zu fürchten?

Literatur: Rainer Kessler, Batseba – durch Demütigung zur Macht, in: Feministisch gelesen, Band 2, hrsg. von Eva Renate Schmidt, Stuttgart 1989, S. 114–119

Vorschläge zur Liturgie

Introitus

Psalm 51 / gesprochen im Wechsel mit der Gemeinde / V. 2–6, 8–14, 17

Lieder

389 Ein reines Herz, Herr, schaff in mir / 449,6–9 (Die güldne Sonne) / 640 Laßt uns den Weg der Gerechtigkeit gehn / 183 Wir glauben all an einen Gott (alle EG)

Lesungen

Hesekiel 18,1–4, 21–23, 31–32; Lukas 18,9–14

Kollektengebet
Gott,
Ewiger:
In einem Haus, aus Wahrheit erbaut, möchten wir wohnen,
in einem Haus, das nicht gleich einstürzt, wenn jemand seine
Festigkeit prüft.
Gott,
gib uns von deinem Heiligen Geist,
damit wir jeden Stein des Hauses sorgsam prüfen,
bevor wir ihn verwenden.
Gott,
schenke uns vom Geist der Wahrheit,
damit wir uns nicht in der Lüge einrichten,
im Unrecht, im bloßen Schein.

Gebet nach der Predigt
Gott,
wenn ich dem Unrecht Tor und Tür öffne,
wenn ich deine Worte verdrehe, um mich zu schonen,
dann, Gott, schaffe dir Recht, auch gegen mich.
Gott,
wenn ich andere Menschen vereinnahme wie Waren und Güter,
wenn ich sie mir gefügig mache und benutze,
dann, Gott, schaffe ihnen Recht, auch gegen mich.
Gott,
wenn andere mich für ihre Zwecke gebrauchen,
wenn sie mich nicht achten, sondern nur sich,
dann, Gott, verschaffe mir Recht aus deinem Heiligen Recht.
Gott,
wenn ich aufstehe und deine Rechte für alle deine Geschöpfe einfordere,
wenn ich dies mit Zittern und Zagen versuche,
dann, Gott, soll deine Rechte mich halten.
Gott,
ich bin nicht David und nicht Bathseba,
bin nicht Uria, Nathan, auch nicht das Kind, das stirbt.
Ich bitte dich, mein Gott,
daß ich unverwechselbar ich selber werde, bin:
in deiner Wahrheit wohnend; gewaltfrei, sanft und fest zugleich.

Vorschlag zur Predigt

Möglicher Anfang
Wenn sich in unserem Land einer der Großen aus Politik, Wirtschaft, Justiz oder Verwaltung etwas zuschulden kommen läßt, dann erfahren wir das in

aller Regel nicht durch die hauseigenen Informationsschriften der Regierung, der Bank oder des Konzerns. In der Regel erfahren wir davon durch die freie Presse, lesen darüber im SPIEGEL, im FOCUS oder im STERN; denn wir haben gewitzte Journalisten, die zu recherchieren wissen. Wenn dann die entsprechenden Vorwürfe publiziert sind, beginnt häufig das bekannte Spiel: die entrüstete Zurückweisung; nach ein paar Tagen - tröpfchenweise - Eingeständnisse; nach ein paar Monaten oder Jahren - die volle Wahrheit: »Ja, so war es«.
Ganz anders - der Umgang mit der Wahrheit in der frühen Königszeit Israels! Ich habe keine Erklärung dafür, warum das so ist, darum nenne ich es im wörtlichen Sinne »merkwürdig«, wie dort die offiziellen Hof-Chronisten nicht nur die hellen Seiten eines Saul oder David notieren, sondern eben auch die dunklen Seiten, die Affären; und solche Affären gab es dort natürlich auch.
Merkwürdig, diese offene-ehrliche Art der Geschichtsschreibung ... und merkwürdig auch, daß dies später nicht etwa zu einer Mißachtung des David geführt hat! Wie ist das möglich?
Mich interessiert das. Mich interessiert, ob wir hier etwas für die Überwindung gegenwärtiger Vertrauenskrisen lernen können.
Die Sache mit Bathseba ... eine unter vielen Affären.

Zum weiteren Verlauf
Zunächst erzähle ich den Zusammenhang, wie eine Gesandtschaft vom Hofe des David am ammonitischen Hof zu Schaden kommt, wie Israel darauf gegen die Ammoniter einen Kriegszug beginnt, wie David während dieses Krieges vom Palastdach aus die Frau seines Offiziers Uria beim Baden erblickt und sie begehrt. Ich erzähle, was David anstellt, um Uria zu betrügen, als Bathseba von David ein Kind erwartet - bis hin zu jenem »Himmelfahrtskommando« an der Front, bei dem Uria schließlich fällt. Dann endlich hat David freie Hand und kann die Witwe legal heiraten, und alles scheint in Ordnung. Hier erfolgt nun die Lesung des ersten Teils des Predigttextes 2. Samuel 12,1-7a.
Hier halte ich inne; hier muß ich innehalten, weil mich die Methode des Nathan erregt. Von Max Frisch ist folgender Rat überliefert: »Man sollte dem anderen die Wahrheit wie einen Mantel hinhalten, daß er hineinschlüpfen kann, und sie ihm nicht wie einen nassen Lapen um die Ohren schlagen.«
Nun frage ich mich, ist das ein liebenswürdigerweise hingehaltener Mantel, diese Geschichte, die Nathan dem König erzählt, ein Mantel, in den David gerne hineinschlüpft, um sich dann auch noch für diese Aufmerksamkeit zu bedanken? Wohl kaum! Die Sache ist dafür zu raffiniert vorgetragen. So bemerkt David gar nicht, daß er persönlich vom ersten Wort an in dieser Erzählung gemeint ist. Unfreiwillig schlüpft er in den Mantel der Wahrheit. Spontan gibt er sein Urteil über den reichen Mann ab, der sich am Hab und

Gut des Armen vergreift: »Der Mann ist ein Kind des Todes!« So bricht es aus ihm heraus. David ahnt ja noch nicht, daß er sich damit selbst verurteilt. Dann hält Nathan ihm den Spiegel vor: »Du bist der Mann!« Ein Glücksfall, daß wir im Buch der Psalmen ein Gebet des David vorfinden, das er nach dieser denkwürdigen Begegnung mit Nathan gebetet haben soll. Das Buß-Gebet eines Prominenten, der Schuld auf sich geladen hat, überführt wurde und nun bereut: »Sei mir gnädig, o Gott, nach deiner großen Barmherzigkeit … Wasche mich rein von meiner Schuld … An dir allein habe ich gesündigt. Ganz klein ist er, der »Psalmenkönig«, wie ihn Else Lasker-Schüler einmal nennt.

Doch täuschen wir uns nicht: Thematisch geht es hier nicht um eine sexuelle Entgleisung des David, durch die er Schuld auf sich geladen hätte. Nein, kein gewöhnlicher Ehebruch ist hier Thema, sondern Davids Verstoß gegen Spielregeln, wie sie in einer Solidargemeinschaft freier und gleicher Männer gelten. Nach altem israelitischen Gesetz, das Männer verfaßt haben, ist die Ehefrau Eigentum des freien Mannes. Vergreift sich David also an der verheirateten Bathseba, so ist das damals ein Eigentumsdelikt, das zu ahnden ist. Nähert sich der König einer unverheirateten Frau oder nimmt er sich eine Sklavin, so ist das keiner Erwähnung wert; denn mehrere Frauen hat der König ohnehin. So gesehen ist Bathseba auch in ihrer Ehe mit Uria keine wirklich freie Person, sondern eine Abhängige. Sie redet ihn selbstverständlich mit »Herr« an. Und Bathseba bleibt auch in der Verbindung mit David eine Abhängige, selbst wenn sie bei Hofe zu Ansehen kommt und politische Einflußmöglichkeiten erhält. Mit Geschick und Durchsetzungsvermögen schafft sie es später, Salomo, ihren zweiten Sohn aus der Verbindung mit David, als Thronfolger durchzubringen. Doch im Ganzen gesehen bleibt diese alte Geschichte eine Männergeschichte. So kommt es, daß ich unsicher bin, mit wem ich hier mitfühlen könnte.

Wer unter den hier handelnden Personen hat eigentlich meine Sympathien verdient?

Uria, der korrekte Soldat? Uria, der Ehemann, der sich von seiner Ehefrau »Herr« nennen läßt? Uria, das Opfer eines frauenhungrigen Königs?

Wer verdient mein besonderes Mitgefühl?

David? Weil ihn Bathseba mit ihrer Nacktheit provozierte? Ungeheuerlich, daß solche Überlegungen immer wieder angestellt wurden – und heute bei Prozessen gegen Männer oftmals ins Spiel gebracht werden. So wird dem Opfer auch noch die Schuld zugewiesen.

Wer verdient mein besonderes Mitgefühl?

Nochmals – David? Weil er sich, durch Nathan überführt, offen zu seiner Schuld bekennt und den Propheten nicht liquidiert, die Wahrheit also aushält – und betet?

Mitgefühl mit der späteren Mitregentin Bathseba – die sich sehr rasch in das Intrigenspiel bei Hofe einlebt?

Mitgefühl mit Nathan, der sich freimütig vor David äußert? - Doch er bleibt ganz im alten Rechtsgedanken Israels gefangen; mit keiner Silbe wirbt er für das Recht der Frau als einer freien Person!
Doch - warum will ich unbedingt wissen, wem in der alten Geschichte ich meine Sympathien schenken soll?
Gut, wenn ich weiß, wer heute Anspruch auf Gerechtigkeit hat: Kinder, Frauen, Männer, alte Menschen, auch die noch nicht Geborenen, jede und jeder! Ich weiß, mit diesem Rechtsgedanken gerate ich allerdings auch noch mit dem Schluß der alten Geschichte in Konflikt.
Dort erfahren wir, daß David Nathans Schuldspruch »Du bist der Mann!« mit einer Schuldanerkenntnis beantwortet: »Ich habe gesündigt gegen den Herrn!« Immerhin ein ehrliches Wort, kein Dementi, kein langes Herumreden, nicht erst ein Feilschen, ob ein Untersuchungsausschuß einzurichten sei; nein - eine Offenlegung.
Überraschend freilich, wie schnell Nathan dann die Absolution erteilt, die Lossprechung des Schuldigen. Wörtlich: »So hat der Herr deine Sünde weggenommen; du wirst nicht sterben.«
Nicht wahr, das geht rasch, für unser Gefühl etwas zu rasch. Keine Rede davon, daß David der Tod des Uria leid tut und auch keine Entschuldigung bei Bathseba. Aber vielleicht war das durchaus ein intensiver Prozeß bei David - und man hat uns darüber nur ein paar dürre Worte überliefert.
Wer weiß? Jedenfalls ergeht hier am Ende im wörtlichen Sinne »Gnade vor Recht«. Der König erhält nicht die Strafe, die eigentlich zu verhängen gewesen wäre. Sein Erschrecken über sein Verschulden wird als ein ehrliches Erschrecken angenommen, und er darf die Gabe seines eigenen Lebens weiter behalten.
Doch nun - etwas ganz Befremdliches in den Worten des Nathan: »Aber weil du (David) die Feinde des Herrn durch diese Sache zum Lästern gebracht hast, wird dein Sohn, der dir geboren ist, des Todes sterben.«
Das will mir nicht in den Kopf, daß das Kind, das Bathseba zur Welt bringt, sterben soll, weil David schuldig wurde und die Sache Gottes in Verruf gebracht hat. Mein Rechtsempfinden revoltiert gegen diesen Spruch des Nathan. In diesem Punkt will und kann ich der alten Erzählung nicht folgen. Und ich nehme mir die Freiheit, weiterzublättern, weiterzulesen, weit über das 2. Samuelbuch hinaus. Beim Propheten Hesekiel - im 5. vorchristlichen Jahrhundert - finde ich folgenden Abschnitt: Hesekiel 18,1-3 *(Lesung)*
Das gibt es also auch in der biblischen Tradition, daß sich Rechtsgedanken verändern. Hier wird der Gedanke, daß die Kindergeneration für das, was die Eltern angerichtet haben, büßen müssen, aufgehoben. So soll es künftig nicht mehr sein. Sondern jede und jeder hat für sich einzustehen
...
Doch will ich mich mit meinem Einspruch gegen die alte Erzählung in dieser Sache nicht ganz aus der Erzählung verabschieden. Dafür ist sie mir zu

wichtig! Ja, jetzt weiß ich auch zu nennen, für wen in dieser alten Erzählung ich besondere Sympathie habe: für den Chronisten, für den Erzähler, für ihn, der uns die in etlichen Zügen anstößige Geschichte überliefert und nicht alles fein glättet und schönt; genau für diesen Erzähler habe ich Mitgefühl!

Möglicher Schluß
So offen und ungeschminkt Biographisches festzuhalten, nicht nur beim kleinen Mann, sondern auch bei Prominenten: das verändert möglicherweise das Klima in einer Gesellschaft. Vielleicht entsteht dadurch nach und nach eine neue Solidarität miteinander. Wir, die wir immer wieder schuldig werden, wir können nur leben, wenn Gott uns wieder und wieder begnadigt: »Schaffe in mir, Gott, ein reines Herz, und gib mir einen neuen gewissen Geist ... Gott, tue meine Lippen auf, daß mein Mund deinen Ruhm verkündet.«

Kontexte

»Er (David) hat der Versuchung nicht widerstanden und ist tief gestürzt. Auch für David gilt die Aussage seines Sohnes Salomo im Tempelweihegebet (1. Kön. 8,46): Es gibt keinen Menschen, der nicht sündigt.
Was uns freilich immer wieder beeindruckt, ist Davids Gerechtigkeitssinn und die Offenheit seiner Selbstkritik. Wie Nathan ihn hart anfaßt, steht er zu seiner Tat – seiner Untat – ohne Wenn und Aber. Er könnte sich herauszuwinden suchen, aber er tut es nicht. Mit seinem ›Gesündigt habe ich gegen den Herrn‹ setzt er ein Beispiel, das für jeden Menschen gilt, wenn er schuldig geworden ist. Adam, der nicht einsichtig ist, schiebt die Schuld von sich fort und auf Eva ab (Gen 3,12). David nimmt die Schuld auf sich. Das ist der Unterschied. Nathan wieder lehrt uns das kompromißlose Eintreten für Recht und Gerechtigkeit. Seine Zivilcourage ist bewundernswert, zumal er – wäre David nicht David – sein Leben riskiert.«
(Roland Gradwohl, Bibelauslegungen aus jüdischen Quellen, Bd. 4, Die alttestamentlichen Predigttexte des 6. Jahrgangs, © Calwer Verlag Stuttgart, 1. Aufl. 1989, S. 313, 317, 318, 324 (Auszüge))

Alternative
Die Erzählung könnte auch dazu verlocken, eine narrative Predigt zu konzipieren. Denkbar wäre es z. B., die Erzählung einmal aus der Perspektive der Bathseba zu formulieren. Dabei wäre darauf zu achten, daß Bathseba, wie es scheint, keine Möglichkeiten hat, sich aus den Fesseln der Männerwelt zu befreien.

12. Sonntag nach Trinitatis

Annäherungen an den Predigttext
1. Korinther 3,9-15

Jobst von Stuckrad-Barre

Eine Gruppe aus einem schon länger mit einander vertrauten Gesprächskreis im Pfarrhaus - Gesprächsnotizen

Mit dem Ende des Textes setzt das Gespräch ein: Auch der, dessen Werk am Ende Schaden nimmt, wird - wenn auch wie durchs Feuer - gerettet werden, also keine bloße Vernichtung(sdrohung), sondern die Gerechtigkeit, die nicht aus Menschen, sondern von Gott kommt. Da wird das Lebenswerk beurteilt - und niemand geht verloren; liegt vielleicht der Profit, das Ergebnis, dann, wenn wir keinen sichtbaren Erfolg wahrnehmen, auf einer ganz anderen Ebene?
Gottes Mitarbeiter zu sein, bedeutet keineswegs, die Hände in den Schoß zu legen, oder: Gott wird es schon richten (!). Sowohl das Bild vom Ackerfeld wie das vom Bauwerk lösen die Assoziation aus, daß hier sehr verschiedenartige Dinge geschehen können: Was kann da nicht alles wachsen; was kann und wird da nicht alles gebaut! Und doch wachsen alle diese verschiedenen Bauten zu einem, eben zu Gottes Bau zusammen, entsteht eine (doch nicht erst am Ende?) erkennbare Einheit, die aber nicht von unserer ›Machart‹ ist.
Hebt Paulus sich und die Mitapostel hier mehr als sonst ab von den übrigen Gemeindegliedern oder hat nicht gerade die Funktionszuweisung (Baumeister, Weiterbau) einbindenden Charakter? Jedenfalls hat dieser Baumeister nur auf dem Grund weiterzuarbeiten, den Christus gelegt hat. Er folgt der Grundidee des Christentums. Dabei geht es nicht um persönlichen Ehrgeiz, nicht um übersteigerte Selbstverwirklichung. Der Baumeister ist ausführendes Organ. Er ist weise im Sinne einer Bescheidenheit, die jederzeit im Sinn behält, daß andere das angefangene Bauwerk aufnehmen werden und können. Weil er weise ist, wird es für ihn nicht zur Einschränkung, von nichts anderem als Christus ausgehen zu können. Nicht ich lebe, sondern Christus in mir; so wie etwa Mutter Theresa es in Kalkutta zu realisieren versucht.
Worauf verlasse ich mich? Die vielen Varianten in V. 12 entsprechen den unzähligen Möglichkeiten in der Gemeinde. Daß nur einiges Bestand hat,

erinnert eine Teilnehmerin an die Geschichte von den »Drei kleinen Schweinchen«, die zum Schutz gegen den bösen Wolf ein Haus bauen; immer wieder pustet er es um, bis sie eins aus Stein errichten. - Gerade die Unwahrscheinlichkeit der Baumaterialien hier zeigt, daß es um ganz andere Bauten geht, nicht sichtbar, aber doch hilfreich. Erst am Ende wird das Haltbare erkennbar.

Dann werden auch die unbekannten Motive hervortreten; wird das Gericht sozusagen das Unbewußte ans Licht zerren, unsere womöglich unedlen egoistischen etc. Motive auch edler Taten? Nein, Gott ist kein kleinlicher Rechner; er wird im Gericht eben nicht beschämen, sondern retten. Doch Wahrheit und Wahrhaftigkeit werden ans Licht kommen. Leben ist nicht pure Aktion, Maßstäbe gehören dazu, so sehr sie den unterschiedlichen Motivationen unterliegen. Das Gericht, hier nicht bedrohlich ausgemalt, setzt aber doch sehr starke und untergründig wirksame Bilder frei: so, weil der Vater einer Teilnehmerin hoher Richter war, der Entscheidungen von großer Tragweite zu fällen hatte und daher im persönlichen Bereich die gleiche Unbedingtheit erwartete; oder weil ein Teilnehmer vor einer Operation Kreislaufmittel bekam, die ihn in ›fieberhaften‹ Phantasien durch die Gerichtsszenerie förmlich jagten - Ängste, die der paulinischen Aufnahme des Gerichts nach den Werken ihre (gut zu reflektierende) Brisanz und ihre wohltuend entängstigende Form geben.

Daß nicht Menschen die Beurteilung geben mit ihrem schnellen Wechsel von Maßstäben und Moden, wird mehrfach hervorgehoben. Es kommt also darauf an, was Gott zu unserm Tun sagt. Dabei kommt die Zeit ins Spiel - jetzt, hier im gegenwärtigen Handeln entscheidet sich's, dann wird's offenbar. Leben erhält eine Perspektive. Schön, wenn einer am Ende sagen kann: »Ich hab mein Haus bestellt.« Uneigentliches Leben wird dadurch aufgedeckt. Kriegen die Christen damit einen erhellenden oder einen Zug in ihr Leben, der sie verquält macht - alles muß immer so gut wie möglich, so menschlich wie möglich und gleichzeitig so effektiv wie möglich gehandhabt werden. Daß die Wahrheit am Ende zutage tritt, läßt schon jetzt darauf bauen, all die Nebenwege führen zu nichts. Dieser Gedanke läßt Paulus nicht in (selbst)quälerischen Zweifeln zurück. Der Grund ist gelegt, darum kann er so bauen, wie es diesem Grund entspricht. Es ist Gottes Bau, an dem er arbeitet, darum muß er nicht ängstlich auf das Gericht schauen.

Zum Gottesdienst

Christoph Schmidt-Ehmcke

Exegetisch-homiletische Skizze

Am Ende ist viel vom Feuer die Rede. Daß dieses Stichwort, zusammen mit »verbrennen« und »Tag des Gerichts«, düstere Bilder auslöst, wie in den »Annäherungen« berichtet, kann ich gut verstehen. Mich hat diese Vorstellung lange blockiert, von diesem Text etwa Evangelisches zu erwarten. In der Alten Kirche wurde aus dieser Textstelle auf die Läuterung der Toten geschlossen und, in Verbindung mit der Buße, die Fegefeuerlehre entwickelt. Paulus gibt der Erwartung eines Gerichts nach den Werken eine »wohltuend entängstigende Form«, meinen die »Annäherungen«, und formulieren freundlich distanziert: »Da wird Lebenswerk beurteilt – und niemand geht verloren.« So könnte ich mich dem Text eher nähern.

Eine ähnliche Spannung zwischen dem Gesagten und doch untergründig anders Wirkenden spüre ich in dem Spiel der Begriffe vom »Fundament« und »Bau«. Ob es Paulus nicht doch schwerfällt, sich als weiser Baumeister, der den alles entscheidenden Grund gelegt hat, im Urteil über die unterschiedlichen »Überbauungen« zurückzuhalten? Die doppelte Botschaft, der »double-bind«, bei Paulus: »Bleibt unter meinem Einfluß!« und »Natürlich seid Ihr frei, und jeder sehe zu, wie er baut!«

Hintergrund des Textes ist die Auseinandersetzung des Paulus mit den Parteiungen in Korinth. Die Konfliktlage läßt sich nicht mehr sicher nachzeichnen. Welche Aufgabe und welche Verantwortung hat der Verkündiger des Evangeliums gegenüber der Gemeinde? Paulus gibt seine Antwort in drei Bildern: die Gemeinde als Acker (1. Korinther 3,6–8), als Bau (Verse 10–15) und als Tempel (Verse 16 f.).

Unsere Perikope beginnt am Übergang vom Bild des Ackers zum Bild vom Bau. Alle, die am Wachstum der Gemeinde arbeiten, sind Mitarbeiter Gottes, so verschieden ihre Aufgabe auch ist. Des Paulus eigene Aufgabe war es, zu pflanzen (Vers 6), den Grund zu legen (Vers 10), der ihm selbst nicht verfügbar ist und auch nicht durch einen anderen Grund, etwa durch »Weisheit« (1. Korinther 1,18 ff.), ersetzt werden kann.

Der Wechsel vom Ackerbild auf das Bild vom Bau ermöglicht Paulus, zu mahnen, ohne jemanden direkt zu kritisieren. Anders als beim Gießen, bei dem Gott das Gedeihen gibt (Vers 7), kommt es beim Bau auf die eigene Verantwortung und Geschicklichkeit an. Die bunte, unwahrscheinliche Aufzählung der »Baumaterialien« spricht Qualitätsunterschiede an. Dennoch bleibt unklar, ob Paulus meint: Es gibt auch eindeutig gute und eindeutig schlechte Arbeit.

Dieses Urteil überläßt er Gott: Die Überprüfung der Werke geschieht im Feuer des Gerichts. Person und Werk werden getrennt. Das Werk muß sich

am Fundament messen lassen, die Person erhält Lohn (Vers 14) oder wird bestraft (Vers 15). Es gibt also gute und schlechte Arbeit, aber dies ist menschlichem Auge verborgen.
Aber sind die Werke auch schlecht und halten der letzten »Feuerprobe« nicht stand - die Person wird gerettet. In Vers 17 allerdings ist Anderes zu lesen. Hier droht Paulus massiv: »Wer den Tempel Gottes verdirbt, den wird Gott verderben.«
Mein Widerstand gegen den Text löste sich, als ich begann, ihn nicht mehr vom Ende und von seiner Endgestalt her zu lesen, sondern ihn als Entscheidungsvorgang zu verflüssigen: Paulus erhält Nachricht von schweren Konflikten innerhalb der von ihm gegründeten Gemeinde. Der Versuchung, die Gemeinde auf sich und sein Gründungsprogramm festzulegen, erliegt er nicht. Aber wieviel Individualität kann er zulassen?
Im Dilemma zwischen Individualität und Einbindung aller wählt er das Bild vom Hausbau. Es erlaubt ihm, Bezugspunkt und Grenze aller Individualität zu nennen, sogar sich selbst zu relativieren, aber gleichzeitig eine absolute Verantwortung aller, von »Gold« bis »Stroh«, herauszustellen. Er spricht niemanden persönlich an, vermeidet so Verletzungen und Identifizierungen, und erweitert die Relativierung der Positionen auf den äußersten Punkt: Das letzte Wort hat Gott.
Die Predigtidee ergab sich aus dem Stichwort: »Gemeindeberatung«. Vor dem Hintergrund eines Konflikts versucht hier Paulus, das Leitbild von Gemeinde zu formulieren. Ich phantasiere in meiner Predigt über drei Gemeindeabende mit einem Gemeindeberater. Er wird wegen eines Konflikts eingeladen, der um die Frage kreist, mit welchem Recht wer was zu sagen hat.
Wie Paulus konzentriere ich mich auf die Strukturen des Konflikts. Nur so viel: Es geht um den Wert des eigenen Beitrags in der Gemeinde. Diese sehr offene Darstellung hat zwei Vorteile: Der Verdacht, ich hätte in meiner Predigt bestimmte Gemeindeglieder im Auge, wird vermieden, andrerseits ergibt sich ein breites Dach für eigene Identifizierungen. Ich möchte die uns alle immer wieder überfordernde Linie zeigen zwischen der eigenen Position: »Hier stehe ich und kann - von meinem Christusverständnis her - nicht anders« und der Relativierung aller Positionalität: »Meine Meinung ist nur meine Meinung«.

Vorschläge zur Liturgie

Kyrie
Vater im Himmel,
wir müssen uns vor dir schuldig bekennen
schuldig an andern Menschen die wir zurückgestoßen haben
die wir spüren ließen daß sie anders sind als wir

die wir merken ließen daß wir ihren Glauben nicht ernst nehmen
weil er sich anders äußerte als der unsere.
Wir sind schuldig geworden daran
daß andere Menschen vor lauter Forderungen und Urteilen
deine Liebe nicht mehr erkennen konnten
und wir sind so an dir selber schuldig geworden
weil wir deiner Liebe im Weg standen
weil wir nicht gelten ließen
daß du dich deine Liebe durch den Tod deines Sohnes
so viel hast kosten lassen.
Herr wir können nur bitten
Vergib uns, sei uns gnädig.

(Gemeinsam vor Gott, Gebete für den Gottesdienst von Klaus Bannach und Gerhard Raff, Gütersloher Verlagshaus, Gütersloh 1974, S. 108)

Gebet des Tages

Dank, Herr, für die Freude an diesem Sonntagmorgen.
Dank für das Glück, diese geliebten Gesichter
eine Weile vor deinem Angesicht versammelt zu sehen.
Dank für die Gnade, in ihnen deine Gegenwart hier zu erkennen.
Dank dafür, daß du der Auferstandene, der Lebendige bist.
Und dein Leib – o Wunder – das sind wir!

(Gebete für mein Dorf, Kaiser Traktate 33, Chr. Kaiser, München 1978, 4. Aufl., S. 18)

Fürbitten

Gott, es ist schwer zu begreifen, daß deine Kirche nicht eindeutiger ist.
Wir wünschen uns, sie wäre ein Zeichen deiner strahlenden Herrschaft. –
Statt dessen ist sie zerrissen durch Probleme, Meinungen, Streit,
durch viele Richtungen, von denen uns manche zuwider sind. –
So beten wir für alle, die in den Kirchen verantwortlich sind:
für die großen und kleinen Vorsitzenden, für die Bischöfe,
ebenso für die Kirchenvorstände und die anderen Mitarbeiter in Gemeinden.
Wir beten aber auch für die Gruppen und anderen Kirchen,
die uns so fremd erscheinen, weil sie unter anderen Problemen leiden
oder weil sie in anderen Erdteilen zu Hause sind ...

Laß uns einander wahrnehmen und nicht voreilig richten.
Du hast Geduld. Dein Wort soll das letzte sein, das gilt.

(Liturgieentwürfe für das Kirchenjahr, Materialheft 36, hrsg. von der Beratungsstelle für Gestaltung von Gottesdiensten und anderen Gemeindeveranstaltungen, Frankfurt 1982, S. 79. Aus Platzgründen wurde der Zeilenfall verändert.)

Lieder
Eingangslied EKG 542/EG 452 »Er weckt mich alle Morgen«; vor der Predigt EKG 249/EG 346 »Such, wer da will, ein ander Ziel«; nach der Predigt EKG 188/EG 289 »Nun lob, mein Seel, den Herren«, besonders die Verse 2, 4 und 5. Möglich auch EKG 269/EG 354 »Ich habe nun den Grund gefunden«, besonders die Verse 1 und 7 oder EKG 250/EG 351 »Ist Gott für mich«, besonders die Verse 3 und 6.

Vorschlag zur Predigt

Möglicher Anfang
»Sie tut, als sei sie die Gemeinde!« »Es gibt doch wohl noch wichtigere Aufgaben für unsere Gemeinde als ausgerechnet diese!«
Nehmen wir einmal an: Zwischen uns stimmt etwas nicht. Wir kommen nicht mehr miteinander zurecht. Wir haben Streit. Und das heißt: Personen und Sachen liegen überkreuz: Wer hat hier eigentlich wem was zu sagen? – die eine Frage. Die andere: Was soll unter uns gelten? Warum gibt es uns als Gemeinde an diesem Ort? Das »Leitbild der Gemeinde ist unklar.
Da kommt nun für drei Abende ein Gemeindeberater in unsere Gemeinde. Der erste Abend.
Im besten Falle sind alle Kontrahenten versammelt. Der Berater läßt sich zunächst von den Parteien deren Sicht der Dinge schildern. Dann verblüfft er uns das erste Mal: »Sie haben mich mit Ihren Problemen vertraut gemacht. Nun sagen Sie mir noch, worin Sie einig sind!«
Zum Streiten sind wir gekommen und sollen nun sagen, worin wir einig sind? Stirnrunzeln, fragende Blicke hin und her, die Antwortversuche sind sehr zögerlich. Der Berater kennt sich in der Bibel aus. Am Ende des Abends schlägt er den 1. Korintherbrief auf: »Ich will Ihnen vorlesen, wie Paulus in einer ähnlichen Streitlage reagiert hat: Es müßte doch, so meinte er, unter uns als Christen eins feststehen – ›Einen andern Grund kann niemand legen als den, der gelegt ist, welcher ist Jesus Christus!‹«
Sind wir darin einig? Oder doch nicht? Verstehen wir alle womöglich sehr Unterschiedliches, wenn wir uns auf Jesus Christus berufen?

Zum weiteren Verlauf
Der zweite Abend.
Der Gemeindeberater erinnert daran, daß er sich zunächst die Probleme habe schildern lassen, die Anwesenden als »Defizitseher« angesprochen habe: Sie sollten sagen, was fehlt, den Finger auf die Wunde legen. Zum Schluß aber habe er versucht, sie als »Fähigkeitsseher« zu locken: Sie sollten sich die Ressourcen klarmachen, die sie haben: Jesus Christus. Dieser Name allerdings habe Gegensätze zwischen ihnen nicht verhindern können.

Der Berater schlägt eine kleine schriftliche Übung vor: »Zählen Sie«, und dabei hält er lächelnd die Bibel mit dem 1. Korintherbrief hoch, »zählen Sie all Ihr Gold und Silber, Ihr Heu und Stroh auf, das Sie für die Gemeinde Jesu Christi tun!«
Die Gemeindeglieder reagieren ungehalten, fragen, ob man denn nun angeben solle, schließlich käme es auf den Glauben allein an, doch der Gemeindeberater besteht auf dieser Übung. Und so machen die einen die Erfahrung, kaum etwas Glänzendes nennen zu können, andere aber eine längere Liste voller Spiegelstriche schreiben. Das Ergebnis soll noch dazu in Kleingruppen in eine Werteskala gebracht werden: wichtige Beiträge für die Gemeinde, weniger wichtige …
In mehreren Gruppen will man diese Aufgabe schnell »christlich« lösen: Natürlich ist jeder Beitrag wichtig. Aber irgendwie ist dieser Gedanke zu glatt, zu harmonisch, um wirklich zufrieden zu stellen. Eine Gruppe stößt auf ein neues Problem: »Ist christlich nur das, was ich für meine Gemeinde tue? Ich bin doch Christ auch in meiner alltäglichen Vereinzelung, ohne meine Gefährtinnen und Gefährten im Glauben. Dies muß doch auch auf die Liste!«
Der Abend endet offen, mit manchen Fragen, mit manchen Irritationen.
Der dritte Abend.
Im Laufe dieses Abends liest der Gemeindeberater aus dem 1. Korintherbrief die Verse 12–15 vor: »Wenn aber jemand auf den Grund baut Gold, Silber, Edelsteine, Holz, Heu, Stroh, so wird das Werk eines jeden offenbar werden. Der Tag des Gerichts wird's klar machen; denn mit Feuer wird er sich offenbaren. Und von welcher Art eines jeden Werk ist, wird das Feuer erweisen. Wird jemandes Werk bleiben, das er darauf gebaut hat, so wird er Lohn empfangen. Wird aber jemandes Werk verbrennen, so wird er Schaden leiden; er selbst aber wird gerettet werden, doch so wie durchs Feuer hindurch.«
Einige äußern spontan, wie unsympathisch ihnen Paulus ist. Die meisten sehen auf das Bild vom verzehrenden Feuer, erinnern sich an Alpträume und Katastrophenberichte. Jemand fragt, ob denn hier Gemeindeberatung mit göttlichen Drohungen geschehen soll. Nein, einen Paulus kann man sich als Gemeindeberater nicht wünschen. Doch auch zu Gunsten des Paulus wird argumentiert. Immerhin überlasse er das Urteil Gott. In allem von Menschen abhängig zu sein, sei ja nun auch alles andere als ein erstrebenswerter Zustand.

Möglicher Schluß
Der Gemeindeberater hat das Schlußwort: »Sehen Sie, ich kann, trotz Ihrer Einwände, von Paulus etwas für die Gemeindeberatung lernen. Ich drücke es einmal in meiner Sprache aus: Jeder von uns hat sein eigenes Glaubenssystem – »So sehe ich das!« Kein Wunder, daß es Streit gibt: Wer sieht es denn nun richtig? Wir alle werden dann zu Defizitsehern.
Der andere sieht dies und das nicht richtig!

Fragen Sie sich von Zeit zu Zeit: Was verbindet uns, worin sind wir einig? Jesus Christus! Neben vielem anderen heißt das: Wir werden zu Fähigkeitssehern! Wir entdecken wieder, was wir am anderen und bei uns selbst wertschätzen können. Denn wir sind Gottes Kinder, die anderen aber auch! Wir leisten einen Beitrag, daß Gott lebendig wird unter uns, die anderen aber auch!
Unterschiede bleiben - Gold, Silber, Edelsteine und Heu und Stroh. Aber was in Gottes Augen bestehen bleibt - wir wissen es nicht. Das Urteil steht noch aus. Deshalb: Bringen Sie Ihre Fähigkeiten ein! Und bedenken Sie: Vielleicht ist das, was der andere denkt und tut, doch wichtig und richtig!«
Zwei handliche Sätze hat der Gemeindeberater zum Schluß, wir sollten sie »ausprobieren«, so rät er uns: »Nichts ist egal!« und: »Man kann nicht vom Lob der Menschen leben, aber auch nicht am Tadel der Menschen sterben!«

Kontexte

Die Chronik berichtet, daß eine Rabbinerversammlung zur Bekämpfung der Assimilierung der Juden nach Lemberg einberufen wurde. Auf der Tagesordnung stand das Thema: Wie ist die jüdische Jugend zu retten? Sie wurde immer träger und nachlässiger und wußte immer weniger. In Kleidung, Haartracht und Auftreten richtete sie sich nach den nichtjüdischen jungen Leuten. Die Jünglinge trugen nicht mehr die typischen Schläfenlocken, und die Väter rasierten sich den Bart ab. Die Kinder hielten sich mehr in der Werkstatt als in der Schule auf, und die Studienhäuser leerten sich. Wenn sich diese Entwicklung fortsetzte, würde sie das Ende des Judentums in Zentraleuropa bedeuten. Deshalb waren die Rabbiner zusammengekommen; sie wollten ein Alarmsignal geben und einen Schutzwall gegen das drohende Verderben errichten, sie wollten laut verkünden, daß jeder Abtrünnige ein Verräter, jeder Ungläubige ein Abtrünniger sei und aus der Gemeinde ausgeschlossen werden müsse.
Bevor das Schlußdokument die endgültige Fassung erhielt, wurde es Rabbi Wolf von Sbarasch vorgelegt. Er lehnte es ab.
»Die Juden aus der Gemeinde verbannen?«, sagte er. »Warum denn? Weil sie von unserem Weg abweichen? Ist das ein Grund, sie weniger zu lieben als ich euch liebe?«
Vom Bescht stammte schon der Satz, daß ein kleiner Zaddik die kleinen Sünder, ein großer Zaddik die großen Sünder liebe. Darin liegt ein Grundprinzip des Chassidismus, daß die Liebe zum Nächsten der Liebe zu Gott gleicht, sie muß nach dem Unendlichen streben.
(Elie Wiesel, Geschichten gegen die Melancholie. Die Weisheit der chassidischen Meister, Herder/Spektrum Band 4296, Verlag Herder, Freiburg 2. Aufl. 1994, S. 48)

Die Autorinnen und Autoren

Pfarrer Dr. Reinhold Ahr, Altleiningen; Pfarrer Bernd Ahrens, Oberhonnefeld; Pfarrerin Gisela Arp-Kaschel, Esgrus; Pfarrer Heinz Behrends, Göttingen; Pfarrer Dr. Albert Damblon, Korschenbroich-Herrenshoff; Hauptpastor Prof. Dr. Axel Denecke, Hamburg; Sonderpädagogin Susanne Gröpler, Neuruppin; Pfarrer Ralf Handelsmann, Kutenholz; Pfarrerin Barbara Heller, Schauenburg-Martinhagen; Pfarrer Dr. Wolfgang Herrmann, Holzappel; Pfarrer Hannes-Dietrich Kastner, Worms; Pfarrerin Heidi Kell, Tangstedt; Pfarrer August Friedrich Kleppel, Kaiserslautern; Pfarrerin Hanne Köhler, Offenbach/M.; Pfarrer Christian Kollath, Glinde; Pfarrer Direktor Helmut Liersch, Braunschweig; Pfarrer Dr. Wolfgang Lipp, Ulm; Pfarrer Claus Marcus, Berlin; Pfarrer Kurt Meyer, Lüneburg; Pfarrer i. R. Hans Reinhard Rapp, Hermannsburg; Pfarrer Jürgen Rogler, Nürnberg; Pfarrerin Ulrike Schilling, Kiel; Pfarrer Christoph Schmidt-Ehmcke, Münster; Pfarrer Dieter Schupp, Kaiserslautern; Pfarrer Traugott J. Simon, Marburg; Pfarrer Jobst von Stuckrad-Barre, Göttingen; Pröpstin Helga Trösken, Frankfurt/M.; Pfarrerin Gerlinde Wnuck-Schad, Weingarten; Pfarrer Dietrich Zeilinger, Neckargemünd; Pfarrer Helmut Zeilinger, Freiburg; Dekan i. R. Klaus Zillessen, Ettenheim; Pfarrerin Ute Zöllner, Passau